JEAN-CLAUDE KAUFMANN

Singlefrau und Märchenprinz

Buch

Warum leben so viele Frauen ohne Partner? Die einen treffen ganz bewusst eine Entscheidung, die anderen sind gegen ihren Willen allein. Fakt ist, immer mehr Frauen leben heute allein. Und das Kontingent an verfügbaren Männern verhält sich umgekehrt proportional zum Lebensalter. Doch ob freiwillig gewählte Lebensform und Ausdruck von emanzipatorischer Unabhängigkeit oder einsames Warten auf die Erfüllung von Träumen: Welche Folgen hat das Single-Dasein für die Frauen im Alltag? Der französische Soziologe Jean-Claude Kaufmann führt seine Leser Kapitel für Kapitel durch die Analyse dieser aktuellen Fragen, hinein in die ambivalente Wirklichkeit der Alleinlebenden: Ausgelassene Fröhlichkeit und Traurigkeit, Hoffnung und Verzweiflung, Geborgenheit und Einsamkeit liegen eng beieinander. Er zeigt, dass auch in der Alltagswelt des modernen Aschenputtels das schillernde Traumbild des Märchenprinzen seinen Platz hat.

Autor

Der französische Soziologe Jean-Claude Kaufmann ist am CNRS (Centre National de la Recherche Scientifique) der Universität Paris V-Sorbonne tätig und beschäftigt sich seit Jahren mit Themen rund um die Paarbeziehung und das Alltagsleben. Weitere Buchveröffentlichungen: »Schmutzige Wäsche« (1995), »Frauenkörper-Männerblicke« (1996) und »Der Morgen danach« (2002).

Von Jean-Claude Kaufmann
ist bei Goldmann außerdem erschienen:

Der Morgen danach.
Wie eine Liebesgeschichte beginnt (15363)

Jean-Claude Kaufmann

Singlefrau und Märchenprinz

Warum viele Frauen
lieber allein leben

Aus dem Französischen
von Daniela Böhmler

GOLDMANN

Die Originalausgabe erschien 1999 unter dem Titel
»La femme seule et le prince charmant.
Enquête sur la vie en solo«
bei Editions NATHAN, Paris.

FSC
Mix
Produktgruppe aus vorbildlich
bewirtschafteten Wäldern und
anderen kontrollierten Herkünften

Zert.-Nr. SGS-COC-1940
www.fsc.org
© 1996 Forest Stewardship Council

Verlagsgruppe Random House FSC-DEU-0100
Das FSC-zertifizierte Papier München Super für Taschenbücher
aus dem Goldmann Verlag liefert Mochenwangen Papier.

1. Auflage
Taschenbuchausgabe Mai 2006
Wilhelm Goldmann Verlag, München,
in der Verlagsgruppe Random House GmbH
Copyright © der Originalausgabe 1999 by Editions NATHAN, Paris
Copyright © der deutschsprachigen Ausgabe 2002 by
UVK Verlagsgesellschaft mbH, Konstanz
Umschlaggestaltung: Design Team München
Umschlagfoto: mauritius images (03467293)
KF · Herstellung: Str.
Druck und Bindung: GGP Media GmbH, Pößneck
Printed in Germany
ISBN-10: 3-442-15362-X
ISBN-13: 978-3-442-15362-6

www.goldmann-verlag.de

Inhalt

Einleitung 9

Erster Teil:
Gibt es ein allgemeines Modell für das Privatleben?

I. Alleinleben: eine lange Geschichte 19

Was die Ehe einmal war 19 · Unzulässige Ehelosigkeit 21 ·
Great Buffalo Woman 22 · Das erste legitime Zölibat 23 ·
Jungfrau in Männerkleidern 25 · Face-to-Face mit sich
selbst 27 · Die Umkehrung der Welt 30 · Das 19. Jahrhundert: die Bewegung verbreitet sich 31 · Grisetten und uto-
pische Gemeinschaften 36 · Der Einschnitt 40 · Die freudlosen Jahre 42 · Das amerikanische Modell 44· Das skandi-
navische Modell 46 · Die wilden Jahre 47 · Die ungewissen
Jahre 49

II. Ein zwiespältiges Leben 51

Der »erhobene Zeigefinger« 51 · »Komisch« 53 · Orte des
Unbehagens 56 · (Un-)Gesagtes in der Familie 60 · Mit den
Freundinnen lachen 67 · Der Verrat 72 · Der Drei-Phasen-
Zyklus 76

III. Ein Leben zu zweit 80

Noch einmal Geschichte 80 · Warnende Erfahrungen 81 ·
Personalisierung der Gefühle 85 · Das Modell für das Pri-
vatleben 93 · Mutter und Kind 98 · Die Schwächung des
Modells 100

IV. Märchenprinz oder Ehemann? 102

Feen und Fakten 102 · Die tausend Gesichter des Prinzen

105 · Eine Liebesgeschichte leben 109 · Der unspektakuläre Prinz 112 · Wenn der Prinz wieder zum Frosch wird 116 · Der Prinzen-Walzer 118

Zweiter Teil:
Porträt

V. Der Blick auf sich selbst 123
Das »Übel der fehlenden Grenzen« 123 · Vom Lachen zum Weinen 124 · Die doppelte Reflexivität 126 · Das Tagebuch 128 · Der Spiegel und die Wahrsagerin 133

VI. Zuhause 138
Ortsbesichtigung 138· Das Bett 139 · Die Mahlzeiten 141· Regressiver Rückzug 143 · Häusliche Freiheit 145 · Die Leichtigkeit des Seins 148

VII. Draußen 153
Ausgehen 153 · Andere Beziehungen 156 · Die Familie 158 · Die Arbeit 160 · Sich selbst sein – jenseits der eigenen vier Wände? 164

VIII. Männer 167
Der Arm 167 · Sex 170 · Auf Männersuche 172 · Das Ungleichgewicht 175 · Schwarzmalerei 179 · Der verheiratete Mann 182

Dritter Teil:
Die Flugbahn der Autonomie

IX. Sich selbst sein 191
Der Begriff der Flugbahn 191 · Der ununterdrückbare Drang, sich selbst zu sein 193 · Witwen 198 · Die Jugend 200 · Frauen nach einer Trennung 203 · Die Veranlagung 206 · Der Sog 210 · Das kleinere von zwei Übeln 214 · Zwei verschiedene Flugbahnen, zwei verschiedene Identitäten 218

X. Warten 221

Dinosaurier der Liebe und galoppierende Pferde 221 ·
Sich nach Liebe verzehren 224 · Ein defizitäres Leben 226
· Zum Sich-Bemühen verurteilt 228 · Die Behaglichkeit
der Gewohnheiten 230 · Finstere Einsamkeit 233 · Negativer Individualismus 238

XI. Auf der Suche nach Selbstsicherheit 240

Die Fluchttherapie 240 · Die Panzer-Logik 243 · Das Paradox des schönen Scheins 248 · Den eigenen Weg gehen
250 · Autonomie mit Begleitung 255

Schlussfolgerung 258

Epilog 264

Zur Methode 271

Die einzelnen Etappen 271 · Die Briefe 273 · Die Konstruktion der Hypothesen 279 · Einige Daten zu den
schriftlichen Zeugnissen 2280

Anhang 285

Die Zunahme der Zahl Alleinlebender 285 · Jung und Alt
290 · Stadt und Land 292 · Die Phasen 293· Mann und
Frau 295 · Reich und Arm 298 · Soziale Beziehungen: Die
Karten werden neu gemischt 300

Glossar 304

Bibliographie 308

Dank

Je länger eine Dankesliste ist, umso größer ist das Risiko, jemanden zu vergessen oder ungerecht zu behandeln, und meine Dankesliste wäre wirklich sehr, sehr lang. Deshalb möchte ich mich auf einige Personen beschränken, die am unmittelbarsten mit dieser Arbeit zu tun hatten.

Da ist zunächst François de Singly, dem ich für seine beharrliche Unterstützung danken möchte, dann Michèle Teirlinck für ihre scharfsinnigen Fragen und Lili Réka für die hohe Qualität ihrer Forschungsarbeit sowie Claude Dubar für seine Anregungen.

Und schließlich möchte ich all jene nicht vergessen, die den Mut hatten, zur Feder zu greifen und ihr Leben so detailliert und mit solcher Aufrichtigkeit niederzuschreiben.

Einleitung

Dieses Buch erzählt eine Geschichte. Es ist die Geschichte dieses seltsamen Paares, bestehend aus der Single-Frau und dem Märchenprinzen. Es ist eine Art modernes Märchen. Aber auch ein wahre Geschichte. Die alleinstehende Frau ist darin die Hauptperson: den ganzen Erzählstrang entlang ist sie immer und überall präsent. Und sie ist durchaus lebendig: bis hin in ihre unscheinbarsten Handlungen und Gesten wird sie beschrieben, noch in ihren Träumen und Gedanken belauscht. Der Prinz tritt nur von Zeit zu Zeit auf, und dann als zwiespältige Figur. Ein überholtes Klischee, das in unserer modernen Zeit nur allzu oft heranzitiert wird? Man sollte das Ende der Geschichte abwarten, bevor man sich ein Urteil dazu bildet.

Doch dieses Buch will mehr als nur eine Geschichte erzählen. Ich sollte wohl gleich am Anfang zugeben, dass die Geschichte lediglich ein Vorwand ist, ein Ariadne-Faden, der uns in die Analyse des Single-Lebens führen wird, in dieses undurchdringliche Labyrinth, in dem wir uns sonst nur allzu leicht verlieren könnten. Der Leser kann sich durchaus für den Vorwand anstelle der Analyse entscheiden und einfach nur den Abenteuern des Märchenprinzen und unseres modernen Aschenputtels auf der Spur bleiben. Dennoch möchten wir dazu raten, sich für die Analyse zu entscheiden, denn sie ist der zentrale Aspekt dieses Buches.

Ich arbeite nun schon seit acht Jahren über Fragen des Lebens jenseits einer Paarbeziehung und das Single-Dasein. Lange Zeit habe ich nicht viel mehr zustande gebracht als einige neue Kategorien herauszuarbeiten und immer zahlreichere und speziellere Themen aufzuwerfen: das Alleinleben von Männern auf dem Lande, das Gefühl der Einsamkeit verheirateter Hausfrauen etc. Doch das Anhäufen immer neuer Besonderheiten ohne wirklichen Leitfaden produziert ab einem bestimmten Punkt nur noch Unklarheit und Verwirrung. Darin besteht das Paradox atomisierten Wissens: Je mehr man weiß, umso weniger weiß man. Und je weniger man weiß, umso weniger kann man mit Bestimmtheit sagen. Genau das erwarten jedoch diejenigen, die allein leben: endlich eine klare Aussage über die Gründe ihrer merkwürdigen Existenz, eine Aussage, die ihnen helfen könnte, Entscheidungen zu treffen und die Weichen für ihre Zukunft zu stellen.

Deshalb haben wir uns für eine Herangehensweise entschieden, die sich mithilfe des Ariadne-Fadens mit aller Kraft darum bemüht, den zentralen Prozess zu verstehen, auch wenn wir dafür in Kauf nehmen müssen, ganz spezielle Kategorien zu vernachlässigen. Im folgenden wird somit nichts zu lesen sein über die besonderen Schwierigkeiten von Landwirten, eine Familie zu gründen, nichts über die Einsamkeit von Hausfrauen und nichts über tausend andere problematische Mikro-Kontexte. Auch nichts über die Einsamkeit von alten Menschen. Und sehr wenig über Männer. Selbstverständlich handelt es sich bei ihnen um keine »spezielle Kategorie« und man könnte diese Auslassung bedauern. Aber das ist der Preis, der zu zahlen ist, wenn man sich wirklich eingehend und in der Tiefe mit einem Thema beschäftigen will, vor allem dann, wenn es sehr komplex ist: Man muss das, was den Kern ausmacht, in den Mittelpunkt rücken.

Der Kern ist bei unserem Thema eindeutig weiblich, und sich für die Frauen zu entscheiden, ist nicht im geringsten beliebig. Auch die Entscheidung für die Altersgruppe der zwischen 20- und 50-Jährigen hat nichts Beliebiges. Der gesellschaftliche Mechanismus, der auf den folgenden Seiten in aller Ausführlichkeit herausgearbeitet werden soll, funktioniert für diese Altersgruppe mit maximaler Kraft. Wir werden sehen, wie das Leben als Single zwei widersprüchliche Komponenten vereint: das Alleinleben ist ein zwiespältiges Leben. Der Grund dafür liegt in einem heimlichen Modell für das Privatleben, das den Frauen dieser Altersgruppe einen anderen Platz zuweist: mit Leib und Seele der Familie ergeben. Zwischen dem Drang nach Autonomie und dem Druck des heimlichen Modells findet sich die Frau im Auge des Zyklons wieder, zerrissen und pausenlos über das Wie und Warum ihrer zerrissenen Existenz nachdenkend. Und schreibend: Dank der Analyse eines Korpus von Briefen werden wir in die Intimität ihrer Gedanken reisen. Die Beschreibung eher »faktueller« Aspekte (insbesondere das im zweiten Teil entworfene Porträt) beruht außerdem auf Synthesen bereits bestehender Arbeiten und auf eigenen quantitativen Studien[1].

In vielen Punkten jedoch ähnelt das Single-Dasein von Männern dem von Frauen. Sie lassen sich mit der gleichen sorglosen Energie auf diesen biografischen Weg ein, haben denselben Durst danach, sich ein Leben nach ihren eigenen Vorstellungen zurechtzuzimmern. Dann kommt die Zeit der Fragen und Zweifel. Und nicht selten steht die beißende Einsamkeit der Männer in ihrer Kälte ihrem weiblichen Pendant in nichts nach. Da ist die Sehnsucht nach Familie, nach einem Kind (es ist immer eine Leerstelle, ein Mangel, der am meisten zum Träumen anregt), nach Wärme und sozialer Anerkennung, nach häuslicher Stabilität und Normalität. Alleinstehende Männer können

1 Ich habe versucht, dieses Buch so zu redigieren, wie man eine Geschichte erzählt. Es beruht auf einer langwierigen Arbeit, die nicht immer leicht war. Sollte mir ein flüssiger Stil gelungen sein (was ich hoffe), so steht er in völligem Gegensatz zu den Untersuchungsphasen, die dem eigentlichen Schreiben vorausgingen. Leser, die gerne wissen möchten, wie wir zu unseren Ergebnissen gekommen sind, werden im Anhang unter dem Titel »Zur Methode« fündig.

somit dieses Buch lesen und sich durchaus an vielen Stellen wiedererkennen: das Einigeln in den eigenen vier Wänden, das plötzliche Ausgehen (»Heute abend werde ich sie finden«), die Freude und der Schmerz der Leichtigkeit des Seins etc. Zugleich werden sie bei der Lektüre jedoch oft auch darüber überrascht sein, wie ausgeprägt hier Mechanismen zu Tage treten, die sie zwar aus ihrem eigenen Alltag kennen, die jedoch auf weiblicher Seite wie durch ein Vergrößerungsglas zu beobachten sind. So werden wir etwa im dritten Teil dieses Buches sehen, wie die »Logik des Panzers« alleinstehende Frauen dazu bringt, sich nach außen hin immer von ihrer positiven Seite zu zeigen und ihre Identität auf der Grundlage des Blickes der anderen zu konstruieren, der diese eine Hälfte von ihnen legitimiert. Auch Männer geraten in diesen Prozess, aber weniger stark. Sie stehen viel leichter zu ihrer inneren Zerrissenheit. Bei ihnen entwickelt sich die »Logik des Panzers« nicht bis zum »Paradox des schönen Scheins«, das vielen Frauen schließlich zur Falle wird, da sie *zu* beeindruckend und perfekt geworden sind, um überhaupt noch als Partnerinnen in Frage zu kommen.

Solo-Sein bedeutet nicht immer Einsamkeit (letztere setzt sich nur dann durch, wenn die Autonomie nicht gelebt werden kann), aber es stimmt schon: Einsamkeit ist häufig. Damit wir uns richtig verstehen: Die Einsamkeit von Männern ist nicht weniger groß als die von Frauen. Natürlich lässt sich so etwas schwer messen, aber wahrscheinlich ist die Einsamkeit von Männern sogar noch etwas größer als die von Frauen. Das liegt daran, dass Männer daran gewöhnt sind, von weiblicher Präsenz (Mutter, hingebungsvolle Ehefrau) umgeben und unterstützt zu werden und somit in ihrer häuslichen Organisation weniger autonom sind. Dann fehlt ihnen plötzlich eine wesentliche Stütze: Das ist eine sehr konkrete Einsamkeit. In anderer Gestalt (eher als schützender Arm denn als hingebungsvolle

Stütze) findet sich diese Lücke auch auf weiblicher Seite, und zwar umso deutlicher, als dort die Erwartungen an die Ehe traditionell höher sind. Aber das ist nur *ein* Element des inneren Tumults. Stärker noch ist die gesellschaftliche Mechanik: Die Einsamkeit ist nicht greifbar, sie ist das Produkt einer merkwürdigen Äußerlichkeit. Für den Soziologen ist es offensichtlich, dass es hier am meisten zu erforschen gibt.

Der erste Teil des Buches wird den Hintergrund, insbesondere den historischen, abstecken: Woher kommt die kontinuierliche und beträchtliche zahlenmäßige Zunahme der Alleinlebenden? Der zweite Teil wird uns in verschiedene Details des Alltagslebens hinein nehmen, um ein Porträt zu zeichnen, das niemals diese Gesamtkohärenz haben könnte, wäre es nicht das Produkt einer gesellschaftlichen Mechanik. Der dritte Teil schließlich wird den wichtigsten Erklärungsschlüssel liefern: die Flugbahn der Autonomie. Die Single-Frau findet sich wider Willen darin wieder, dazu verurteilt, ihre Selbständigkeit zu forcieren, um die Gegenwart positiver zu erleben. Von da an tobt in ihr der gnadenlose Krieg zwischen zwei radikal verschiedenen Identitätsentwürfen: hingebungsvolle Ehefrau (an eine hypothetische Familie) oder autonome Frau? Die Frage stellt sich auf obsessive Weise immer und immer wieder.

In meinem letzten Buch, *Mit Leib und Seele*, habe ich analysiert, wie sich die Familie strukturiert, indem sie sich dem Gewicht des Alltags beugt, und wie individuelle Identität ihrerseits durch dieses Gewicht der Gegenstände und familialen Gewohnheiten konstruiert wird. Wir werden hier die andere mögliche Variante der Realisierung des Selbst kennenlernen: nicht mittels dieser Ruhe und Stabilität, die von der unbeweglichen Masse des Konkreten vermittelt wird, sondern im Gegenteil mittels der Ungewissheit und Leichtigkeit einer Identität, die hin- und hertreibt, wie es den Gedanken beliebt. Vor diesem Hintergrund ist es auch kein Zufall, dass die Revolution gegen den Haushalt bei Single-Frauen eine so wichtige Rolle spielt, denn die Last des Haushalts ist das Symbol und Kennzeichen dieses *anderen* Identitätsentwurfs (Familie), der ganz besonders stark auf Frauen lastet und sie in eine aus ferner Vergangenheit geerbte Ordnung der Dinge presst. Die Laufbahn der Autonomie hingegen katapultiert sie in ein unbekanntes und offenes Universum. Aus dieser Freiheit im Alltag erwachsen die größten Freuden: nur das zu tun, was man will und wann man will, nicht kochen zu müssen, sondern auch mal nur irgendwelche Kleinigkeiten zu knabbern. Aber zugleich erwächst daraus auch das, was in höchstem Maße beunruhigt und verstört: Worin liegt der Sinn dieses Lebens ohne jeden festen Rahmen, wo es keine wirklichen Bindungen gibt? Die Träume purzeln wild durcheinander, und der Märchenprinz bekommt je nach den Anforderungen des Augenblicks ein anderes Gesicht. Setzt sich gerade die Vorstellung durch, man müsse sich nun endlich und um jeden Preis in eine Familienkarriere stürzen, wird er zu einer Art gediegenem Ehemann und liebevollem Papa; behält hingegen der Wunsch nach Autonomie und damit verknüpft das Verliebtheitsideal (welches darauf drängt, sich nicht mit Mittelmäßigkeit abzufinden) die Oberhand, dann hat der Märchenprinz einfach umwerfend und von irrealer Perfektion zu sein.

Auf männlicher Seite gibt es kein Pendant zum Märchenprinzen. Denn egal, ob gerade familiales Engagement oder das Verliebtheitsideal auf der Tagesordnung stehen: in beiden Fällen bleiben die Ambitionen des Mannes begrenzt. Zwar träumen auch Männer immer öfter von Familie und Liebe, aber immer noch weniger als Frauen.

Männliche Einsamkeit mag hart und schwer zu ertragen sein, aber sie stellt im wesentlichen eine Privatangelegenheit dar. Hier liegt der große Unterschied zu den Frauen, für die das Alleinleben zugleich eine private und eine öffentliche Angelegenheit ist, die für die Gesamtheit der Gesellschaft von Interesse ist. Denn indem sie das Wagnis einer Flugbahn der Autonomie eingehen, treffen sie eine Entscheidung, die nicht nur sie selbst betrifft: Sie stellen eine Grundstruktur der Gesellschaft (die Familie, die auf der Rolle der hingebungsvollen Frau beruht) in Frage und sind damit eine Bedrohung für das gesamte gesellschaftliche Gebäude.

Wir stehen mit den Fragen, die der nicht mehr aufzuhaltende Vormarsch der unabhängigen Frauen aufwirft, sicherlich erst ganz am Anfang.

Erster Teil

Gibt es ein allgemeines Modell für das Privatleben?

Warum leben so viele Menschen allein? Warum nimmt ihre Zahl von Jahr zu Jahr stetig weiter zu? Auf diese Frage wird nur selten eine Antwort gegeben. Weil sie schwer zu verstehen ist, zu viele Tabus über den Haufen wirft und einen wesentlichen Grundbaustein unserer Gesellschaft in Frage stellt.

Mit aller gebotenen Vorsicht werde ich versuchen, einige Antwortelemente bereitzustellen. Ich werde mit einem Blick zurück in die Vergangenheit beginnen: Woher kommt diese Bewegung, die heute Millionen von Männern und Frauen dazu veranlasst, oft gegen ihren eigenen Willen so zu leben?

I. Alleinleben:
eine lange Geschichte

Die Geschichte der Ehelosigkeit ist erst noch zu schreiben (Knibiehler, 1991), und zwar anders als »in Begriffen von Hohn und Spott, als Ausnahmeerscheinung, wenn nicht gar Anomalität« (Farge, Klapisch-Zuber, 1984, S. 296). Dies gilt besonders für die weibliche Ehelosigkeit. Selbstverständlich kann dieses ehrgeizige Vorhaben nicht auf einigen einleitenden Seiten eingelöst werden. Doch trotz dünner und lückenhafter Datenlage soll in einem kurzen Rückblick versucht werden zu verstehen, woher diese weit zurück reichende Bewegung des Alleinlebens kommt. Der Leser möge mir die Vermessenheit verzeihen, in wenigen Zeilen mit Jahrhunderten zu jonglieren und Entwicklungsschemata zu entwerfen, die zweifellos viel zu glatt sind, als dass sie der widersprüchlichen Dichte, aus der das Soziale gestrickt ist, gerecht werden könnten. Aber es geht hier einfach darum, ein wenig klarer zu sehen.

Was die Ehe einmal war

Wir wissen heute, dass die ersten menschlichen Gesellschaften außerordentlich vielfältig waren. Und doch bedienten sie sich derselben Instrumente, um sich zu konstituieren: der Religion, als ursprüngliche Form des sozialen Bandes, und der Ehe. Die Ehe ist somit keine Kleinigkeit und auch keine reine Privatangelegenheit, sondern gehört zu den Fundamenten der Kulturen und zieht sich durch die gesamte Menschheitsgeschichte. Die Ethnologen sprechen allerdings lieber von »Allianz« – ein Begriff, der die ursprüngliche Funktion der Ehe illustriert: Sie erlaubte es kleinen Gruppen, sich (durch den »Austausch von Frauen« nach einem genau kodifizierten Verfahren) in größeren Gemeinschaften zusammenzuschließen und auf diese Weise Krieg zu vermeiden.

Die Feststellung, dass die Ehe von Anfang an eine zentrale Rolle gespielt hat, sagt jedoch noch nichts über die konkreten Modalitäten des ehelichen Lebens aus, die sich von denen in unserer heutigen Zeit und noch dazu von einer Gruppe zur anderen sehr unterschieden. Beispielsweise lebten die Ehepartner in manchen Gesellschaften in getrennten Behausungen. Was zählte, war allein die Verwandtschaftsbeziehung, die durch die Ehe geknüpft worden war und zwei Familien, zwei Gruppen, miteinander verband. Aber auch zwei ganz bestimmte Menschen. Als Frage der öffentlichen Ordnung und von kollektivem Interesse vollzog sich die Ehe notwendigerweise über die persönliche Vereinigung zweier Individuen.

Der Begriff der Vereinigung muss hier durchaus in seinem stärksten Sinne verstanden werden: eins sein. Die moderne Paarbeziehung hat den Weg für eine immer intimere intersubjektive Kommunikation zwischen zwei Partnern geöffnet (Luhmann, 1999), doch gleichzeitig wird auch die individuelle Autonomie immer stärker, was dazu führt, dass Allianzverträge gebrochen werden und dadurch offenbar wird, wie unsicher sie geworden sind. In den Urgesellschaften hingegen, die unsere Form des intimen Austausches nicht kannten, war die eheliche Vereinigung eine totale. Die Konstitution eines unauslöschlichen Ganzen, das die Individuen transzendiert.

Unzulässige Ehelosigkeit

Vor diesem Hintergrund ist allein schon die Vorstellung der Ehelosigkeit widernatürlich. Kommt es dennoch dazu, wird sie als unzulässig empfunden, und man gibt sich alle Mühe, diesen gefährlichen Un-Sinn zu verbergen oder zum Verschwinden zu bringen, indem man den unglücklichen Widerspenstigen in die Ehe zwingt. Bei den Chaggas Ostafrikas wurden einige Fälle von Männern bekannt, die den Kontakt zu Frauen fürchteten und sich weigerten zu heiraten. Das Problem ist so gravierend, dass sich der Häuptling persönlich einmischt und ein bis dahin vernachlässigtes Mädchen entführen lässt. »Es gibt somit keinen anomaleren, verwerflicheren, dem sozialen Körper gegenüber feindseligeren Status als den des Zölibatärs« (Héritier, 1996, S. 244).

Einigen (wenigen) Unverbesserlichen gelingt es dennoch, ihre Ehelosigkeit aufrecht zu erhalten. Sie werden dann der Zauberei verdächtigt, für böse Geister gehalten, und die Ordnung der Welt wird dadurch wieder hergestellt, dass sie aus der Gemeinschaft ausgeschlossen werden. Die Situation des Witwers ist – da er schließlich schon einmal verheiratet war – etwas weniger problematisch. Die Witwe hingegen wird kaum besser behandelt als die unverheiratete Frau. Denn das Leben von Frauen ist jenseits der Ehe noch undenkbarer und sinnloser als das von Männern (Flahault, 1996). Unverheiratete Frauen sind zwar noch schlimmer als Witwen: Im kaiserlichen China galten Frauen, die als Jungfrauen gestorben sind, als »kalte Dämonen« (Héritier, 1996, S. 243), so gefährlich, dass sogar andere Dämonen sie mieden. Da weibliche Ehelosigkeit jedoch als derart anomal angesehen wird, trifft dies auch Witwen und sie kommen nicht in den Genuss derselben Toleranz wie Witwer. Bei den Ojibwa leben sie drei bis vier Jahre lang in Trauer, ganz allein, ungekämmt, in Lumpen gehüllt und mit Asche bedeckt. In der indischen Tradition haben sie kein Anrecht mehr auf das Ehebett und schlafen auf dem nackten Boden; sie ernähren sich kärglich und führen ein einsames, bescheidenes Leben. Wirklich ihren Status zurück erlangen können sie einzig durch den Tod, indem sie sich zusammen mit ihrem toten Gatten bei lebendigem Leib auf dem Scheiterhaufen verbrennen lassen (Weinberger-Thomas, 1996).

Great Buffalo Woman

Und doch gab es einige Individuen, die sich nicht der Pflicht zur Ehe beugten. Oft wider Willen: Kranke und andere vom Schicksal wenig Begünstigte, denen der Zugang zur Normalität des allgemeingültigen Modells verwehrt war und derer sich die Gesellschaft heimlich, still und leise annahm. Aber es gab auch andere, die sich freiwillig auflehnten und über die Verbote hinwegsetzten: Außenseiter, die dann schnell in Verdacht gerieten, mit Dämonen im Bunde zu stehen. Hauptsächlich waren es Männer, die durch ihr Zölibat zwar in Misskredit gerieten, deren Verhalten aber dennoch eher toleriert wurde als weibliche Ehelosigkeit, war es doch weniger gefährlich für die soziale Ordnung. Die alleinstehende Frau war nicht nur nichts ohne die Gemeinschaft (was auch für den alleinstehende Mann gilt), sondern sie war auch nichts ohne einen Mann: Das weibliche Zölibat war in doppelter Hinsicht unannehmbar.

Die wenigen Frauen, die sich in dieses Abenteuer begaben, mussten somit eine List anwenden und außergewöhnliche Fähigkeiten unter Beweis stellen, wie etwa die Great Buffalo Woman bei den Ojibwa-Indianern, deren Geschichte Françoise Héritier (1996) erzählt. Sie musste lernen, sich selbst zu genügen, und hierfür den Status eine Mannes erreichen, indem sie die Jagdregeln respektierte. Obwohl sie Frau blieb, wurde sie gesellschaftlich gesehen zu einem wahren Mann.

Umgekehrt entwickelten alleinstehende Männer nur sehr selten ihre feminine Seite, meist kümmerten sich die Frauen aus ihrer Familie um sie. Die einzige kulinarische Aufgabe, der sie sich widmen konnten, ohne allzu tief zu sinken, hatte mit dem Feuer zu tun, diesem alten männlichen Symbol, dem Gegensatz zum Wasser. Also brieten sie das Fleisch – einige unserer heutigen Verhaltensweisen, wie etwa die männliche Spezialität des sonntäglichen Grillens, reichen wirklich weit in die Geschichte zurück!

Paradoxerweise und trotz der Feindseligkeit, die ihnen entgegengebracht wurde, ist es den ersten alleinstehenden Frauen somit gelungen, eine größere Autonomie zu erlangen als die Männer. Doch diese Fälle waren Ausnahmen. Das Modell blieb weiterhin die Unterordnung einer jeden Frau unter einen Mann. Männliche Alleinstehende waren zwar etwas zahlreicher, aber dennoch auch Ausnahmen. Denn die Ehe war in Gesellschaften, die auf dem Begriff des Gleichgewichts beruhten, ein Grundstein der gesellschaftlichen Ordnung. Doch eines Tages wurde dieses Gleichgewicht ins Wanken gebracht.

Das erste legitime Zölibat

Natürlich wäre es schön gewesen, in wenigen einfachen Worten einige Tatsachen aufzuzählen, die zur heutigen Form des Alleinlebens geführt haben. Doch leider ist das unmöglich. Dafür müsste ich Historiker sein, ich bin aber nur ein Amateur der Geschichtswissenschaft. Außerdem hätte diese Arbeit schon von anderen vorgezeichnet werden müssen, während hier in Wahrheit noch völliges Brachland ist, aus nicht viel mehr bestehend als einigen Schnittmengen mit benachbarten Themen, die besser bearbeitet sind, wie zum Beispiel die Sexualität oder die Ehe (Flandrin, 1981; Duby, 1988; Bologne, 1998).

Was also tun? Mit dem 19. Jahrhundert beginnen? Aber so vieles ist doch schon vorher geschehen, wovon wir zumindest kleine Brocken von Wissen haben. Ich habe also versucht, von diesen Wissensbrocken zu sprechen, obwohl ich mir eigentlich gewünscht hätte, eine fortlaufende Geschichte erzählen zu können. Mögen die Historiker, die sich in diese Zeilen verirren, die Güte haben, sie mit Nachsicht zu lesen.

Die frühesten Religionen waren diejenigen mit dem stärksten kontemplativen und integrativen Charakter: Die Geschichte des Glaubens kann als ein langsames und schrittweises In-Bewegung-Versetzen des Gesellschaftlichen gelesen werden. Marcel Gauchet bemerkt mit der Entstehung des Staates um 3000 vor unserer Zeit einen ersten wichtigen Bruch. »Dort beginnen eigentlich unsere fünftausend Jahre Wachstums-Geschichte« (1985, S. X). Ein weiteres einschneidendes Ereignis war, als sich von Persien bis China, von Indien bis Palästina die Vorstellung von einem einzigen Gott Bahn brach – ein Ereignis, das entscheidende Umwälzungen nach sich ziehen sollte, bereitete es doch die Bedingungen für ein persönliches Verhältnis zum Göttlichen. Die entscheidende Revolution jedoch kam mit dem Christentum, das Himmel und Erde zu Gegensätzen machte und jeden einzelnen dazu aufforderte, so zu handeln, dass er selbst sein ewiges Heil gewinnen kann. Das Schicksal war nun nicht mehr unausweichlich und kollektiv festgelegt, das individuelle Ziel nahm Einzug in das menschliche Leben und öffnete einen »Riss im Sein« (Gauchet, 1985, S. 47). Es rief zum Nachdenken über sich selbst auf.

Der Siegeszug der Individualisierung ist nicht deckungsgleich mit dem des Alleinlebens. Ersterer betrifft die Gesamtheit der Gesellschaft, zweiterer ist eng mit einer bestimmten Kategorie von Menschen verknüpft. Dennoch hat das Alleinleben, ja sogar die Einsamkeit, zu Beginn zweifellos eine wichtige Rolle gespielt. Man musste sich von der Welt lossagen, um denken zu können. Louis Dumont (1983) nimmt dies zum Ausgangspunkt, um zu analysieren, in welcher Weise die Eremiten die ersten Vorläufer der Moderne waren, indem sie den Austausch mit Gott durch die Tugend der Einsamkeit entdeckten.

Im Hinblick auf die Fragen, die uns hier interessieren, ist die Tatsache von größerer Wichtigkeit, dass zum ersten Mal in der Geschichte (und nach langwierigen Debatten, die die Kirche erschütterten) eine Form der Ehelosigkeit legitim wurde, die Freiraum schaffte für individuelle Kreativität. So legten etwa die innovativsten Intellektuellen oft die Mönchskutte an. Erasmus, der seine Zeit revolutioniert hat, gelang es, sein Werk zu verwirklichen, weil er Mönch war. Allein (was die ethymologische Wurzel von »Mönch« ist), in ständiger Tuchfühlung mit seinen Ideen, bereiste er Europa und wurde Mitglied passionierter Diskussionsgruppen.

Jungfrau in Männerkleidern

Doch das In-Bewegung-Versetzen der Gesellschaft hat nicht nur Helden und Genies am leuchtenden Gipfel der Gesellschaft hervorgebracht. Eine andere Form des Zölibats entwickelte sich ganz unten, in den düsteren und von der organisierten Welt verachteten Tiefen der Gesellschaft. Auf Seiten der Frauen zeichnen sich die Figuren der Prostituierten und der Hexe ab. Und auf Seiten der Männer, in der Welt des Waldes und der Heiden, scheinen die Köhler und Straßenräuber ebenfalls mit den unheilvollen Mächten im Bunde zu stehen (Castel, 2000). Auch noch andere zwielichtige Personen lassen sich ausmachen: arme, umherirrende Ritter, Familienjüngste ohne Grund und Boden, die zu jedem Abenteuer bereit sind, Studenten und anrüchige Ordensleute. Stehen die in der Gesellschaft oben oder unten? Das lässt sich oft nicht so leicht entscheiden, denn ihre weitere Existenz kann sie sowohl in die eine als auch in die andere Richtung führen. Hier scheint bereits eine sehr aktuelle Komponente von Flugbahnen des Alleinlebens auf: ihr zutiefst widersprüchlicher Charakter.

Jeanne d'Arc ist in dieser Hinsicht geradezu exemplarisch. Als arme, merkwürdige Reden schwingende Schäferin ohne jede Bildung bestand ihr wahrscheinlichstes Schicksal darin, an den gesellschaftlichen Rand gedrängt oder als Hexe verbrannt zu werden, noch bevor sie der Geschichte ihren Namen einschreiben konnte (das wäre ihr auch beinahe widerfahren: sie wurde mehrmals für verrückt erklärt oder des Satanismus verdächtigt und musste Exorzismen über sich ergehen lassen). Doch statt dessen gelang es ihr, einen der erstaunlichsten Wege sozialer Mobilität zurückzulegen, die man sich nur vorstellen kann: vom Status einer einfachen Schäferin zu höchsten militärischen Funktionen (Anführerin der Armeen des Königs)! Wie konnte das geschehen? Durch eine unerschütterliche innere Überzeugung und ein radikales Zölibat (das bis zur jungfräulichen Reinheit ging). Wie Erasmus, so hätte auch Jeanne ihre Heldentaten nicht vollbringen können, hätte sie eine vollkommen andere häusliche Rolle spielen und sich der Sorge um ihre Familie widmen müssen. Doch sie lebte nur für ihre Ideen (und dies mit außerordentlicher Leidenschaft), setzte Leib und Seele für das Schicksal ein, zu dem sie sich berufen fühlte und das sich auch erfüllen sollte. Das *sie* erfüllen sollte. Oft ganz allein, gegen all die Feindseligkeit, die sie umgab, einzig im Schutze ihrer Reflexivität, ihrer inneren Stimmen.

Nur einmal zweifelte Jeanne (die doch unter der Folter nicht gezittert hatte), und zwar am 24. Mai 1431. Drei Tage später fing sie sich wieder, weil sie auf ihre inneren Stimmen hörte. Und um dies mit aller Deutlichkeit nach außen zu zeigen, zog sie sich wieder ihre Männerkleider an (Le Goff, 1985). Es ist schon verblüffend festzustellen, dass sich auch die spektakulärsten weiblichen Flugbahnen der Autonomie damals auf männliche Attribute einlassen mussten. In dieser von Männern beherrschten Welt musste Jeanne (wie auch Great Buffalo Woman und später George Sand) ein wenig Mann sein, um eine Frau jenseits des Gewöhnlichen zu sein. Daher auch diese merkwürdige Figur, diese völlig untypische Identität der Jungfrau in Waffenrüstung. Unter dem Blickwinkel der historischen Entwicklung der Flugbahnen des Alleinlebens betrachtet, verliert Jeanne jedoch ihre Merkwürdigkeit. Natürlich war sie eine Extremistin, ausgestattet mit einem ungewöhnlichen Willen und besonderer Kraft. Aber nicht seltsam, vielmehr eine Pionierin.

Diese wenigen Zeilen könnten denjenigen, die ein ganz anderes Bild von Jeanne d'Arc haben, bilderstürmerisch, wenn nicht gar frevelhaft erscheinen. Schließlich war Jeanne d'Arc wie keine andere das Objekt zahlreicher ideologischer Vereinnahmungsversuche (Le Goff, 1985). Ich denke, obige Ausführungen sind nur deshalb so überraschend, weil eine Geschichte des Zölibats bisher noch aussteht. Mit dem Zölibat als Analyseschlüssel könnte so manche Biografie unter einem völlig anderen Blickwinkel gesehen werden. Aber diese Geschichte ist schwer zu schreiben (und das ist zweifellos der Grund, warum sie noch nicht existiert). Denn das Zölibat ist aufs engste mit einem sehr viel grundlegenderen und komplexeren Prozess verknüpft: der Individualisierung der Gesellschaft.

Face-to-Face mit sich selbst

Ich werde mich in diesem Buch mit zwei Fragen beschäftigen, die miteinander verknüpft und dennoch verschieden sind. Zum einen natürlich mit dem Zölibat, vor allem in seiner modernen Form, dem Leben als Single. Aber auch mit dieser grundlegenderen Entwicklung, deren Teil es ist und die sich im Single-Sein manifestiert: der Individuation des Gesellschaftlichen. Louis Dumont hat das Grundmodell skizziert, aus dem sich die Individuation Schritt für Schritt herausschält: das der holistischen Gesellschaft, in der das Individuum lediglich Teil der Totalität ist, die es umgibt. Die Zukunft ist ein von vornherein festgelegtes Schicksal, Wahrheit und Moral werden kollektiv bestimmt und die persönliche Identität ist durch den Platz definiert, den man innerhalb der Gruppe einnimmt.

Unsere heutige Gesellschaft eröffnet eine andere, völlig gegensätzliche Perspektive: eine Zentrierung auf das Individuum, das dazu aufgerufen ist, sich selbst zu definieren und immer und überall Entscheidungen zu treffen. Es muss sich für eine Wahrheit entscheiden, während zugleich das Angebot möglicher Antworten, popularisiert durch die Medien, immer umfangreicher und widersprüchlicher wird. Dies schließt selbst die einfachsten Gesten des Alltagslebens mit ein, die früher durch Tradition weitergegeben wurden. Es muss sich für eine Moral entscheiden, und dies in einem äußerst breit angelegten Werteuniversum, das nur noch wenige Verbote enthält. Es muss sich für soziale Beziehungen entscheiden, sich ein Kapital an Beziehungen schaffen, und das erfordert von nun an Arbeit und eine bestimmte Kompetenz (deren Verteilung auf dem gesellschaftlichen Schachbrett keine zufällige ist). Es muss sich eine Zukunft entwerfen und je nach Situationen und Zielen initiativ werden – die Vorstellung eines Schicksals wird hinfällig. Und schließlich muss es sich selbst seine eigene Identität definieren und konstruieren und darf es keinem anderen überlassen – besonders nicht der Gesellschaft –, darüber zu bestimmen, was es ist und was es sein wird. Dieses Erfinden der eigenen Gegenwart und Zukunft ist ohne innere Arbeit, ohne ein

Face-to-Face mit sich selbst, ohne Selbstreflexivität nicht denkbar. Was nicht gleichbedeutend ist mit Isolation. Norbert Elias (1991a) zeigt vielmehr, dass die Intensivierung der Innerlichkeit mit der Vervielfachung und Diversifikation von Abhängigkeitsbeziehungen einhergeht. Die Individuation ist kein autarker Rückzug. Dass die individualisierende Grundströmung nicht aufzuhalten ist, bedeutet außerdem auch nicht, dass sie sich ohne unvorhergesehene Zwischenfälle oder Brüche abspielt. Im Gegenteil, Gegenströmungen können die Landschaft in bezug auf diesen oder jenen Aspekt manchmal für mehrere Jahrhunderte völlig durcheinanderwirbeln. Auch sollte uns der Aufstieg des Individuums auf die Vorderbühne der Geschichte nicht glauben machen, die konkreten Individuen könnten in vollem Umfang verantwortlich für ihre Taten und rational in ihrem Verhalten sein: Die Realität ist sehr weit von diesem Modell entfernt (Kaufmann, 1999b). Was jedoch zählt, ist die Richtung, in die das Ganze auf lange Sicht gesehen führt: dem Individuum wird immer mehr Verantwortung übertragen und es hegt immer stärker den Wunsch, sein Leben selbst zu gestalten.

Der Zusammenhang zwischen dieser allgemeinen Tendenz zur Individuation und dem Zölibat ist komplex. Ursprünglich entstanden die Prämissen der Individualisierung in den Köpfen von Zölibatären (Dumont, 1983). Doch heute ist die Entsprechung zwischen denjenigen Personen, die am aktivsten ihr eigenes Leben in die Hand nehmen (und die auch verheiratet sein können), und jenen, die nicht in einer Paarbeziehung leben (und die Idee der Selbstdefinition dennoch ablehnen können) lange nicht mehr so eindeutig. So ist es beispielsweise selten, dass das Alleinleben bewusst und freiwillig angestrebt wird. Dennoch gibt es eine wachsende Zahl von Menschen, die solo leben und das auch nicht mehr ändern wollen (auch nicht für eine Weile) oder äußerst anspruchsvoll werden, was die Bedingungen für ein mögliches Beenden ihres Single-Daseins be-

29

trifft. In manchen Fällen wird das Alleinleben somit zu einer besonders deutlichen und radikalen Manifestation (sowie zu einem zuverlässigen Indikator) einer – wenn auch diffusen und vielgesichtigen – Entwicklung hin zur Zentrierung auf das Individuum.

Die Umkehrung der Welt

Diese historische Entwicklung durchlief im Jahrhundert der sogenannten »Aufklärung« eine entscheidende Etappe, die jedoch kaum sichtbare Auswirkungen auf das Zölibat hatte. Und doch gilt es, im Rahmen der langen Geschichte, die uns zum heutigen Single-Dasein führen wird, auf diesen wesentlichen und weichenstellenden Zeitabschnitt einzugehen. Sicher haben sich auch schon vorher einzelne Individuen (lombardische Bankleute oder Seeleute wie Kolumbus) in das Abenteuer gestürzt, ihre Zukunft selbst in die Hand zu nehmen, haben sich Denker (von Sokrates bis Montaigne) auf die neuen Wege der »Sorge um sich« (Foucault, 1986) begeben, diese ersten Keime blieben jedoch, wenn auch in der Renaissance schon etwas stärker verbreitet, noch in der Minderheit (Laurent, 1993). Doch irgendwann drehte sich das Kräfteverhältnis zwischen Holismus und Individualismus um: Die Keime, die in der Minderheit gewesen waren, wurden zur Norm, und der Holismus begann seinen Rückzug in verschiedene private Gruppen (insbesondere die familiale Zelle). Marcel Gauchet hat versucht, diesen Augenblick der Umkehrung der Welt, in dem sich »der mit Sicherheit größte Bruch in der Geschichte« vollzogen hat, zu datieren: »irgendwann um 1700« (1985, S. 233). Man muss wirklich verstehen, was dieser Bruch bedeutet. Es war kein plötzlicher Bruch: zwischen 1699 und 1701 hat sich fast nichts verändert; die individualistische Revolution muss in Jahrhunderten, wenn nicht gar Jahrtausenden gerechnet werden. Aber »irgendwann um 1700« vollzog sich ein entscheidendes theoretisches Ereignis: Das Individuum wurde zum dominanten Prinzip des Gesellschaftlichen.

Die Folge: Bestimmte Tätigkeitsbereiche befreien sich und schlagen eine autonome Entwicklung ein. Das 18. Jahrhundert ist, wie man weiß, das Jahrhundert der geistigen und politischen Revolutionen, die zur Etablierung der Grundlagen moderner Wissenschaft und zur Erklärung der Menschen- und Bürgerrechte geführt haben. Dieses kollektive Aufbegehren rund um das im Entstehen begriffene Individuum scheint jedoch kaum direkte Auswirkungen auf das Privatleben zu haben, das Zölibat bleibt marginal: Dort findet man nach wie vor die Not der Vagabunden, das Schweigen der Witwen und nur wohlbegrenzte Eskapaden gelehrter Freidenker. Man musste das folgende Jahrhundert abwarten, die industrielle Revolution, bis die Ehe neue Stürme erlebte.

Das 19. Jahrhundert: die Bewegung verbreitet sich

Das 19. Jahrhundert ist nur zum Teil das, wofür man es hält: rigide und diszipliniert. Hinter dieser Fassade sind genau entgegengesetzte Kräfte am Werk. Wir werden sehen, dass der Puritanismus schamhaft die Entdeckung neuer Gefühle und den Aufstieg einer körperlichen Empfindsamkeit verbirgt. Auch die obsessive familialistische Leier, die Beschwörungsoden auf die Mütter und die Tugenden des häuslichen Heims zielen vor allem darauf ab, eine Gefahr zu bannen: die Vorstellung, ein anderes Modell von Privatleben könnte möglich sein. Das 19. Jahrhundert ist zugleich das Jahrhundert von Bonald und Fourier (Chaland, 1998).

Der Widerspruch zwischen den beiden Modellen (das Individuum oder die Familie als Fundament der Gesellschaft) manifestiert sich bereits während der Revolution sehr deutlich, die, obwohl sie familialen Werten sehr verbunden ist, ein erstaunlich modernes Scheidungsgesetz beschließt (Bart, 1990; Ronsin, 1990). Dieses wird von der Restauration natürlich ganz schnell wieder abgeschafft. Schon bald aber können die Hüter einer höchsten familialen Ordnung die unaufhaltsame Emanzipation des Individuums nicht mehr aufhalten, die insbesondere auch in der Zunahme des Alleinlebens ihren Ausdruck findet. Schon damals war Alleinleben keine wirkliche Seltenheit mehr, trat jedoch nur so vereinzelt in Erscheinung und wurde von den Familien so gut verborgen, dass es mit dem »Grau-in-Grau des Hintergrunds« verschmelzen konnte (Farge, Klapisch-Zuber, 1984). Die Familienjüngsten, die ohne Erbe ausgingen; Soldaten und Gefangene; umherirrende Obdachlose; notleidende Tagelöhner, die sich in den Ecken baufälliger Häuser verkrochen; Bedienstete, die am Haus ihrer Herrschaften hingen; finstere, zurückgezogen lebende Witwen; Tanten, die sich der Familienversorgung verschrieben; Kranke und Behinderte, die niemand heiraten wollte; Ordensangehörige in Gemeinschaften; Frauen, die vergewaltigt worden waren und zu Prostituierten wurden, ... – die Liste der verschiedenen Kategorien, die »am Rande einer Gesellschaft leben, in deren Mittelpunkt die Familie steht«, ist lang (Perrot, 1987b, S. 302). Doch mit der industriellen Revolution und unter den Lichtern der Stadt nimmt diese Schattenarmee – wenngleich noch immer an die Ränder gedrängt – plötzlich die Züge einer eher freiwilligen und sichtbaren Kohorte an: Am Ende des Jahrhunderts wird eine neue Form des Zölibats geboren, die beginnt, jene Formen anzunehmen, wie wir sie heute kennen.

Da ist zunächst die Unabhängigkeit im Hinblick auf das Wohnen: Ob man unverheiratet ist und in einer Familie wohnt oder unverheiratet ist und allein in seiner eigenen Wohnung wohnt, macht einen enormen Unterschied. Schon vor dem 19. Jahrhundert gab es Menschen, die alleine lebten, besonders in den eher armen Schichten und meist am Rande oder außerhalb der Dörfer (Bourdelais, 1984). Doch die Tatsache, dass sie so verstreut und diskret lebten, hielt sie im Verborgenen und konnte ihre Besonderheit ungesehen machen. Wenn eine Familie die Mittel dazu hatte, nahm sie sich ihrer an: Der Zölibatär lebte also nur mangels Besserem allein. Mit dem neuen städtischen Zölibat setzt sich das unabhängige Wohnen fern von der Familie durch, das, auch wenn es ärmlich ist, zu einem möglichen Werkzeug der Unabhängigkeit wird. Kärglich, wenn nicht gar erbarmungswürdig möbliert schafft die kleine Mansarde dennoch Raum für persönliche Träume: Auch wenn die Zukunft nicht einfach ist, kann sie ein klein wenig selbst erfunden werden, das Schicksal ist durch keinen anderen als einen selbst von vornherein festgelegt.

Obwohl die Kontexte völlig unterschiedlich sind, ist es frappierend festzustellen, wie sehr die Erfahrungen von damals der Auftakt für die Formen des Lebens außerhalb einer Paarbeziehung waren, wie wir sie heute kennen. Es sieht ganz so aus, als würden wir seit ungefähr dreißig Jahren die Fäden einer Entwicklung wiederaufnehmen, die vor einem Jahrhundert begonnen hat. Vier Beispiele: die geografische Verbreitung, die Phasen im Lebenszyklus, die gesellschaftliche Polarisierung und die weibliche Erwerbstätigkeit.

DIE GEOGRAFISCHE VERBREITUNG. Das Alleinleben ist kein speziell städtisches Phänomen. Zunächst war es sogar tendenziell in kleinen, ländlichen Gemeinden verbreiteter, in denen ein demografisches Ungleichgewicht dazu beitrug, die Zahl der Personen zu erhöhen, die keinen ihrem Alter und ihrer gesellschaftlichen Stellung entsprechenden Partner fanden. Im 19. Jahrhundert kommt es zu einem neuen Phänomen. Hinsichtlich der Verbreitung des Alleinlebens kommt es zu einem

Gefälle zwischen den großen Städten und ländlichen Gegenden sowie zwischen den Ländern Nordeuropas und denen des Südens. Verglichen mit den englischen *spinsters*, die sich in den Feldern des Handels, der Künste und der Wissenschaften zahlreich durchsetzen und die frei und kämpferisch auftreten, ist der Zugang zur Erwerbstätigkeit für die italienischen *zitelle* Anfang des 20. Jahrhunderts noch schwierig und an ihnen haftet der Geruch des Argwohns und die Pflicht zur Diskretion, die vor allem auf den Frauen lastet und sie zu Objekten von Mitleid und Sarkasmus macht (De Giorgio, 1992). Dieses Stadt-Land- und Nord-Süd-Gefälle hat sich seither nicht verändert.

DIE PHASEN IM LEBENSZYKLUS. Die Häufigkeit des Alleinlebens variiert auch heute noch in Abhängigkeit vom Alter. Besonders ausgeprägt ist es an den Extrempolen: in der Jugend und im Alter. Das Alter steht für die älteste Form des Alleinlebens. Im 19. Jahrhundert nimmt die Zahl der alleinstehenden Witwen zu; in den einfachen Bevölkerungsschichten leben sie mittellos und zurückgezogen, im städtischen Bürgertum jedoch sind sie aktiv und selbstbewusst: »Die Witwenschaft kann eine Form der Emanzipation sein, die düstere Vergeltung für die Rollenteilung in der Paarbeziehung« (Perrot, 1984, S. 299). Schon in der Jugend allein in der eigenen Wohnung zu leben, ist ein sehr viel neueres Phänomen und das Produkt von Entwurzelung und Landflucht. Vor 1850 können es sich junge Mädchen in Kleinstädten noch nicht erlauben, allein in einer eigenen Wohnung zu leben (Dauphin, 1984). Doch mit der Arbeit in der Großstadt vergrößert sich die Distanz zur Herkunftsfamilie: Unaufhaltsam kommt es zu größerer Autonomie im Hinblick auf das Wohnen, auch schon in der Jugend. Diese Isolation wird zunächst alles andere als positiv erlebt, vor allem nicht von den Ärmsten: alleinstehende Frauen, Wäscherinnen, Schneiderinnen, Fabrikarbeiterinnen finden sich in kleinen

Stubengemeinschaften zusammen, alle auf der Suche nach einem Ehemann oder, zur Not, einem Liebhaber. Doch im Zuge dieser Wartezeit dehnt sich die Phase des Unverheiratetseins und Alleinlebens immer mehr in Richtung Jugend aus. Manche Berufsgruppen gehen sogar so weit, das jugendliche Zölibat zu institutionalisieren. Hausangestellte etwa bleiben bis zum Alter von 30 oder gar 40 Jahren unverheiratet und quittieren dann nach ihrer Heirat ihren Dienst (Fraisse, 1979); große Kaufhäuser verbieten ihren Verkäuferinnen (die entlassen werden, sobald sie das Alter von 30 überschritten habe), zu heiraten (Parent-Lardeur, 1984). So nimmt die Biografie vieler Frauen einen neuen Lauf, bestehend aus drei aufeinanderfolgenden Phasen: berufliche Erfahrung und finanzielle Unabhängigkeit dank des Alleinlebens, dann Heirat und schließlich Witwenschaft. Insgesamt gesehen ist die Zeit des Lebens zu zweit der kürzeste Abschnitt. Stark kontrastierende Phasen und die Verkürzung der Ehephase kennzeichnen auch heutige Flugbahnen.

DIE GESELLSCHAFTLICHE POLARISIERUNG. Allein zu leben ist an den beiden Extrempolen der gesellschaftlichen Leiter häufiger anzutreffen. Auf seiten der Armen – Bettler und Vagabunden – ist dieses Phänomen nichts Neues (Castel, 2000), nimmt jedoch mit der Zunahme der städtischen Armut neue Dimensionen an. Was die gebildeten Schichten betrifft, entstehen jedoch bisher unbekannte Formen der Verweigerung des bürgerlichen Modells von Privatleben: ein Beharren auf dem Zölibat als Gegen-Kultur. Es sind vor allem Männer – die Künstlerbohème und individualistische Dandys -, die sich diese Kapriolen leisten können (Perrot, 1987b). Und die Frauen stürzen sich massenhaft in die Karriere. Diese gesellschaftliche Polarisierung kennzeichnet auch heute noch das Alleinleben. Der einzige Unterschied: Manche Frauen waren so erfolgreich, dass sie heute den Platz einnehmen, den die Bohème und die Dandys freigemacht haben.

DIE ERWERBSTÄTIGKEIT DER FRAUEN. Das ganze 19. Jahrhundert hindurch nimmt die weibliche Erwerbstätigkeit kontinuierlich zu (Marchand,Thélot, 1997). Bei den Dienstleistungen (jenseits der Hauswirtschaft) steigt gleichzeitig mit dieser Professionalisierung das Niveau der Kompetenzen und schulischen Abschlüsse. Eine Armee von Frauen befindet sich plötzlich in der Zwickmühle zwischen dem Glück der Unabhängigkeit, die der Beruf ihnen verschafft, und dem Schmerz der Nicht-Heirat. Diejenigen, die am stärksten beruflich engagiert sind, empfinden das wie eine Berufung: Sie sind unwiederbringlich von dieser Entwicklung mitgerissen, und es ist die Geschichte, die sie mitreißt. Die Fräulein in den großen Kaufhäusern (Parent-Lardeur, 1984), Postangestellten (Pezerat, Poublan, 1984), Krankenschwestern (Knibiehler, 1984), Grund- und Oberschullehrerinnen (Cacouault, 1984) – je höher ihre Ausbildung, desto freudiger lassen sie sich auf die berufliche Karriere ein und desto problematischer wird die Paarbeziehung. Der Beruf verleiht ihnen Selbstbewusstsein, erlaubt ihnen, sich abzugrenzen, öffnet Horizonte. Zu viel Selbstbewusstsein, Abgrenzung und Horizont, um sich mit den unkultivierten Rohlingen zufrieden zu geben, die noch als Ehekandidaten zur Verfügung stehen, und die erstickende Perspektive einer Ehe unter diesen Bedingungen zu akzeptieren. Dieses Gefälle zwischen Männern und Frauen ist noch heute anzutreffen, weibliche Bildungsabschlüsse sind nach wie vor einer der wichtigsten Segregationsfaktoren (Flahault, 1996).

Grisetten und utopische Gemeinschaften

Die bürgerliche Lebensform Ehe setzt sich zwar in fast allen sozialen Schichten als Modell weitgehend durch, jedoch verhindert die Zunahme der weiblichen Erwerbstätigkeit, dass sie zum alleinigen Modell wird: Die Pionierinnen der Unabhängigkeit sind stillschweigend Trägerinnen eines Gegenmodells. Oft sind sie das wider Willen, denn dieser subversive Keim erleichtert das tägliche Leben nicht gerade. Ihre besondere Stellung zieht die Aufmerksamkeit auf sich: Sie stören, werden des Abweichlertums verdächtigt. Die Stigmatisierung scheint für diejenigen, die fest in den geltenden Normen verankert sind, der einzige Weg zu sein, um ihre Irritation zu vertreiben. »Waren das wirklich Frauen, die da aus der Schublade, in die sie qua Geschlecht gesteckt wurden, ausbrachen?« (Perrot, 1995, S. 45). Und schnell ist man mit Unterstellungen wie »Hartherzigkeit« und »Gefühlskälte« zur Hand, mithilfe derer man die Unglückliche in die Kategorie »alte Jungfer« (de)klassiert. Oder umgekehrt: Eine allzu freie Frau kann doch nur ein »leichtes Mädchen« sein. Übrigens wird derselbe französische Begriff der »femme isolée« sowohl für alleinlebende Arbeiterinnen als auch für heimliche Prostituierte verwendet (Scott, 1990). Ein zur damaligen Zeit mit ihrer strengen Moral unerträglicher Verdacht. Und dies umso mehr, als es zugleich einen inneren Kampf gegen sich selbst auszufechten gilt: Denn dieses leichtere, gefühlsbetontere Leben liegt in diesem historischen Augenblick, in dem die Körper hinter der Fassade des Puritanismus heimlich neue Begierden entdecken (Corbin, 1987), tatsächlich in Reichweite. Die alleinstehende Frau, die sich sehr in ihrem Beruf engagiert, wie etwa die Lehrerin, erschafft deshalb zu ihrer Verteidigung eine ganz charakteristische Figur: strenger Dutt und immer bis oben hin zugeknöpft. Da sie jedoch auch nicht dem anderen Stereotyp (dem der »alten Jungfer«) entsprechen will, betont sie ihre Ungezwungenheit, Redegewandtheit und vor allem ihre Eleganz (feine, dezente Spitze und anderes Schmuckwerk), wodurch sie sich von der verkümmerten, griesgrämigen alten Jungfer, die »ranzig riecht« (Perrot, 1984, S. 300), unterscheidet. Zwischen den beiden Kategorien, die sie beide ablehnt, konstruiert sie sich als jemand anderes, eine gesellschaftliche Figur, die noch kaum identifiziert und erst langsam dabei ist, definiert zu werden.

Die Verkäuferin im großen Kaufhaus, die zwischen Beruf und Ehe hin- und herschwankt (im Unterschied zur Lehrerin ist ihr Zölibat in der Regel nur ein vorübergehendes), wählt eine etwas andere Option. Da bei ihr die Angst, für eine alte Jungfer gehalten zu werden, noch ausgeprägter ist, ist ihre Eleganz farbiger, parfümierter, einschmeichelnder – was das Risiko birgt, dem anderen Stereotyp anheimzufallen. Doch häufig gelingt es ihr, das Gleichgewicht zu halten und mit der Figur der unabhängigen Frau zu verschmelzen (die weder alte Jungfer noch leichtes Mädchen ist), die sich langsam aber sicher einen Platz in der gesellschaftlichen Landschaft erobert.

Natürlich gab es auch echte »alte Jungfern« und galante Frauen, sie waren aber nicht sehr zahlreich. Diese Extremkategorien wurden durch einen Effekt der Verwischung aller Unterschiede in den Köpfen der Leute zahlenmäßig für viel bedeutsamer gehalten, als sie es in Wirklichkeit waren. So wurden etwa auch gelehrte Frauen systematisch lächerlich gemacht, der Gefühlskälte verdächtigt und zu »alten Jungfern« erklärt, obwohl sie in Wahrheit oft auf ihre ganz eigene Art Abenteurerinnen waren, die sich mit Leib und Seele für ihren eigenen Weg engagierten (Flahault, 1996). Und was die leichten Mädchen betrifft, so liegen Welten zwischen der Prostitution einerseits und freizügigen Sitten andererseits.

Nehmen wir zum Beispiel die Grisetten, diese jungen Schneiderinnen des Quartier Latin, deren Lebensweise auf das Heftigste moralisch verdammt wurde. Sie lebten sorglos, genossen die Koketterie, die Fröhlichkeit und die Liebe, ganz im Banne der neuen Verhaltensweisen, die sie bei den bürgerlichen Frauen gelernt hatten, und erregt von der Kunst der Studenten, ihnen auf so romantische Weise den Hof zu machen

(Guillais-Maruy, 1984). Wie sollten sie sich nach all dem zur Heirat mit Männern ihrer sozialen Herkunft entschließen, um in diesem finsteren Universum der Arbeiterwelt im 19. Jahrhundert unterzugehen? Sie zogen Sonette vor, zarte Worte und Liebkosungen, auch wenn dies bedeutete, sich auf eine andere Weise zu verlieren, nämlich im Alter der Einsamkeit und Not anheimzufallen (denn war die Jugend erst einmal vorbei, verließen die Märchenprinzen ihre Geliebten, um zu heiraten). Waren die Grisetten also leichte Mädchen? Sicher! Aber in gewisser Weise auch unabhängige Frauen, die sich weigerten, sich mit einem Leben ohne Glanz und ohne Begeisterung abzufinden, indem sie sich einen Frühling lang ein Leben nach ihren Wünschen herbeiträumten und Formen des Zusammenlebens erfanden, die heute legitim geworden sind.

Die Grisetten waren auf der Suche nach einem neuen Liebeskodex. Erfolglos. Denn das 19. Jahrhundert war nicht bereit für ihre revolutionären Vorstellungen. Die Epoche ist im Gegenteil gekennzeichnet durch eine Verhärtung der ehelichen Norm. Die Utopien, die hier und da aufblühen, laufen dem zuwider und sind dazu verurteilt, in den Büchern zu bleiben oder sich auf einige marginale Experimente zu begrenzen. Und doch: Was für eine Kühnheit im Denken! Die Radikalsten unter ihnen haben als erstes das verheiratete Paar als Fundament der Gesellschaft im Visier. In *Nouveau Monde amoureux* macht sich Charles Fourier zum Ausrufer einer Freiheit der Begierden und einer ausschweifenden Sexualität, wie sie sich seinem Wunsch nach in den von ihm gegründeten Gemeinschaften entfalten soll. Er entwirft ein Modell sukzessiver Partnerschaften (die erst später in eine Ehe münden), ähnlich dem, was wir heute kennen. Doch es kam zu keiner Umsetzung dieses Modells, weil seine utopischen Gemeinschaften, die sogenannten »Phalanstères«, mit allzu viel mathematischer Strenge entworfen waren, aber vor allem auch, weil die Leute von ihrer Einstellung her zu stark auf die Familie ausgerichtet waren (die Schüler Fouriers verheimlichten übrigens diesen Aspekt seines Programms).

Der Aufstieg des Individualismus im Privatleben sollte andere, verborgenere Wege einschlagen und die eheliche Institution umgehen, ohne sie anzugreifen. Die Umwälzungen sollten sich nicht über radikalen Widerspruch vollziehen, sondern durch langsame Veränderungen im Alltag. Besonders, was die Frauen betrifft. Durch ihren Einstieg in die Erwerbstätigkeit entdecken sie die Unabhängigkeit und zögern nun nicht mehr, auf kritische Weise abzuwägen, was ihnen die Ehe bringen kann. Es genügt nicht mehr, einfach zu heiraten. Der zukünftige Ehemann muss wirklich ein besseres Leben bieten können. Davon zeugt folgender Brief einer Leserin von *Petit Écho de la mode* aus dem Jahre 1907: »Ich habe mir also Zeit genommen, nachzudenken, zu vergleichen, zu beobachten; und meine Gedanken waren der Ehe nicht wohlgesonnen. Ich bin 25 Jahre alt, ich bin kein Kind mehr, ich weiß, was ich will und was ich tue. Ich habe mich im Vollbesitz meiner geistigen Kräfte für meinen Weg entschieden. Und ich bedaure es nicht im geringsten.« (zitiert nach Raffin, 1987).

Der Einschnitt

Die individuelle Autonomisierung hat sich historisch nicht linear, sondern in aufeinanderfolgenden Wellen vollzogen, die je besondere Generationenstile geprägt haben (Terrail, 1995). Da gab es besonders intensive Phasen, in denen die Männer und Frauen unausweichlich von der Welle mitgerissen wurden. Dann folgte wieder eine Ebbe, als ob die Gesellschaft erst einmal wieder festen Boden unter den Füßen gebraucht habe, bevor sie sich erneut in das Abenteuer stürzen konnte. Zu Beginn des 20. Jahrhunderts ist die Welle (vor allem für die Frauen) an dem Punkt angelangt, wo sie wirklich zu einer brausenden Woge wird. Dann bringt ein Ereignis alles abrupt zum Stillstand: der Weltkrieg.

Manche mögen von dieser Analyse überrascht sein, erhöhten die Frauen doch, indem sie ihre in den Kriegsdienst eingezogenen Männer ersetzten, ihre Präsenz in den Fabriken und Büros. Aber die Wirklichkeit ist komplexer. Dieses Ersetzen war in Wahrheit begrenzt und häufig auf untergeordnete oder weiblich konnotierte Stellen beschränkt: putzen, kontrollieren, registrieren, Verletzte pflegen und Obdachlose versorgen. In den Köpfen der Menschen jedoch löste die Vorstellung, die Männer könnten ihre traditionelle Rolle verlieren, eine kollektive Angst aus, die sich bereits mit den emanzipativen Schüben des 19. Jahrhunderts zuzuspitzen begonnen hatte. Françoise Thébaud (1992) betont dieses Paradox: der (doch so vorsichtige) Vorstoß in die Arbeitswelt löste eine konservative Erstarrung in den Köpfen aus. Der neue Stil der Frauen (eine tatkräftige Selbstsicherheit, die mit der früheren Zurückhaltung aufräumte, ein starkes und freies Auftreten, das Angst machte) hatte zweifellos viel mit diesem Umschwung zu tun. »Denn vor allem darin bestand das Neue: allein leben, allein ausgehen, allein für die Familie sorgen, all die Dinge also, die vorher unmöglich und gefährlich erschienen waren« (Thébaud, 1992, S. 48). Nach einigen Jahrzehnten, die eine Entwicklung hin zu immer mehr weiblicher Unabhängigkeit gebracht hatten, schien nun alles auf eine Beschleunigung der Entwicklung zuzusteuern. Das war zu viel.

Im Schatten der strahlenden Frauen von 1914-18 bereitete sich also die große Rückkehr zur Ordnung der Dinge vor. Der tapfere Frontsoldat ist das Wahrzeichen der Restauration des Images des herrschenden Mannes; die Frauen mussten zur Ordnung gerufen werden. Das hieß zunächst: wieder wahre Mütter werden. Kann eine gute Mutter ihr Heim verlassen, um arbeiten zu gehen, sich also nicht voll und ganz ihren Kindern opfern? In Deutschland und England ist die Antwort eindeutig nein: ihr Platz ist zuhause. In Frankreich hingegen sind sie bereits zu sehr in die Produktion integriert, als dass man sie einfach in großem Stil abziehen könnte (Lagrave, 1992). Die Kritik an der weiblichen Unabhängigkeit ist umso vehementer, und dies umso mehr, als die natalistische Perspektive von den Köpfen Besitz ergreift: Die wahren Heldinnen sind die Mütter von zehn Kindern, denen man von 1920 an die Familienmedaille verleiht. In Italien erlebt das Buch *L'anima della donna* von Gina Lombroso, das den Frauen ihren Fortpflanzungsauftrag in Erinnerung ruft, einen enormen Erfolg (De Giorgio, 1992).

In den Ohren der Männer, die in ihrer Identität verunsichert sind, klingt diese Rückkehr zu den alten Modellen wie eine Vergeltung. Und was die Frauen betrifft: Müde nach all den Mühen hoffen viele auf ein wenig Erholung und einen gewissen Rückzug in die Familie. Damit sind alle Bedingungen für den großen Ehe-Konsens beisammen, zu dem es in der Zwischenkriegszeit kommen sollte.

Die freudlosen Jahre

Die Belle Epoche, in der sich alles zu bewegen und zu beschleunigen schien, ist definitiv vorbei. Die Gesellschaft begibt sich in ihre alten, festgefahrenen Rahmen zurück und atmet im Leerlauf. Unmittelbar nach dem Krieg ist die Sache noch nicht eindeutig. Das Bild von »La Garçonne«, bekannt gemacht durch Victor Marguerite, könnte den Eindruck erwecken, man habe es mit einer wegweisenden Entwicklung zu tun – aber es ist nur ein Zucken der Phantasie. Die Frau zieht sich brav und dauerhaft wieder in ihr Zuhause zurück.

Der Umweltdiskurs verbreitet die Vorstellung von einem neuen, modernen Leben. Paulette Bernège und die Messe für Haushaltskünste (eröffnet 1923) weisen den Weg für eine technologische Revolution des Alltags. Doch die Haushaltswirklichkeit ändert sich nur langsam. Für die große Mehrheit beschränkt sich die Revolution auf Waschkessel, Konserven und Elektrizität. Die Zeit, die mit Haushaltsdingen verbracht wird, nimmt zu, und dies unter Bedingungen, die kaum besser sind als früher. Im Jahre 1948 besitzen nur 4% der britischen Haushalte eine Waschmaschine, 2% einen Kühlschrank. 1954 haben 42% der Franzosen noch immer kein fließendes Wasser (Sohn, 1995). Die Frauen haben die Taube in der Hand für den Spatzen auf dem Dach aufgegeben. Sie haben die Entwicklung hin zu mehr Unabhängigkeit zugunsten einer Modernität in Haushaltsdingen fahren lassen, die nicht einmal richtig Gestalt annehmen will. Das Leben ist freudlos und eng in diesen Jahren.

Doch es gelingt der Leitmelodie einer Epoche niemals, die Gegenstimmen völlig zum Schweigen zu bringen. Übertönt von der jämmerlichen Melodie der haushaltlichen Neuorganisation lassen dennoch verschiedene Nebenklänge eine andere Partitur erklingen. Sicher, die Frau ist zuerst und vor allem wieder Mutter (Knibielher, Fouquet, 1997) und Haushaltsfee (Perrot, 1987a), brav abhängig von einem Ehemann. Und doch erzählt ihr Körper eine andere Geschichte. Mit jedem Jahr, das vergeht, schafft er sich ein bisschen mehr Bewegungsfreiheit. Korsette, gestärkte Unterwäsche und sperrige Hüte werden zum Teufel gejagt, die Frau zeigt Bein und geht in großen Schritten, sie stellt einen Körper ohne Fesseln zur Schau und in ihrem Auftreten liegt eine Kraft und Freiheit, die deutlich machen, wie sehr sie dabei ist, sich zu verändern (Montreynaud, 1992). Noch während sie sich nach Ruhe und dem Rückzug in die Familie sehnt, betont sie doch zugleich ihre Individualität und wird sich ihrer Stärke bewusst. Langsam entwickelt sich das Gleichgewicht zwischen Mann und Frau in der Paarbeziehung hin zu mehr Gleichberechtigung; manche Frauen sind sogar so mutig, die Scheidung einzureichen (Sohn, 1995). 1919 ermöglicht die Einführung des weiblichen Abiturs den Frauen den Zugang zur Universität. In den unterschiedlichsten Bereichen treten weibliche Persönlichkeiten hervor: Colette, Simone Lenglen, Marie Curie. Verhaltensweisen, die Unabhängigkeit signalisieren, sind keine Seltenheit mehr (und aufgrund des zahlenmäßigen Ungleichgewichts zwischen den Geschlechtern nach dem Krieg unverzichtbar). »Aber sie sind dennoch nicht Teil einer Gesamtbewegung, sondern werden übertönt von dem Frau-und-Mutter-Diskurs, über den ein weitgehender Konsens herrscht« (Thébaud, 1992, S. 73).

Das amerikanische Modell

Ein Vergleich mit den Vereinigten Staaten kann hier durchaus aufschlussreich sein. Dort waren Ende des 19. Jahrhunderts sehr aktive feministische Bewegungen entstanden. In den 1910er Jahren stiegen so viele Frauen wie nie zuvor in freie und »white color«-Berufe ein; die Ehe als einzige Perspektive war ernsthaft in Frage gestellt (Cott, 1995).

Der Krieg mit seinen fernen Turbulenzen bedeutete keinen Bruch damit. Und dennoch ließ sich von den 1920er Jahren an derselbe Rückzug in die Familie beobachten wie in Europa, allerdings auf andere Weise. Es handelte sich hier nicht um eine reaktionäre oder konservative Bewegung, die durch eine identitäre Verunsicherung verursacht worden wäre, vielmehr waren es neue, familieninterne Faktoren, die mit der Autonomisierungsdynamik konkurrierten und sie bremsten.

Der erste Faktor war die Mechanisierung der Haushalte. Im Unterschied zu Europa (wo sie lange Zeit nur auf dem Papier stand) konkretisierte sie sich in den Vereinigten Staaten sehr schnell, revolutionierte die Haushaltstätigkeit und zog ein ganzes Volk in den Bann der Modernisierung. Die häusliche Gruppe hatte sich in eine effiziente Einheit mit den vielfältigsten Aktivitäten verwandelt: 1928 besaß bereits jeder sechste Einwohner der USA ein Auto und 40% der Haushalte ein Radio (Cott, 1995).

Der zweite Faktor waren die Umwälzungen innerhalb des Ehelebens. In die Wege geleitet von einer Expertenarmee, die durch die Schule der Humanwissenschaften gegangen war, setzte sich ein neues Paarideal durch. Entgegen dem alten Modell (hierarchisch, starr und wenig kommunikativ) predigte es eine Intensivierung der Intimität und des Austauschs innerhalb der Beziehung, die auf Gleichberechtigung und gegenseitigem Respekt gründen sollte, sowie eine emotionale und sexuelle Befreiung zwischen den Ehepartnern. In diesem Fall war also die Modernität genau hier zu finden, in dieser neuen Verwirklichung der Person innerhalb der Partnerschaft (die Ehe erfreute sich in der Zwischenkriegszeit größerer Beliebtheit denn je): Was hätte eine Frau anderes anstreben können? Diejenige, die sich weigerte, sich auf dieses Modell mit Absolutheitsanspruch einzulassen, wurde als »soziale Gefahr dargestellt, als irrational, ungesund, männlich oder frigide« (Cott, 1995, S. 98). Frauen, die ein Universitätsstudium absolviert hatten und häufiger als alle anderen unverheiratet waren, wurden zu den hemmungslosesten Propagandistinnen dieser neuen Ehe und ließen ihre Vorstellungen von Unabhängigkeit hinter sich. Das amerikanische Modell der Selbstverwirklichung in der Partnerschaft war geboren und sollte sich in den 50er Jahren (zusammen mit der Mechanisierung der Haushalte) auch in Europa verbreiten. Nie zuvor in der Geschichte gab es eine so unverrückbare Definition der Ehe, nie zuvor hatte sie sich auf so stabile und allgemeingültige Weise etabliert. Es schien so, als könnte jede andere Lebensweise nur abweichendes Verhalten, Funktionsstörungen oder individuelles Versagen bedeuten. Bis zu dem Tag, als Mitte der 60er Jahre ein gigantischer Orkan diesen allzu heiteren Ehehimmel zerreißen sollte: Die Klammer um ein halbes Jahrhundert ehelicher Restauration schloss sich so schnell wieder wie sie sich geöffnet hatte, die Autonomisierungbewegung nahm ihren Siegeszug wieder auf.

Das skandinavische Modell

Diesmal kam der Einfluss nicht aus den Vereinigten Staaten, sondern aus dem Norden Europas. Schon seit den 30er Jahren war man dort, insbesondere in Schweden, einen anderen Weg gegangen: Um gegen die Wirtschaftskrise anzukämpfen, hatte der Sozialstaat seine Interventionslinien entwickelt. Die Beziehungen zwischen dem Individuum, der Familie und dem Sozialstaat bilden ein vollkommenes Dreieck: Wenn der Staat sein Engagement zurücknimmt, verstärkt die Familie zum Schutze des Individuums ihren Einfluss; entfaltet er hingegen ein größeres Engagement, dann emanzipiert sich das Individuum. Der Staat spielt die Rolle der Hebamme des modernen Individualismus, er sichert einem jeden die Möglichkeit, selbst seine eigene Identität zu definieren (Schultheis, 1991). Deshalb müssen die Ungleichheiten zwischen den verschiedenen Bevölkerungskategorien korrigiert werden. Wie Franz Schultheis (1991) betont, wurden nach einer ersten historischen Phase staatlicher Intervention, die auf die Armen fixiert war, die Frauen zur neuen Perspektive für die Demokratie: Allein der Staat konnte es ihnen ermöglichen, nicht von einem Ehemann abhängig zu sein, um zu einer autonomen Bestimmung ihrer Identität zu gelangen.

Diesen Weg hat Schweden zusammen mit anderen skandinavischen Ländern eingeschlagen, und dies zu einem Zeitpunkt, als das amerikanische Modell die gesamte westliche Welt zu erobern schien. Das Ziel einer hohen Beziehungsqualität innerhalb der Familie ist bei beiden dasselbe, insbesondere im Hinblick auf die Kinder (Dencik, 1995). Aber die Umkehrung der Prioritäten zwischen der Paarbeziehung und dem Individuum ist in Schweden vollzogen. Daraus resultiert eine Umwälzung der gewohnten Familienstrukturen. Die wichtigste Tugend ist nicht mehr die Stabilität, sondern die Aufrichtigkeit der Beziehungen. Der Mittelpunkt ist nicht mehr der *pater familias,* sondern die mit beiden Beinen im Arbeitsmarkt stehende Frau, die die Freiheit hat, entweder allein mit ihren Kindern zu leben oder eine Beziehung einzugehen (Arve-Parès, 1996). Durch ihre »Heirat« mit dem *Welfare State* verleihen die Frauen ihrer Unabhängigkeit ein doppeltes Fundament. Dies betrifft insbesondere alleinstehende Frauen mit Kindern – das Lackmuspapier des »skandinavischen Modells«. In den liberalen Ländern wie den USA oder Großbritannien geht Einelternschaft mit hoher Wahrscheinlichkeit mit Armut einher. In Skandinavien, und insbesondere in Schweden, ist dies nicht der Fall (Lefaucheur, 1992).

Die wilden Jahre

Der Wind der Unabhängigkeit wehte also aus dem Norden Europas und verbreitete sich Schritt für Schritt, zunächst in den mitteleuropäischen Ländern (Holland, Deutschland), dann im Westen (Frankreich, Großbritannien), um schließlich auch in einige eheliche Widerstandsgebiete in den katholischen Ländern Südeuropas vorzustoßen (Italien, Spanien, Portugal). In denjenigen Ländern, in denen bereits die sozialen Vorkehrungen im Sinne des skandinavischen Modells getroffen worden waren, vollzog sich diese Entwicklung ganz besonders schnell. Aber nicht nur diese politischen Aspekte spielten eine Rolle. So breitete sich das Modell etwa in den Großstädten sehr viel schneller aus als auf dem Land, obwohl doch das Sozialsystem innerhalb eines Landes überall dasselbe war. Der Schwung kam aus den Tiefen der historischen Entwicklung: Eine neue Welle zog die Individuen unausweichlich mit sich. Wie auch schon die erste Welle ein Jahrhundert zuvor destabilisierte sie die Familie, was dazu führte, dass auf theoretischer Ebene ganz neu über die Familie nachgedacht wurde (Cicchelli-Pugeault, Cicchelli, 1998).

Wir verfügen über einige Indikatoren, mithilfe derer sich diese Entwicklung relativ genau datieren lässt: Es war Mitte der 60er Jahre (Roussel, 1989). Zunächst waren sich nur wenige dieser Richtungsänderung bewusst. Mit den Ereignissen von »1968« wurden die Dinge ein wenig klarer, waren jedoch beherrscht von einer politischen Ausdrucksweise, welche die kulturelle Revolution, die im Gange war und sich auf Formen der Emanzipation des Individuums richtete (Terrail, 1995), verschleierte. Die Frauen standen natürlich an vorderster Front und schwenkten die Fahne der Gleichberechtigung. Das neueste Element jedoch war, dass die Jugend die Bühne stürmte. In der gesamten westlichen Welt wurden die Modalitäten des Eintritts in das Erwachsenendasein und in ein Leben als Paar innerhalb weniger Jahre völlig auf den Kopf gestellt. Die Jugend wurde zu *der* Phase der Erfindung des Seins, des Entwurfs eines eigenen Lebens. Hierfür galt es natürlich, sich Zeit zu nehmen und sich nicht allzu schnell festzulegen. Sich auch nicht irgendwie und mit irgendwem festzulegen, eben irgendwas zu tun – nein, es galt, über sich selbst nachzudenken, um eine bessere private Welt zu erfinden. Nicht zu zögern, eine Beziehung zu beenden, wenn sie den Träumen nicht mehr entsprach. Nicht zu zögern, allein zu leben, wenn das Leben zu zweit nicht genug zu bieten schien. Und das galt ganz besonders für die Frauen, denn ihr Einstieg in ein Familienleben behinderte weiterhin ihre berufliche Laufbahn und somit ihre Unabhängigkeit (de Singly, 1987).

So wurde aus der Paarbeziehung eine bewegte Wirklichkeit voller Wechselfälle, die intensiv, aber nur noch in Form einzelner Lebensphasen gelebt wird. Die Zahl der Personen, die nicht in einer Beziehung leben (durch Addition der Single-Phasen), begann schnell und exponentiell zuzunehmen. Die Klammer um die freudlosen Jahre war definitiv geschlossen.

Die ungewissen Jahre

Am Ende des 20. und zu Beginn des 21. Jahrhunderts ist die Welle augenscheinlich abgeflacht. Wo sind wir angelangt? Öffnet sich eine neue Klammer? Die Antwort ist nicht einfach.

Wir erleben derzeit sicherlich nicht die Stunde des individuellen Erfindungsgeists, die Zukunft macht Angst, und da ist das Bedürfnis nach dem reaktiven Schutz traditioneller Werte groß. Die Finanzkrise des Sozialstaates führt dazu, dass er sich zurückzieht und die Familie in allen Bereichen wieder zum Sozialisationsmittelpunkt gemacht wird. Die Hauptlast dieser familialen Umstrukturierung liegt auf den Schultern der Frauen. Und die scheinen das zu akzeptieren und (zweifellos vorübergehend) die Vorstellung von einer den Männern gleichgestellten Integration in den Arbeitsmarkt aufzugeben (deren Kosten in Mühen und identitärer Zerrissenheit gerechnet zu hoch erscheinen). Konfrontiert mit einer beängstigenden Zukunft versuchen die jungen Menschen, den Einstieg in die Erwachsenenwelt schneller zu vollziehen. Menschen, die nicht in einer Beziehung leben, werden mit anderen Augen gesehen als noch in den 70er und 80er Jahren: »Alleinstehende Frauen«, die man bemitleidet, sind an die Stelle der »*superwomen*«, »neuen Singles« (Laufer, 1987) und anderer Spielarten des Alleinlebens getreten.

Doch trotz dieser ungünstigen Atmosphäre nimmt das Allein-Wohnen (das einen zuverlässigen Indikator darstellt) weiter zu. Der Wind der Unabhängigkeit hört nicht auf, von Nord nach Süd zu blasen und auch Länder zu streifen, die bisher davon unberührt geblieben sind. Die eigene Sozialisation der Jugend wird immer wichtiger und intensiviert sich; ein Hinausschieben des Sich-fest-Bindens kann immer stärker beobachtet werden; Phasen des Alleinlebens werden immer häufiger.

Es ist, als habe die Autonomisierung ein Level erreicht, das den Gezeitenwechsel von nun an wirkungslos werden lässt; es kommt zu keiner wirklichen Klammer mehr. Die Bewegung – mag sie auch verlangsamt sein – zieht heimlich weiter ihre Kreise.

II. Ein zwiespältiges Leben

Diese lange Geschichte ist denen, die heute das Alleinleben erproben, kaum bewusst. Das Gedächtnis der Gesellschaft ist sehr viel unterschwelliger, in den Tiefen des Impliziten abgespeichert. Das Single-Dasein beginnt oft auf sehr pragmatische Weise, ohne sich wirklich dafür entschieden zu haben und ohne klares Bewusstsein von dem historischen Prozess, Teil dessen es ist. Das macht es denen, die solo sind, natürlich nicht leichter, die Besonderheiten dieses ganz eigenen Lebenswegs zu verstehen. Die wichtigste dieser Besonderheiten ist ein merkwürdiger Zwiespalt, von dem das Leben gekennzeichnet ist.

Der »erhobene Zeigefinger«

Allein zu leben führt unausweichlich in einen inneren Zwiespalt: Zwei Teile des Selbst befinden sich in einem ständigen Krieg, den keiner von beiden jemals definitiv für sich entscheiden kann. »Das Problem derzeit ist, dass ich innerlich so zerrissen bin« (Charlène). Das ist das Paradox an der Situation: das Alleinleben ist ein zwiespältiges Leben.

Unsicherheit und Instabilität sind der Preis dieser zerrissenen Identität. Wo zwischen dieser lachenden und dieser weinenden Frau befindet sich mein wahres Selbst? Wer bin ich wirklich: die, die sich frei und stark fühlt, oder die, die sich verloren fühlt wie ein verlassenes Kind? In der Antwort auf diese Frage liegt die ganze Komplexität dieser Situation: beides zugleich. Denn die Ich-Spaltung, die als strukturelles Datum mit

51

dieser Stellung verknüpft ist, ist absolut unumgänglich. Sicher, sie kann mehr oder weniger ausgeprägt sein, aber sie ist immer da. Am ausgeprägtesten ist sie dann, wenn beide Anteile im Leben eine gleich große Rolle spielen; schwächer ist sie, wenn das Single-Dasein in hohem Maße positiv bewertet wird. Noch schwächer ist sie aber am entgegengesetzten Pol, wenn das Alleinleben nur noch als ein schwarzes, bodenloses Loch erlebt wird. Während die weinende Frau sehr nahe an den Punkt kommen kann, an dem sie dem Single-Dasein nicht das geringste Fünkchen Vergnügen mehr abgewinnen kann (die Einsamkeit als das pure Unglück), gelingt es der lachenden Frau doch niemals, nur das reine Glück zu empfinden. Denn etwas hält sie davon ab: der »erhobene Zeigefinger« der Gesellschaft, den Lydia auf sich gerichtet sieht. »Ich könnte mich ganz gut an mein Alleinsein gewöhnen, wären da nicht die vielen Blicke, Worte und Situationen, die zu einem einzigen erhobenen Zeigefinger werden, der mir zu verstehen gibt, dass ich außerhalb der Norm und somit suspekt bin«.

Außerhalb der Norm? Gibt es also doch eine Norm, ein verbindliches Modell für das Privatleben? Diese Äußerung mag merkwürdig klingen zu einem Zeitpunkt, an dem sich die Familie deinstitutionalisiert und immer vielfältigere, dehnbarere Lebensformen als legitim anerkannt werden. Ehen ohne Trauschein, Patchwork-Familien und uneheliche Kinder: Jeder scheint inzwischen das Recht zu haben, den Rahmen für sein Privatleben selbst abzustecken. Und noch merkwürdiger mag diese Äußerung klingen, wenn man bedenkt, dass die Zunahme des Alleinlebens Teil einer unaufhaltsamen historischen Entwicklung ist – die Zahlen bestätigen es (siehe das Dokumentations-Dossier). Ein früher marginales, auf Witwen und von der Gesellschaft Ausgeschlossene beschränktes Phänomen hat sich in eine kraftvolle Grundströmung verwandelt, die immer mehr Jugendliche und gut ausgebildete Frauen mitzieht und ihnen ermöglicht, ihre Unabhängigkeit zu leben. Innerhalb dieser neuen Lebensform fühlen sich die Aktivsten unter ihnen mit dieser Entdeckung sicher wohl. Die Leichtigkeit des Alltags, Schlüsselinstrument für die Bewältigung des Schicksals, verströmt den Duft von Freiheit. Élisa bereut nichts. »Ich bin stolz auf mein Alleinsein, stolz darauf, mich mit dieser Leichtigkeit selbst in Frage stellen und für andere öffnen zu können. Mit einem Ehemann und Kindern wäre das kaum möglich«. Und doch ist die Freude nicht ungebrochen. »Warum gelingt es mir nicht, einfach nur von den Vorteilen zu profitieren, die mir das Alleinleben bietet? Warum diese Niedergeschlagenheit, warum all die Fragen?« Manchmal aufgrund fehlender Nähe. Häufiger jedoch wegen des »erhobenen Zeigefingers«, dieses zwar unsichtbaren, aber omnipräsenten »erhobenen Zeigefingers«.

Entgegen den öffentlichen Erklärungen (»Jeder kann tun, was er will«) gibt es also doch ein verstecktes, heimliches Modell für das Privatleben, das plötzlich und auf gemeine Weise hervortreten kann, wenn die alleinstehende Frau den »erhobenen Zeigefinger« auf sich gerichtet sieht. Das verdirbt die Freude am Alleinsein; die Freiheit bekommt einen bitteren Geschmack; tausend unangenehme Fragen drängen sich auf.

»Komisch«

Alles beginnt mit der Einsortierung in die Kategorie »jenseits des Üblichen, anders als die andern« (Maria). Anne-Laure fühlt sich »wie eine einsame Insel mitten im Ozean all derer, die die Gesellschaft bilden«. Jenseits des Üblichen und außerhalb der Gesellschaft, wie ein mehr oder weniger unerwünschter Fremder, dessen Anwesenheit toleriert wird. »Das ist unser unsichtbarer gelber Stern« (Marie-Andrée).

Während also öffentlich proklamiert wird: »Jeder kann tun,

was er will«, klassifiziert und sanktioniert der »erhobene Zeigefinger«: Nicht-Beachtung der Norm! Die Anomalität wird lediglich angedeutet, im Stillen und zwischen den Zeilen, in der Sprache der Doppeldeutigkeit, die so typisch ist für demokratische Gesellschaften (Kaufmann, 1999b). Und doch trifft diese Botschaft die alleinstehende Frau mitten ins Herz. »Tief im Inneren kann man sich gegen diese Vorstellung nicht wehren, man sei nicht ganz normal« (Annick). Auch nicht anomal, schließlich verkündet die Gesellschaft das Recht zum Alleinleben, und dieses Leben hat ja auch seine guten Seiten. Was also ist los? Schritt für Schritt, geradezu obsessiv, brennt sich dieses Wort in das Bewusstsein ein, ohne das Mysterium aufzuklären: »komisch«. Komisch ist diese Existenz, in der das Positive und das Negative, Lachen und Weinen so nah beieinander liegen. Und ich, bin ich nicht auch komisch, eine komische Person? Wird meine häusliche Situation nicht gerade deshalb als komisch empfunden, weil ich selbst komisch bin? Ohne sich klar zu machen, dass sie diese abgründige Selbstbefragung einzig und allein dem »erhobenen Zeigefinger« zu verdanken hat, kann Sylvie gar nicht anders, als immer wieder auf dieselben Fragen zurückzukommen und sich selbst umso mehr Schmerz zuzufügen, als sie nie eine Antwort bekommt. »Jeden Tag frage ich mich aufs Neue: Was ist das nur für ein verdammtes, komisches Leben? Es ginge ja noch, wenn ich mir sagen könnte: Beruhige dich, alles ist im Fluss, das ist normal. Aber stattdessen spüre ich von überall her die Blicke: komisch, komisch, und so gar nicht koscher. Aber was ist komisch daran? Sagt es mir um Himmels willen endlich! Was habe ich Komisches an mir, das mich in diesen Schlamassel gebracht hat?«.

Über einen Wahrnehmungseffekt wird der »erhobene Zeigefinger« noch größer: Je mehr sich eine Frau diesen auf sie deutenden Zeigefinger ausmalt, umso schwerer wiegen tendenziell die Botschaften, die er vermittelt. Aber er wird auch wirklich größer, und zwar über den Stigmatisierungseffekt, den Erving Goffman (1996) beschrieben hat: Jeder vermutete Makel begründet die Vermutung einer Reihe von weiteren, damit zusammenhängenden Makeln (um eine eindeutige Zuordnung in die negative Schublade zu erlauben). Vage, versteckte Verschrobenheiten werden beschworen. »Hübsch wie ich bin, müssen die glauben, ich habe wohl irgendein Problem, wenn ich allein lebe« (Charlène). Und dann ist da vor allem der Hauptverdacht: Gefühlskälte. Die Individualisierung der Gesellschaft strömt gewissermaßen zugleich ihr Gegengift aus: die Notwendigkeit, die eigenen menschlichen Qualitäten herauszuhängen (de Singly, 1990). Nun machen sich bei Frauen – mehr als bei Männern – diese Qualitäten vor allem an ihrer Fähigkeit fest, zu lieben und sich für die Familie aufzuopfern (de Singly, 1991). Die alleinstehende Frau wird somit kurzerhand der Herzlosigkeit verdächtigt. Olivia ist aufgrund dieser Botschaft, die sie zu vernehmen glaubt, sehr aufgebracht – und dies umso mehr, als sie eine Prämisse der demokratischen Gesellschaft verinnerlicht hat, nämlich die Aufrichtigkeit in der Wahl des Liebespartners: »Man wird sich ja wohl nicht auf den erstbesten Dahergelaufenen stürzen, nur um ihn der Öffentlichkeit präsentieren zu können!«.

Wenn sie in der Menge unterwegs ist, »ahnt« Adeline »die Blicke« und glaubt, »das Tuscheln zu hören«: »Was hat sie wohl an sich, das die Männer so abschreckt?«. Dies sind tatsächlich die beiden Waffen der Anklage: Blicke und eine zweideutige Sprache. Die Blicke sind immer und überall da; sie sind leicht zu ertragen, wenn das Positive gerade die Oberhand hat, und schwer zu ertragen, wenn das Alleinsein gerade drückt. Sie können die Unglückliche so sehr einschüchtern, dass sie sich, wie Juliette, sogar schämt (»Ich spüre, dass meine Einsamkeit, die mich von allen Seiten überfällt, die Blicke auf sich zieht. Ich fürchte diese Blicke und das Mitleid, ich schäme mich dafür, allein zu sein«). Bei Liliane löst das eher Hass aus (»Wenn ich spüre, wie mich die Leute ansehen – arme alleinstehende Frau – dann kriege ich einen echten Hass«). Als fernes Tuscheln wird das kritische Reden dem Blick sehr ähnlich: Es ist omnipräsent, jedoch nicht greifbar. Doch mitunter kann es für kurze Momente an die Oberfläche dringen, Momente, die dann in krassem Gegensatz zu den sonstigen mildernden Äußerungen an dieser Oberfläche stehen.

»Letzte Woche fragte mich ein Schüler: ›Frau Lehrerin, bist du eine Mama?‹ – ›Nein!‹ – ›Hm, wenn du keine Mama bist, was bist du dann?‹ Ein Dreikäsehoch von sieben Jahren hatte mein sogenanntes Gleichgewicht ins Wanken gebracht. Einige Sekunden lang brachte ich kein Wort hervor. Schließlich antwortete ich: ›Nichts!‹ In den Augen vieler sind wir nichts« (Justine).

Orte des Unbehagens

Das Deuten des »erhobenen Zeigefingers« ist an manchen Orten und in bestimmten Augenblicken besonders stark. Immer dann, wenn sich das heimliche Modell für das Privatleben zur Schau stellt und aufdrängt.

Da ist zum Beispiel dieses schrecklich familienorientierte private Schauspiel anlässlich verschiedener Familienzusammenkünfte (vom einfachen Sonntag bis hin zu den vollkommen unerträglichen Taufen und Hochzeiten). Aber auch das etwas größere, deshalb jedoch nicht weniger beengende Schauspiel des gesellschaftlichen Lebens in der Kleinstadt jenseits der großen Metropolen: »Nach 18 Uhr allein in einem Café etwas trinken gehen oder einfach an einem heißen Juniabend gegen 20 Uhr noch ein wenig spazieren gehen – das kommt alles nicht in Frage! Also was all diese Freiheiten angeht – Paris sei Dank!«, ruft Géraldine, die seit wenigen Monaten in der französischen Hauptstadt lebt. Doch sofort fügt sie hinzu: »Aber selbst hier ist nicht alles möglich«. Denn das scheinbar freiere Schauspiel im öffentlichen Raum der Großstädte hat auch seine Regeln, die mitunter nicht weniger grausam sind, auch wenn sie eher subtil und implizit bleiben mögen. Es genügt, dass die jeweiligen Orte von Individuen bevölkert sind, die ihr siegreiches Familie-Sein zum Ausdruck bringen (unübersehbar verliebte Paare und lachende Kinder), und schon lastet der kritische Blick schwerer auf einem. Auch wenn die Verliebten keine böse Absicht hegen, wenn sie nur noch ihre Liebe sehen und die Kinder ohne den geringsten Hintergedanken lachen: Allein ihre Gegenwart ist eine Anklage. Sylvie geht nicht mehr in öffentliche Parks. »Vor allem im Frühling, wenn die Pärchen sich abknutschen – das ist unerträglich«. Denn das Bild der Liebenden ruft das Modell auf den Plan, erinnert an die eigene Anomalität und katapultiert einen in den anderen Teil seines Selbst. »Das ist wie ein Fausthieb« (Nelly).

Der »erhobene Zeigefinger« formt sich in einem komplexen Wechselspiel zwischen der öffentlichen Bühne und der solo lebenden Frau. Auf dieser Bühne kommt es zu verschiedenen Szenarien. Es kann dort argwöhnische Blicke und missbilligendes Getuschel geben oder auch nicht; es kann vorkommen, dass Familienleben demonstrativ zur Schau gestellt wird, aber auch nicht. Entscheidend ist die Interpretation der Frau, die die Blicke erntet (oder zumindest glaubt, sie zu ernten), denn die Anhaltspunkte sind zu subtil und vage, als dass sie den subjektiven Eindruck verlässlich bestätigen könnten. In einer früheren Forschung, in der es um die heimlichen Normen ging, die die Verhaltensweisen am Strand regieren (Kaufmann, 1996), hatte ich objektive Indikatoren herausgearbeitet: Je weiter die Frauen, die Oben-Ohne machen, in bezug auf eine Reihe von Kriterien von der Position entfernt sind, die als normal betrachtet wird, desto mehr ziehen sie (tatsächlich) die Blicke auf sich.

Dies ermöglicht ihnen, die heimlichen Regeln zu verstehen und ihr Verhalten auf das, was erlaubt ist, abzustimmen. Hier hingegen sind die Indikatoren sehr viel vager. Denn die Anomalität ist selten auf den ersten Blick, aufgrund der beobachteten Verhaltensweisen, offenkundig. Die Frau, die allein spazieren geht, könnte durchaus eine verheiratete Frau sein, die ihre Kinder abholt, etc. Es kann also zu keinem so präzisen System der Blicke kommen, an dem sich das Normale ablesen ließe. Die alleinstehende Frau ist dazu verdammt, wachsam selbst auf die kleinsten Hinweise zu achten, um sich daraus eine Meinung zu bilden, und läuft dabei chronisch Gefahr, zu übertreiben. Je stärker sie sich vom allgemeingültigen Modell ausgeschlossen fühlt, umso mehr stellt sie sich den »erhobenen Zeigefinger« vor und bemerkt um sich herum Zeichen seiner Anwesenheit, selbst dann, wenn sie nicht offensichtlich sind. Dieser Prozess zeigt sich auf sehr charakteristische Weise an einem Beispiel, das wir etwas genauer anschauen werden: die Warteschlange vor dem Kino.

Das Kino gehört zu den tausend kleinen Freuden des Single-Daseins: Alleinstehende Frauen gehen dreimal öfter ins Kino als verheiratete (de Singly, 1991). Wenn im Saal die Lichter erloschen sind, fühlt man sich als Teil der Kulturgemeinde, zugehörig, eine unter vielen, ohne jeden Unterschied. Doch um dahin zu gelangen, gilt es zunächst, die Prüfung der Warteschlange zu überstehen. »Es gibt Tage, an denen es wirklich sehr schwer ist, in dieser Warteschlange stehenzubleiben, in der sich die Pärchen lachend umarmen oder Eltern mit ihren Kindern spielen. Ich konzentriere mich dann auf die Zeitschrift in meiner Hand, die in diesem Moment unverzichtbar ist«. Géraldine, die doch eigentlich in großen Zügen ihre neue Pariser Freiheit atmet, malt sich einen riesengroßen Zeigefinger aus, der auf sie gerichtet ist. Was hat es wirklich damit auf sich? Vielleicht war da ein unbestimmter, leicht erstaunter Blick, doch ohne jedes *a priori*, und zweifellos war da nicht das geringste Tuscheln. Was da jedoch wirklich war, waren geräuschvolle und demonstrative Manifestationen des Familialen. Zu geräuschvoll und zu demonstrativ, um durch und durch aufrichtig zu sein. Warum also treffen sie Géraldine mit voller Wucht, warum nimmt sie nicht wahr, dass sie ein wenig gezwungen sind und aus den manchmal beträchtlichen Bemühungen von Familien resultieren, sich in Szene zu setzen und von ihrer besten Seite zu zeigen? Weil diese beste Seite genau dem Idealmodell entspricht, das Besitz von ihr ergriffen hat. Kaum merklich taucht sie in die düstere Seite ihrer Existenz ab. Und der Zeigefinger gerät noch bedrohlicher.

Es gibt auch noch andere problematische Orte, insbesondere, wenn es um Ausgehen und Freizeitbeschäftigungen geht (mit Ausnahme sportlicher Betätigungen, da sie eher auf das Individuum zugeschnitten sind): Restaurants, Cafés, Theater. Aber auch die Läden um die Ecke, diese traditionellen Hochburgen der Kontrolle eines jeden über jeden, wo Einzelportionen schnell die Aufmerksamkeit erregen und Bemerkungen von unerträglichem Humor auslösen. Trotz der hohen Qualität seines Fleisches hat Marie-Pierre mit ihrem Metzger gebrochen – sie war dieser kleinen Bemerkungen müde. »Im Supermarkt habe ich wenigstens meine Ruhe«. Ein wenig mehr zumindest, wenn auch nicht voll und ganz, aber die Kassiererin ist gegenüber dem Metzger das kleinere Übel.

Es gibt also diese Orte des Unbehagens. Und die Momente. Alles, was sich tagsüber und an Werktagen abspielt, hat die Tendenz, den Druck des Modells zu dämpfen: Der Tag und die Arbeit bedeuten für das unabhängige Individuum eine größere Freiheit. Die anderen Zeiten fördern aus verschiedenen Gründen eher das Erscheinen des »erhobenen Zeigefingers«. Da ist zunächst der Abend, weil das Alleinsein von Frauen in der Dunkelheit, nachdem es lange Zeit streng kontrolliert war (De Giorgio, 1992), noch stärker die Blicke auf sich zieht (was bei

Männern nicht der Fall ist). »Am Abend ist es noch schlimmer, man kann einfach nicht ausgehen. Während unser Alleinsein am Tag noch unbemerkt durchgeht, hat man am Abend das Gefühl, fluoreszierend zu sein« (Élodie). Und dann die Sonntage und die Ferien, weil das die Zeiten sind, die der Familie gehören. »Es ist völlig unmöglich, sonntags allein spazieren zu gehen – die Straßen sind völlig in der Hand der Paare und Familien« (Annick). Und was Weihnachten und den Valentinstag betrifft, muss man dem wohl nichts mehr hinzufügen. Edwige fasst die Unsäglichkeiten in einem Satz zusammen: »Wochenenden, Feiertage, Sonnenuntergänge und die Steuer werden wohl immer die Feinde der Alleinstehenden sein«.

(Un-)Gesagtes in der Familie

Das heimliche Modell für das Privatleben ist Ergebnis einer reichen und mannigfaltigen normativen Produktion: Genauso wie es »Orte des Unbehagens« gibt (an denen das Familienmodell einen größeren Einfluss hat), verbreiten auch unzählige soziale Zirkel ganz spezifische Normen. Die alleinstehende Frau ist Teil mehrere sozialer Gruppen (Familie, Freunde, Arbeitskollegen), von denen sich jede auf ihre je besonderen Normen bezieht (Marquet, Huynen, Ferrand, 1997). Innerhalb dieses Netzwerks aus widersprüchlichen Einflüssen besetzen zwei Gruppen die Extrempole: die Familie und die Freundinnen.

Wir sind hier also in der Welt derer angekommen, die einem nahestehen, das heißt in einer Welt, in der die Mechanismen der normativen Produktion andere sind als im öffentlichen Raum. An die Stelle von Blicken und Getuschel tritt hier das wirkliche Gespräch. Auf seiten der Freundinnen ein verständnisvolles und unterstützendes Gespräch, das den Druck des Modells lockert; ein problematisches Gespräch auf seiten der

Familie, der es trotz ihres guten Willens nicht gelingt, eine ähnliche Rolle zu spielen. »Was wirklich hart ist, ist die engste Familie« (Marie-Anne); »Die Familie – das ist wirklich der Horror, sie verstehen überhaupt nichts« (Leila). Denn die Familie ist hin- und hergerissen zwischen dem Wunsch zu helfen und dieser Pflicht, die stärker ist und gegen die sie nicht ankommt: Sie ist mehr als alles andere Garant dafür, dass das Modell auch wirklich umgesetzt wird.

Die Eltern sind hin- und hergerissen zwischen zweierlei Gedanken, zweierlei Diskursen – ein Hin- und Hergerissensein, das übrigens nicht neu für sie ist, hat Erziehung doch immer mit einem strukturellen Widerspruch zu tun (de Singly, 1996). Denn unter all den Werten, die sie ihren Kindern vermitteln müssen, steht die Selbständigkeit des Kindes an erster Stelle – zugleich entzieht das Prinzip der Selbständigkeit aber dem Begriff der Vermittlung den Boden: Man kann dem Kind nicht Ratschläge für sein Verhalten geben und zugleich von ihm fordern, sein Leben selbst zu erfinden. Das Hin- und Hergerissensein und die Inkohärenz nehmen noch einmal eine ganz neue Dimension an, wenn die Zeit der Liebe anbricht. Rede 1: Du hast das Recht (und sogar die Pflicht), dein Herz sprechen zu lassen. Rede 2, *sotto vocce*: Natürlich gibt es da gewisse Grenzen und einige Grundregeln zu beachten. Wenn beispielsweise der Freund des jungen Mädchens ein merkwürdiges Verhalten an den Tag legt. Rede 1: Das ist natürlich deine Sache. Aber je mehr er von den Erwartungen der Familie abweicht (und je ernster die Beziehung wird), umso mehr fühlen sich die Eltern dazu aufgerufen, zu intervenieren, gegebenenfalls auch einmal die Stimme zu erheben (Cosson, 1990).

Die Eltern sind auch hin- und hergerissen, wenn es darum geht, wie sie reagieren sollen, wenn ihre Tochter überhaupt keinen Freund präsentiert. Zu Beginn scheint das kein Problem zu sein, im Gegenteil: Die jungen Leute lassen sich heute Zeit, bevor sie sich im Erwachsenendasein etablieren, und inbesondere die Mädchen müssen zunächst einmal an ihre Ausbildung denken. Doch je mehr Zeit vergeht, umso mehr schleicht sich eine gewisse Beunruhigung ein: Wie lange wird sie denn *noch* warten, bis sie eine Partnerschaft eingeht? Und wenn sie ihr Leben lang allein bleibt? Natürlich hat sie das Recht dazu, das ist ihr Leben, aber wäre das denn normal? Und damit ist das Wort heraus: normal. Von da an kommt eins zum andern. Denn die Frage nach den Normen des Privatlebens bringt einen Druck durch das Umfeld (Freunde, Nachbarn, Verwandte) an die Oberfläche, der bis dahin kaum wahrgenommen worden ist. »Die Tochter ihrer Nachbarin heiratet in zwei Monaten: Stellen Sie sich dieses Bild vor«. Für Olivias Mutter war diese Neuigkeit ein echter Schock. Plötzlich ist die Welt eine andere geworden, aggressiver, und sie fühlt den »erhobenen Zeigefinger« auf sich persönlich gerichtet: Finden Sie als Mutter nicht, das ihre Tochter ein bisschen komisch ist? Die erste, klassische Reaktion besteht darin, zu versuchen, sich von dem Stigma zu befreien (Goffman, 1996). »Seither hört sie nicht auf, mich zu bedrängen. Sie versteht einfach nicht, dass ich noch keinen gefunden habe«. Einen finden: die Wortwahl spricht Bände. Die Zeit des Wählerisch-Seins und Naserümpfens über mögliche Anwärter ist vorbei. Das Problem ist nun schwerwiegender und drängender: Es gilt, um jeden Preis »einen« zu finden, wer auch immer dieser eine sei. Nur so verschwindet der »erhobene Zeigefinger«. Die Botschaft ist bei Olivia angekommen. »Vor allem meinen Eltern gegenüber kommt das schlechte Gewissen«. Auch Flora ist genervt und ratlos angesichts dieses anklagenden Drucks von seiten derer, von denen man eigentlich Verständnis und Unterstützung erwarten dürfte. »Es ist, als seien meine Eltern an meiner Stelle niedergeschlagen, weil sie keine ›normale‹ Tochter haben«. Wie erklärt sich diese elterliche Verbissenheit?

Die Eltern fühlen sich persönlich durch das Verhalten ihrer Tochter herabgesetzt und deshalb dazu angehalten zu intervenieren. Doch wenn es nur das wäre, würde ihnen ihre elterliche Liebe wohl erlauben, dem sozialen Druck zu widerstehen. Doch da ist mehr, ein undefinierbares Mehr, das tief in den Geheimnissen der Seele verwurzelt ist. Das Individuum steht seinem Schicksal nunmehr allein gegenüber, und es ist auf dramatische Weise besessen von der Leichtigkeit des Seins und der Enge seiner Grenzen. Sich in die Generationenfolge einzugraben, ist einer der einzigen Versuche, die Angst vor dem Tod zu bannen (Dechaux, 1997) und »der Zeit die Stirn zu bieten« (Théry, 1996, S. 22). Im Hinblick auf die Vorfahren heißt das, die Erinnerung an die Verstorbenen wiederzubeleben und ins Zentrum der eigenen Identitätskonstruktion zu rücken; im Hinblick auf die Kinder heißt es, bis zur Selbstaufgabe in die Erziehung zu investieren. Die Kindschaftsbeziehung wird so zum »Ideal des bedingungslosen und unauflöslichen Bandes« (Théry, 1996, S. 22), in das sich das Individuum bis zum Vergessen der eigenen Grenzen hinein begibt. Daher die »Angst vor dem Zerreißen der Kette« (Déchaux, 1997, S. 297). Für die Eltern der Tochter, die allein bleibt, liegt die Angst vor allem darin: Die Kette droht zu zerreißen, die Überinvestition in das Kind endet in einer unerklärlichen existentiellen Leere. Das ist auch der Grund, weshalb die gesellschaftliche Kritik, deren Träger der »erhobene Zeigefinger« ist, so tief im Inneren einen so starken Widerhall findet: Es sind nicht nur die Gesetze der Gesellschaft, die hier verspottet werden, sondern die des Lebens an sich. An diesem Punkt treten dann Argumente auf den Plan, die sich an's »Natürliche« und »Biologische« halten: Ist die Frau nicht bis in alle Ewigkeit dafür gemacht, Kinder zu haben? Spätestens dann erhält die Auseinandersetzung zwischen Mutter und Tochter eine schier unerträgliche Wendung. »Jedes Mal, wenn sie mich erwischt, bekomme ich dieselben Kommentare und dieselbe Frage: ›Wann werde ich endlich Großmutter?‹ Und dabei frisst mich doch die Lust, Mutter zu werden, selbst manchmal fast auf!« (Bérangère).

Der familiale Druck nimmt langsam zu, bis die Tochter in das Alter kommt, in dem die Bedingungen für's Gebären ideal sind – bevor sie sich wieder verschlechtern. In der Zeit zunehmender Kritik können für die Eltern-Tochter-Kommunikation drei charakteristische Phasen ausgemacht werden. Am Anfang ist da nicht der geringste Vorwurf. Besser noch: Es amüsiert die Eltern, ihre heranwachsende Tochter ein wenig zu necken, und das Thema Liebe taucht in diesen Hänseleien immer wieder auf. Wenn sie dann doch wieder ernst werden, dann um ihr zu raten, nichts zu übereilen, denn schließlich sind sie sich vage bewusst, dass ein zu früher Beginn einer festen Beziehung der Zukunft ihrer Tochter abträglich sein könnte. Dann ändert sich der Ton fast unmerklich. »Bis zum Alter von 25 oder 26 wurde herumgealbert, man hänselte mich wegen meiner Abenteuer. Jetzt machen sie sich Sorgen. Da ist dieses Schweigen, sie wagen es nicht mehr, mich zu fragen: ›Und, wie steht's in Sachen Liebe?‹« (Justine). Dieses bedrückende Schweigen voller unterschwelliger Botschaften verursacht Unbehagen. Dieses Schweigen spricht Bände in Gestalt unvermittelter Auslassungen bestimmter Themen mitten in einem Gespräch und es nimmt heimlich, still und leise erstmals die Konturen des »erhobenen Zeigefingers« an. »Sie wagen es nicht mehr, mir nur die kleinste Frage zu meinem Privatleben zu stellen, sie erkundigen sich nur noch nach meiner Arbeit« (Sabine). Und dann beginnt die dritte Phase: die Zeit der Randbemerkungen, oder genauer gesagt: der Doppeldeutigkeiten. Teilnahmsvolles Schweigen mischt sich mit plötzlichen spitzen Randbemerkungen. »›Ein hübsches Mädchen wie du!‹ – das sind die Sätze, die weh tun« (Loriane). Die Eltern (und vor allem die Mutter) können nicht mehr anders, als zu intervenieren. »Sie würden gerne den Wunderdoktor spielen und haben kofferweise Heilmittelchen« (Loriane). Mit einer Vehemenz, von der sie selbst überrascht sind, berufen sie sich auf Normalitätsanforderungen und fühlen sich dabei wie von unsichtbarer Hand zum Reden getrieben, als würden Gründe höherer Ordnung sie zur Kritik treiben. Denn es ist die Gesellschaft, die durch ihren Mund spricht. In ihrem Innersten wären sie eigentlich eher geneigt, zu verstehen und zu verzeihen. Doch machtlos müssen sie zuschauen, wie sich ihr Denken in zwei gegnerische Fraktionen aufteilt – genauso, wie auch ihre Tochter gespalten ist. Und genau wie die Tochter hören auch sie nicht mehr auf sich zu fragen, was es mit dieser Merkwürdigkeit ihrer Existenz auf sich hat: Warum, warum denn nur? Doch da ist keine Antwort in Sicht. Das Rätsel bohrt in ihnen: Aber wenigstens *sie* selbst muss es doch wissen. »Man spürt, dass ihnen die Fragen auf der Zunge brennen: ›Was ist denn da so komisch in ihrem Leben? Was stimmt denn da nicht?‹« (Loriane). So gut es geht, versuchen sie, ihre Kritik und ihre Fragen zurückzuhalten. Bis zu dem Augenblick, in dem der Satz ohne jede Kontrolle herausrutscht. Es ist einfach stärker als man selbst.

Angesichts dieser beiden Aspekte in den elterlichen Äußerungen nimmt auch die Tochter eine Doppelposition ein. »Ich weiß sehr gut, dass ich für sie nicht normal bin, dass sich in ihren Augen hinter all dem irgendetwas verbergen muss. Ich habe das Gefühl, mich rechtfertigen zu müssen«. Und manchmal, unter diesem Druck, kann Lydia (der öffentlichste und der am meisten unter dem Einfluss des Modells stehende Teil von Lydia) nicht anders als mit irgendwelchen viel zu langen und künstlichen Erklärungen daherzukommen, »als wäre das gar nicht ich, die da spricht«. Der andere Teil von ihr (der intimere und autonomere) beobachtet sich beim Reden und ist angewidert von diesem irgendwie falschen Redefluss, der doch nur die Hälfte ihrer Gedanken zum Ausdruck bringt. Also kehrt sie zum

Schweigen zurück. »Wenn es einem gut gehen soll, dann ist es am besten, wenn man einfach seinen Weg geht und die Bemerkungen ignoriert. Man darf sich einfach davon nicht durcheinander bringen lassen«. Für die Tochter wie für die Eltern ist das Schweigen das kleinere Übel – obwohl es zugleich auch verantwortlich ist für das Unbehagen. Doch dieses Schweigen erlaubt es, die gegenseitige Liebe und den strikt zwischenmenschlichen Charakter ihrer Beziehung aufrecht zu erhalten. Das Gespräch dagegen ruft unausweichlich das gesellschaftliche Modell für das Privatleben auf den Plan, stellt Fragen, auf die es in der Regel keine Antwort gibt und vergiftet die Atmosphäre.

Freunde, Arbeitskollegen und Kumpel beziehen irgendwo zwischen diesen beiden gegensätzlichen Zirkeln – der Familie und den Freundinnen – Position. Was die Kommunikationsformen betrifft, machen sie es wie die Familie: Frotzeleien – Schweigen – Randbemerkungen. »Manche meiner Freunde habe früher immer gefrotzelt, heute wagen sie es jedoch nicht mehr, mich zu fragen, wie ich mit dem Alleinsein zurechtkomme« (Annie). Was die letzte Phase der Randbemerkungen betrifft, weist sie jedoch im Vergleich zur Familie gewisse Unterschiede auf: Die Bemerkungen sind weniger direkt und weniger aggressiv, sie bedienen sich eher der Ironie oder unterschwelliger Botschaften. Was hingegen die Inhalte betrifft, kommen sie eher den Freundinnen nahe. Während sich die Familie immer (mehr oder weniger stark) auf das zentrale Modell beruft, richtet sich der Freundeskreis – wie die Freundinnen – nach der besonderen Norm, die innerhalb der Gruppe gilt und wandlungsfähig ist. Auch wenn es in der letzten Phase sicherlich zu einer immer größeren inhaltlichen Übereinstimmung mit dem zentralen Modell kommt, ist der Weg dahin ein anderer. Die Familie spürt immer stärker den Druck von außen, spürt, wie der Zeigefinger auf sie deutet; die Gespräche im Freundeskreis hingegen entwickeln sich eher von innen heraus, machen sich eher an der Entwicklung der Praxis innerhalb der Gruppe fest. Olivia spürt seit kurzem, dass »sich der Wind gedreht hat«: Einige ihrer Freunde werden bald heiraten, und zugleich mit den Gesprächsthemen hat sich auch das Wertesystem der Gruppe geändert. Plötzlich war sie völlig ratlos und fühlte sich sogar gezwungen, »eine Reise mit einem mysteriösen Freund« zu erfinden. »Da musste ich mir dann anhören: ›Und wann stellst du ihn uns vor?‹ – dabei fuhr ich doch zu meinen Eltern! Nein, wie blöd bin ich mir danach vorgekommen! Aber da ist irgendwas zerbrochen, es ist nicht mehr wie früher«.

Mit den Freundinnen lachen

Der Mensch ist und kann kein nur auf sich allein gestelltes Wesen sein, das in seinem persönlichen Elfenbeinturm an seiner Identität bastelt. Ohne die anderen ist er nichts; erst durch die Tausenden von Interaktionen, die ihm bedeuten, was er ist, wird er zu dem, was er ist (Mead, 1998; Dubar, 1991). In diesem Identifikationsprozess, der darauf beruht, sich in den anderen zu spiegeln, spielt jeder seine Rolle. Das reicht von der impliziten Bestätigung durch Menschen, mit denen man im Alltag nur kurz in Kontakt kommt und die anonym bleiben, bis hin zu der aktiven und emotional aufgeladenen identitären Unterstützung durch »signifikante Andere« (Berger, Luckmann, 1980). Ist das Individuum Teil einer starken familialen Wirklichkeit, werden die Familienmitglieder zu wesentlichen Faktoren, die Aufschluss über das Ich geben (de Singly, 1996). Ist die familiale Einbindung hingegen weniger stark, tritt in der Regel eine Peer-Group gleichen Geschlechts (Héran, 1990) an die Stelle der Familie und wird zur »Bezugsgruppe« für die Identitätsbildung (de Queiroz, Ziolkovski, 1994, S. 51). Dies trifft auch auf die alleinstehende Frau und ihre »Busenfreundinnen« zu.

Dass Frauen solche sozialen Zirkel bilden, ist historisch nichts Neues. Im Gegenteil: Edward Shorter hat gezeigt, wie stark sie in der Urgesellschaft institutionalisiert waren und dass die weibliche Solidarität auf einer »Kultur der ›Tröstung‹« basierte (1984, S. 329). Seit Anfang des 19. Jahrhunderts löste sich diese Kultur in dem Maße auf, wie die Frauen mit beiden Füßen in eine Welt eintraten, die bis dahin den Männern vorbehalten war. Die heutigen Freundinnenkreise sind teilweise noch ein Erbe aus dieser Zeit. Aber nur teilweise, denn zugleich stellen sie ein höchst modernes Handeln zur identitären Bestätigung dar. Diese Gruppen von »Busenfreundinnen« entstehen zunächst eher zufällig, auf der Grundlage einer gemeinsamen Lebenserfahrung, einer bestimmten Etappe im Lebenszyklus (Bidart, 1997). Dann beginnt die Freundschaftsarbeit, die darin besteht, die Unterschiede zu reduzieren, indem man sich von einer Fraktion der ursprünglichen Gruppe trennt, um die Gemeinsamkeiten zu vergrößern und näher zu bestimmen, also »immer intimere Gemeinsamkeiten zu erkennen« (ebd., S. 326). »Das mit den Freundinnen, das ist beinahe wie ein Verschmelzen, man findet sich selbst in der anderen wieder« (Carmen). Die Gruppe hat nun ihre maximale Sozialisationsmacht erreicht und wird zur zentralen Identitätsreferenz, die Eltern spielen nur noch Nebenrollen, wenn sie nicht gar zu reinen Statisten werden.

Außergewöhnliche zwischenmenschliche Nähe (die »Verschmelzung«) braucht keine geografische Nähe: Im Unterschied zum Ehemann lebt man mit den Freundinnen in der Regel nicht zusammen. Bei genauerem Hinsehen stellt man jedoch fest, dass sich dieser Sozialisationsmodus nicht auf die gemeinsam verbrachte Zeit beschränkt. Vielmehr greifen verschiedene Formen ineinander, die eine jede ihre ganz besondere Funktion hat: Unterstützung aus der Ferne, gemeinsame Unternehmungen, starke Momente.

UNTERSTÜTZUNG AUS DER FERNE. Freundinnen bleiben sich immer nah, auch wenn sie weit auseinander leben. Bei der kleinsten Schwierigkeit, der geringsten Redelust, steht Abhilfe bereit. »Zum Glück gibt es meine Freundinnen. Da ist immer jemand, den man anrufen kann« (Amélie). Dank sei diesem wunderbaren Apparat namens Telefon – der oft klingelt und für lange (manchmal sogar sehr lange und sehr späte) Gespräche genutzt wird, denn da ist jemand für einen da, dem man das Herz ausschütten kann und der einem nur das Beste wünscht. »In Momenten der Einsamkeit verbindet einen ein heiliges Band mit den Freundinnen« (Jenna).

GEMEINSAME UNTERNEHMUNGEN. Gemeinsame Unternehmungen werden oft am Telefon beschlossen, bringen jedoch nur selten die ganze Gruppe zusammen. Sinn und Zweck dabei ist, auszugehen, ohne allein zu sein: zum Einkaufsbummel, ins Kino oder zu den verschiedensten Abendveranstaltungen (inklusive derer, die der Suche nach einer verwandten Seele gewidmet sind). Wir werden noch sehen, was für eine wichtige Rolle diese beiden Kriterien spielen: handeln und ausgehen. Zwischen den verschiedenen Formen des Ausgehens gibt es eigentlich keine wirkliche Hierarchie – alle, auch die »kleinen Einkäufe«, sind von Bedeutung. »Ein Anruf, und los geht's, eine Runde bummeln. Diese kleinen Einkäufe sind wirklich wichtig. Keine große Sache, aber trotzdem wichtig, das gibt uns wieder Auftrieb. Und außerdem fühlt man sich in diesen Augenblicken ganz normal, und wir strotzen vor Tatendrang« (Tania). Vor allem dann, wenn sich an die Einkäufe im engeren Sinne noch intimere, freudvollere Augenblicke anschließen (die vorsichtig und kontrolliert bleiben, zugleich aber bereits die starken Momente ankündigen). »Das Ausgehen mit Freundinnen, wenn man Einkäufe macht, sich in kleine, intime Tee-Salons setzt und über die Dummheiten lacht, die man gemacht hat – das sind alles echte Energiequellen« (Jenna).

UND DANN DIE STARKEN MOMENTE. Für diese Augenblicke muss die ganze oder fast die ganze Gruppe beisammen sein. Lachen und Schreien treten an die Stelle einer zärtlichen und sanften Atmosphäre; die Stimmen überschlagen sich, und eine gewisse sprachliche Derbheit mischt sich auf kuriose Weise mit der Offenbarung geheimster Gedanken. Plötzlich sagt sich alles viel leichter – besonders, wenn es um Männer geht. Der gemeinsame Rausch erlaubt es, sich alles von der Seele zu reden. Exorzismus und Gruppentherapie – die Busenfreundinnen befreien sich gegenseitig. In diesem Kontext erreicht die »Verschmelzung« ihren Höhepunkt: Die Gruppe wird zum zentralen Bezugspunkt. Und die Energie, die sie freisetzt, beseitigt alle Fragen und Zweifel. Der »erhobene Zeigefinger« ist vergessen.

Unterstützung aus der Ferne, gemeinsame Unternehmungen und starke Momente sind verschiedene Kommunikationsformen. Die Kommunikationsinhalte hingegen gruppieren sich um zwei Schwerpunkte (erneut eine Manifestation des zwiespältigen Lebens).

Auf der Schattenseite findet man nicht etwa Jammern und Weinen, die eher selten sind (und für sich behalten werden), sondern die Suche nach Verständnis und Trost: Wärme, Unterstützung, aufmerksames Zuhören, gemeinsames Abwägen. »Zum Glück gibt es meine Freundinnen, die mich wieder aufrichten, wenn die Stimmung in den Keller geht« (Annie); »Das tut gut und beruhigt« (Carmen); »Es tut gut, gemeinsam nachzudenken und bestimmte Dinge zurechtzurücken, besonders, wenn einen Zweifel befallen« (Sylvie).

Und auf der Sonnenseite: Lachen, immer und überall, in seiner ganzen möglichen Bandbreite. Das reicht von einem einfachen Element der inneren Stimmung, »unkompliziert und angenehm, eine Mischung aus Zärtlichkeit und Lachen« (Edwige) bis hin zu Lachausbrüchen in sehr intensiven gemeinsamen

Momenten. Jedes Lachen erfüllt in seiner Besonderheit eine ganz bestimmte Funktion. Ironisches Lachen und neckender Humor erlauben es – genau wie in der ehelichen Konversation (Kaufmann, 1995) – Peinlichkeit zu vertreiben und zu sagen, was auf andere Weise nicht gesagt werden kann, doppelbödig zu denken (was ideal ist, wenn das Denken zwiespältig ist). Scherzen hebt die Stimmung und gibt neue Energie. »Ich sage immer zu meinen Freundinnen: das ist nicht so schlimm, das wird schon wieder, einmal richtig drüber lachen und dann geht's schon wieder!« (Chantal). Ein Lachausbruch setzt einen Schnitt, löscht den »erhobenen Zeigefinger« aus, lässt einen völlig in die Gegenkultur der Gruppe eintauchen. »Es kommt vor, dass wir wirklich lachen wie die Verrückten, brüllen vor Lachen und uns dabei fast in die Hose machen« (Tania). Dieses Wie-verrückt-Lachen führt zu einem ähnlichen Ergebnis: Es schafft Gemeinschaft. »Wir lachen dann wie verrückt über irgendeinen Blödsinn, oft weiß man nicht einmal mehr, worüber, und man kann einfach nicht mehr aufhören. Das tut gut. Und es ist unglaublich, wie nah man sich einander in diesen Momenten fühlt« (Tania). Man fühlt sich nah und versteht sich mehr denn je, obwohl überhaupt nichts gesagt wurde. Das ist die Magie des Lachens, dieser erstaunlichen Sprache ohne Zeichen, die endlich von den quälenden, widersprüchlichen Gedanken befreit, rechtfertigt und erklärt, ohne nachdenken zu müssen. Das stärkste Moment liegt in der Inhaltslosigkeit des Austausches.

Ob es nun das Gespräch erleichtert oder abbricht – das Lachen ist immer verknüpft mit der Suche nach einer inneren Wahrheit, einer Art Energie, die die Schranken niederreißt und einen mit Hilfe der Freundinnen weitergehen lässt. »Da ist viel Lachen, Wahrheit und Aufrichtigkeit. Das volle Leben eben!« (Joanna).

Der Verrat

Typischerweise durchlaufen solche Freundinnen-Gruppen eine ganz bestimmte Entwicklung. Zunächst schweißt die Freundschaftsarbeit sie zu einer immer festeren und engeren Gemeinschaft zusammen, bis hin zur Verschmelzung. Das Leben ist leicht, fast nur Sonnenschein. Doch dann, zunächst kaum spürbar, wird das Lachen weniger, Schatten schieben sich langsam vor das Licht. Die Freundinnen bieten nicht mehr dieselbe Unterstützung, etwas ist zerbrochen. Anfangs sind die Zeichen noch kaum wahrnehmbar, doch die Begeisterung ist nicht mehr dieselbe, sie ist weniger spontan, irgendwie scheint alles schon gesagt zu sein, und es kostet Mühe, zur früheren Hochstimmung zurückzufinden. Auch wenn die Rituale beibehalten werden, lässt sich nur schwer verbergen, dass die Inhalte erschöpft sind (Bidart, 1997). Das Zuhören wird kritischer und Dissonanzen kommen auf. Die Freundinnen haben sich verändert.

Ein Zeitlang scheint es so, als sei die Freundschaft stärker als alles andere. Die frisch verheiratete Freundin versucht, so zu sein wie immer, damit die Gruppe so bleibt, wie sie immer gewesen ist. Doch hinter dem scheinbaren Konsens verbirgt sich nun eine ganz andere Realität: Der Feind ist nun in den eigenen Reihen. Da geht es nicht nur um ein paar Misstöne untereinander, sondern um den gefährlichsten aller Feinde, um das Gedankengut, das sie am vehementesten bekämpft haben und das am massivsten an ihren Grundfesten nagt: »Mann, Kind, Haus« (Astrid). Der »erhobene Zeigefinger« gehört nicht mehr irgendwelchen obskuren Fremden, die keine Ahnung von ihrem Leben haben, sondern ist mitten unter ihnen.

Die Gruppe, die so stark erschienen war, die fähig war, so viel Energie zu spenden, erweist sich auf ein Mal als zerbrechlich: Sie war nur eine vorübergehende Insel der Gegenkultur in einem ganz anderen Ozean. Die Ansteckung erfolgt oft sehr schnell, und die Freundinnen konvertieren zu dem neuen Gedankengut. Wenn sich die Veränderung bei allen gleichzeitig vollzieht, besteht die Gruppe weiter, so als wäre nichts geschehen, und behält trotz inhaltlicher Transformationen ihre Rolle als wichtiger Bezugspunkt für die Identitätskonstruktion der einzelnen Freundinnen. Eine jede vollzieht ihren eigenen Werdegang innerhalb eines gemeinsamen, wandelbaren Rahmens. Nun ist es jedoch selten, dass alle Freundinnen zur selben Zeit denselben Weg gehen können. Diejenige (oder diejenigen), die dem alten Bezugsrahmen treu bleibt, wird zur Außenseiterin. Und dies umso stärker, je harmonischer und mehrheitlicher sich die Entwicklung der anderen vollzieht. Danièle fällt es sehr schwer, den plötzlichen Verrat ihrer Freundinnen zu begreifen. Zu seiner Beschreibung verwendet sie dieselben Worte, wie wenn sie über ihr Unbehagen in der Familie spricht: »Ich werde nicht mehr gefragt, wie es mir in Sachen Liebe geht«. Nun ist sie wirklich allein und kann nur noch auf sich selbst zählen, wenn es darum geht, Argumente zusammenzubasteln, die ihrem Leben einen Sinn geben. Was Dorothée gerade erlebt, betrachtet sie nur als erste Etappe eines Prozesses. Mit scharfsinnigem Blick erkennt sie, wie es weitergehen wird. »Schritt für Schritt und von Hochzeit zu Hochzeit werde ich mich immer als Außenseiterin fühlen. Mir ist jetzt schon angst und bange vor dem Moment, wenn die ersten Babies geboren werden«. Natürlich gibt es Gegenstrategien, insbesondere folgende: die Freundschaftsarbeit an den noch gemeinsamen Punkten fortsetzen, indem man die Gruppe verkleinert und bereit ist, sich von der Mehrheit zu trennen, die zu dem neuen Gedankengut übergelaufen ist, bis schließlich nur noch die beste Freundin übrigbleibt. Doch das ist nicht mehr dasselbe. Die Energie der Gruppe ist definitiv verloren gegangen. Viele Jahre lang waren Marie-Laure und ihre Freundin unzertrennlich: kein Einkauf, kein Kino, kein Restaurant ohne die andere.»Doch inzwischen gehe ich ein wenig auf Distanz, denn langsam werden wir schon wie ein altes Ehepaar«.

Und was die Fortführung der Freundschaft mit verheirateten Freundinnen betrifft, stellt sich ein gewisses Unbehagen ein. Wie soll man nun miteinander reden? Theoretisch kann man versuchen, die alten Gesprächsformen weiter zu pflegen, ihnen hier und da ein wenig Unzufriedenheit in der Ehe beizumischen und die Single-Freundin als die ideale Vertraute zu nutzen. Doch der frühere Tonfall war zu offen und aufrichtig, als dass der Unterschied nicht hervorbrechen würde. Irgendetwas klingt falsch. Andere schlechte Lösung: sich in der Illusion wiegen, die Freundschaft bestehe jenseits der gesellschaftlichen Rollen, man könne alles sagen und verstehen, allein die Aufrichtigkeit zähle. Das Resultat ist noch grauenvoller.»Was für mich am meisten zählte, waren meine Freundinnen. Sie erfüllten mein Leben: Kino, Restaurant, Theater, Ferien. Heute haben diejenigen, die mir am nächsten waren, andere Sorgen: Mann, Kind, Haus. Sie rufen mich an, um mir zu erzählen, dass dieses oder jenes Kind jetzt laufen gelernt hat, berichten mir von ihrer Angst, wieder arbeiten zu gehen und sich von ihrem Baby zu trennen. Und jedesmal, wenn ich dann auflege, ist mir zum Heulen!« (Astrid).

Im Grunde beginnt die langsame Veränderung der Gesprächsinhalte in der Gruppe schon sehr früh, lange bevor die ersten Freundinnen ans Heiraten denken. Denn die Bezugsnorm, die den Clan zusammenschweißt und gleichzeitig zur Konstruktion der persönlichen Identität beiträgt, entwickelt sich entlang der verschiedenen Linien des Lebenslaufs pausenlos weiter. Am wenigsten zwingend ist dabei paradoxerweise die Sexualität. Der normative Druck ist zwar groß: Jugendliche fühlen sich gezwungen, in jeder Initiationsetappe mit der Gruppe mitzuhalten (Le Gall, 1997). Aber die sexuelle Lehrzeit, die »Erfüllungsnorm« innerhalb einer Altersgruppe (Lagrange, 1998, S. 166), ist tendenziell immer mehr losgelöst vom Eingehen einer Beziehung. Viel problematischer sind die Liebesgeschichten. »Um mich herum nur noch Liebesgeschichten. Nur ich habe nie etwas zu erzählen. Ich fühle mich schon wie ein Alien« (Pierrine). Vor allem die Geschichten, aus denen was geworden ist, die Paare, die offen auftreten. Denn sie können den Lauf des Lebens beschleunigen. Urplötzlich hat sich diese Epidemie verbreitet: Marinas Freundinnen haben nun alle einen Freund, den sie strahlend zur Schau stellen, wie eine Trophäe. »Und ich gehe nicht mal mit jemand, wie man so schön sagt«. Plötzlich ist sie von Verwirrung und Angst überrollt, fühlt, wie sie hinabtaucht in das, was sie Einsamkeit nennt. Und dabei ist sie erst 23.

Der Verrat der Freundinnen findet nicht immer im gleichen Alter statt; es kann hier zu sehr unterschiedlichen Entwicklungen kommen. Erster Fall: Die Leidenschaften und Interessen innerhalb der Gruppe sind vielfältig: Karriere, Freizeit, kleine Verrücktheiten und die großen Ziele der Jugend. Die Liebe ist nur eine Sache unter vielen. Diese Gruppe kann sehr lange halten. Die Freundinnen unterstützen sich gegenseitig bei ihren Versuchen, sich selbst eine Existenz zu erfinden, die ihren Vorstellungen entspricht. Zum Bruch kann es in diesem Fall sehr spät kommen: mit 30, 35 Jahren. Im zweiten Fall hingegen besteht eine einzige (obsessive) Fixierung auf die Paarbeziehung. Hier gelingt es den Freundinnen nicht, eine wirkliche Gegenkultur zu etablieren, sondern die Gruppe selbst beschleunigt die Reaktivierung des Modells: erst der Freund, dann schon bald »Mann, Kind, Haus«. Diese Entwicklung vollzieht sich ziemlich schnell und endet damit, dass die Frau sich schon früh in der traditionellen Rolle einrichtet und von einem Ehemann abhängig ist. Besonders verbreitet ist das in gesellschaftlichen Milieus mit niedrigem kulturellem Kapital, in denen Beruf und

Freizeit wenig alternative Interessen eröffnen. Mangels anderer Perspektiven träumt man von der großen Liebe. Die Marginalisierung (Meinungsverschiedenheiten mit den Freundinnen, Unterwerfung unter die Norm, Gefühl von Einsamkeit) beginnt dann bereits sehr früh, im Alter von 20, 25 Jahren (oder gar noch früher), während sie andernorts erst zehn Jahre später stattfindet. Mathilde, 20 Jahre: »In der Gesellschaft, in der wir leben, ist es schwer, unverheiratet zu sein. Es gibt Tage, an denen die Einsamkeit wirklich nur schwer zu ertragen ist«. Pierrine, 21 Jahre: »Ich sage mir: meine Jugend vergeht, und ich habe Angst, niemanden zu finden«. Agathe, 18 Jahre (!): »Lieber Gott, mach', dass ich nicht als alte Jungfer ende. Es ist wirklich eine Schmach, ich weiß nicht, wo ich hin soll. Ich sage mir, dass ich nie jemanden finden werde, dass ich ein hoffnungsloser Fall bin. Nie zuvor habe ich das Alleinsein so sehr als Ausgeschlossensein empfunden wie in diesem Jahr. Ich gehöre wohl nicht dazu. Ich bin völlig verzweifelt und einsam«.

Was als unbedeutendes Geplapper erscheinen mag, ist in Wahrheit in hohem Maße bestimmend für die Zukunft: die Gesprächthemen, für die sich die Freundinnen entscheiden.

Der Drei-Phasen-Zyklus

Der Zeitpunkt für den Übergang ins Erwachsenendasein wird von der Peer-Group mitbestimmt, wobei Variationen in Abhängigkeit vom gesellschaftlichen Milieu festzustellen sind. In gebildeten Milieus wird er eher länger hinausgezögert. Diejenigen, die in prekären Verhältnissen leben, können sich diesen Luxus nicht leisten: Sie müssen schneller eine Arbeit finden und eine Familie gründen. Eine Stufe darüber können sich junge Arbeiter in gesicherter Anstellung (im Unterschied zu denen, die diese Glück nicht haben) mit der Familiengründung schon etwas mehr Zeit lassen (Galland, 1993). Und je weiter man die gesellschaftliche Leiter nach oben stiegt (mit dem Niveau des Bildungsabschlusses als entscheidendem Faktor), umso deutlicher wird der Prozess. Die Verlängerung der Phase des Solo-Seins (als Konsequenz der hinausgezögerten Familiengründung) stellt somit, sofern sie gewollt ist, eine Strategie der gesellschaftlichen Gewinner dar. Vor allem im Fall der Frauen.

Das erklärt auch, warum das Single-Dasein zunächst eher euphorisch erlebt wird (sofern man sich in der kulturellen Hierarchie relativ weit oben befindet). Doch die Fortsetzung ist weniger lustig und folgt, was die emotionale Entwicklung betrifft, einem typischen Modell, das schematisch in drei Phasen aufgeteilt werden kann.

VORWÄRTS! Das Hinauszögern der Familiengründung ist überhaupt kein Problem. Mit aktiver Unterstützung durch die Freundinnen und dem stillen Einverständnis der Gesellschaft schafft die Single-Jugend die Bedingungen für Offenheit und Dynamik. Es gilt, die Zukunft zu erfinden, ohne Grenzen, das Leben ist Energie und Kreativität.

STURMWARNUNG! Dann ändern sich die Erwartungen. »Noch vor wenigen Jahren reimte sich Single-Sein auf Unabhängigkeit und Freiheit. Und das gefiel mir. Heute träume ich von einem Mann, mit dem ich reden kann, den ich lieben und mit dem ich mein Leben teilen kann« (Maggy). Nach dem Verrat der Freundinnen schleichen sich die zweideutigen Randbemerkungen ein und plötzlich ist da der »erhobene Zeigefinger«. Als fiele der Himmel auf die Erde, drehen sich auf einmal alle Werte um. Das Single-Dasein wird plötzlich komisch, fast eine Schande. An diesem Punkt geraten die Gedanken in einen tumultartigen Zustand: Was mache ich aus meinem Leben? Wie soll ich mich in Zukunft entscheiden? Die Alternativen, die sich bieten, sind radikal: Den Weg der Unabhängigkeit weitergehen oder »Mann, Kind, Haus«? Sturm unter der Schädeldecke.

DER RUHEANKER. Doch schließlich beruhigt sich das Unwetter wieder. Hat man das kritische Alter erst einmal hinter sich, neigt der »erhobene Zeigefinger« dazu, wieder zu verblassen. Angesichts des geringeren gesellschaftlichen Drucks kann das Alleinleben nun zu mehr Ausgeglichenheit finden, und zwar im Zusammenhang mit neuen Qualitäten, die eng mit dem Alltag zusammenhängen: Es sind die kleinen Dinge, die zählen, die zarten heimlichen Freuden. Der endlich wiedergefundene Friede wird also damit bezahlt, dass man das Heulen und Lachen aus der Zeit, als man noch auf der Vorderbühne auftrat, hinter sich lässt und zu einem neuen Stil findet, der sich durch Zurückhaltung und Mäßigung auszeichnet.

Für manche ist der Sturm furchtbar, und sie sind dann beinahe erstaunt, sich plötzlich in der Sicherheit des ruhigen Hafens wiederzufinden. »Es gab eine Zeit in meinem Leben, da dachte ich, die Einsamkeit würde mich umbringen und ich müsste dafür nicht einmal Selbstmord begehen. Das habe ich jetzt hinter mir« (Nathalie). Da ist eine Art Grund-Freude, die allein schon aus der Tatsache herrührt, dass man es schafft, sein Leben zu leben und seinen Weg ohne den »erhobenen Zeigefinger« und ohne exzessive Selbstbefragung zu gehen. In den härtesten Momenten (wenn der Sturm am heftigsten tobt) erlangt man nur dann ein wenig Ruhe und Frieden, wenn man das Leben »klein macht«, mit seinen Träumen und Hoffnungen zurücksteckt, sich extrem zurücknimmt. »Ich atme in kleinen Zügen«, sagt Donatienne sehr poetisch. Denselben Prozess beschreibt Alexandre Vexliard für die Obdachlosen: Nachdem sie gegen die Gesellschaft und ihre Normen angekämpft haben, nachdem sie gespürt haben, wie sich ihre Persönlichkeit in diesem Kampf gespalten hat, erreichen sie dank der Resignation und des autistischen Sich-Einigelns eine Art Hafen der Ausgeglichenheit, indem sie »die anderen und die ›normale‹ Welt klein machen« (zitiert nach Mucchielli, 1998, S. 115). Der Unterschied ist, dass die Obdachlosen marginalisiert sind, während es den Singles gelingt, sich einen legitimen Raum zu erobern (unter der Bedingung, dass sie sich diskret verhalten).

Mitunter ist der Hafen sogar angenehm, in jedem Fall stellt er aber zumindest einen Moment der Ruhe nach dem Sturm dar. Einen Ruheanker, der an einigen elementaren Ankerpunkten festgemacht ist, von denen aus man sich nur noch mit größter Vorsicht in Abenteuer stürzen kann – das genaue Gegenteil der *Vorwärts!*-Phase. Bis Jacqueline 35 Jahre alt war, versuchte sie, das Schicksal zu zwingen, und wartete auf eine Überraschung, die niemals kam, was sie in völlige Verzweiflung stürzte. »All die Versuche, all die Abenteuer, führten zu nichts als Bedauern«. Dann beschloss sie von heute auf morgen, nichts mehr zu erwarten, und sofort spürte sie den Frieden (»obwohl man mit allem selbst fertig werden muss, und dann ist da noch der Mangel an Zärtlichkeit«). »Ich fühle mich gut mit meinem Leben, ich gehe ins Kino und Wandern, ich lese, und ich habe nie genug Zeit, um all das zu tun, was ich gern tun möchte«. Madeleine hat eine ähnliche Flugbahn hinter sich. »Nach drei Jahren voller Liebesabenteuer, in denen ich von einem Bett ins andere stieg, dachte ich, dass ich nun den Anker werfen könnte«. Ihre Entscheidung ist unwiderruflich: »Ich suche nicht mehr und ich hoffe nicht mehr«. Dadurch ist es ihr gelungen, den »erhobenen Zeigefinger« nicht mehr zu spüren und ihr Leben mit überschäumenden Aktivitäten zu füllen: Fahrradfahren, Wandern, Reisen, Lesen, kulturelle Vereine und sogar eine neugegründete, lustige Truppe von Freundinnen. »Ich habe diese Wahl getroffen und ich halte daran fest. Manchmal steigt die Angst in mir hoch, gefolgt von Tränen, aber ich gehe meinen Weg weiter. Um nichts auf der Welt möchte ich noch einmal eine Liebesgeschichte erleben«.

III. Ein Leben zu zweit

Noch einmal Geschichte

Ich könnte mir vorstellen, dass es für Sie als Leser nicht ganz einfach ist, meinem Argumentationsfaden zu folgen. Das Thema ist einfach sehr komplex. Ich fasse also noch einmal zusammen. Im ersten Kapitel haben wir gesehen, dass das Alleinleben Teil einer tiefgreifenden historischen Entwicklung ist, die die Individuen unweigerlich in Richtung Autonomie drängt. Daraus müsste eigentlich eine Schwächung der Paarbeziehung als allgemein verbindlicher Norm resultieren. Statt dessen haben wir im zweiten Kapitel festgestellt, dass dem ganz und gar nicht so ist, sondern dass diese Norm immer noch so stark ist, dass schon die kleinste Randbemerkung Alleinlebende mitunter völlig aus dem Gleichgewicht bringen kann.

Was aber hat sich auf seiten der Paarbeziehung getan, dass sie so resistent ist? An dieser Stelle drängt sich ein erneuter Exkurs in die Geschichte auf, auch wenn sie nicht ohne weiteres die passenden Erklärungsschlüssel liefern kann. Die Evolutionisten des 19. Jahrhunderts dachten, die Geschichte verlaufe linear. Dann aber gaben die unzähligen Umwege, Rückschritte und Ungereimtheiten der Geschichte Anlass zu der Annahme, dass es ein vergebliches Unterfangen ist, ihre Richtung bestimmen zu wollen. Dieser Irrtum ist genauso bedauerlich wie der Evolutionismus naiv ist.

Es gibt kein Phänomen, das nicht widersprüchlich ist. Der Versuch, die Antagonismen auszuräumen, führt dazu, dass man am Ende überhaupt nichts verstanden hat. Statt dessen liefert genau das Herausarbeiten dieses Spiels der Gegensätze dem Forscher Analyseinstrumente. Die Paarbeziehung zum Beispiel ist eine Realität mit vielfältigen, sehr heterogenen und immer wieder anders miteinander verknüpften Inhalten. Ihre Geschichte ist »viel stürmischer als man gemeinhin annimmt« (Théry, 1996, S. 18). Dasselbe gilt für die Elemente, aus denen sie besteht. Nehmen wir einmal die Liebe. Sie ist zutiefst widersprüchlich und zersplittert; die Einheit des Phänomens Liebe ist eine (notwendige) Illusion an der Oberfläche. Niklas Luhmann (1999) betont, dass die Liebe ein Rahmen für den Ausdruck des Emotionalen ist, der historischem Wandel unterworfen ist. Zu keinem Zeitpunkt in der Geschichte ist es diesem Rahmen gelungen, sich wirklich zu stabilisieren und zu vereinheitlichen. Warum also reden wir dann weiterhin von *der* Liebe (und von *der* Paarbeziehung) im Singular? Weil die Vereinheitlichung an der Oberfläche Voraussetzung für die Herausbildung einer Norm ist. Und weil wir diese Norm brauchen – eine Norm, der es gerade aufgrund dieses Vermischungseffekts und dank der Vagheit der Definitionen gelingt, sich (trotz der gegenwärtigen Diversifikation der Praktiken) durchzusetzen.

Wenn wir einfach nur leben wollen, ohne allzu viele Probleme, dann ist es besser, wir glauben weiterhin an die Einheit der Liebe. Doch wenn wir verstehen wollen, dann gibt es keine andere Möglichkeit, als radikal damit zu brechen, die Vorstellung vom Singular der Liebe aufzugeben und die widersprüchlichen Systeme, durch die sich Paarbeziehung und Liebe strukturieren, im Detail zu analysieren.

Warnende Erfahrungen

Der Lauf der Geschichte ist alles andere als linear. Da ist zunächst der widersprüchliche Charakter der Phänomene. Und dann sind da noch diese erstaunlichen Innovationsschübe. »Das Neue ist nicht so neu: Es hat sich schon seit langem allmählich festgesetzt« (Castel, 2000, S. 141). Eine neue Lebens- und Denkweise setzt sich nicht einfach von jetzt auf gleich, durch simple Verbreitung durch. Innerhalb eines günstigen Mikro-Umfelds können bestimmte avantgardistische Ideen bereits Jahrhunderte, bevor die Bedingungen für ihre dauerhafte und breite Durchsetzung vorhanden sind, das Licht der Welt erblicken. Noch bemerkenswerter ist dieser Prozess bei Verhaltensweisen und Gefühlsformen: Da kommt es mit einer zeitlichen Verschiebung zum globalen Kontext der Epoche zu Zwischenspielen, die in manchen ihrer Aspekte ganz außerordentlich modern sind. Diese Zwischenspiele bleiben scheinbar ohne Zukunft, und doch hinterlassen sie Spuren, Erfahrungen, die eine Lehre oder eine Warnung sind. Die Minne ist hierfür ein sehr schönes Beispiel.

Ihr Ursprung (der möglicherweise mit der Häresie der Katharer in Verbindung steht) ist nach wie vor nicht geklärt. Ihre zur damaligen Zeit höchst erstaunlichen Regeln bilden »die Antithese zu denen der mittelalterlichen Ehe« (Flandrin, 1981, S. 108). Die leidenschaftliche Liebe kann nur jenseits der Institution gelebt werden. Der Liebende ist bereit, sich seiner Herzensdame mit Leib und Seele zu verschreiben. Diese auf Verschmelzung zielende Hingabe nimmt gleichwohl die Gestalt einer ununterbrochenen Arbeit an sich selbst an, um die (von der Schönen ausgedachten) Prüfungen zu bestehen, Heldentaten zu vollbringen und damit die eigene Individualität zu steigern (Markale, 1987). Damit sind wir dem Widerspruch, der sich auch heute durch das Leben als Paar zieht, bereits sehr nahe: Wie kann man auf möglichst authentische Weise man selbst werden und zugleich – möglichst intensiv – zusammen leben? Auch der heutigen emotionalen Alchimie, in der auf subtile Weise Sexualität und Gefühl miteinander verschmelzen, sind wir bereits sehr nahe: Die Liebe muss aus dem Körper hervorgehen und ihn zugleich sublimieren. In manchen Punkten scheint die Minne unserer heutigen Zeit sogar voraus zu sein. So beschreibt Jean Markale den Zustand der Verliebtheit als das Ergebnis einer geduldigen Arbeit an sich selbst. Die Gesetze der Minne erklären, wie es möglich ist, die ersehnten Gefühle zu empfinden. Damit sind wir beim genauen Gegenteil der Vorstellung von einer Liebe, die vom Himmel fällt – einer Vorstellung, die sich für Jahrhunderte durchsetzen sollte und aus der wir noch immer nicht herausgewachsen sind.

Schauen wir uns einmal genauer an, wie es zu dieser Vorstellung einer Liebe, die vom Himmel fällt, gekommen ist. Zu der historischen Klammer in Gestalt der Minne kommt es während eines Mittelalters, das zutiefst davon beunruhigt ist, dass der Ort der Paarbeziehung nicht mehr klar definiert ist. Die Verherrlichung der keuschen Einsamkeit hatte notwendigerweise Zweifel an der Ehe aufkommen lassen. »So kam es zu einer ausgeprägten Abneigung gegenüber der Begattung, körperlichen Launen, der Fortpflanzung und folglich auch der Ehe« (Duby, 1995, S. 31). Für den heiligen Hieronymus ist die Vermählung bloße amtliche Anerkennung von Unzucht und deshalb zu verdammen. Gregor der Große teilt die Gesellschaft in zwei Teile: einerseits die Elite, bestehend aus Zölibatären, die in direktem Kontakt zu Gott stehen, andererseits die Untertanen, die durch die Ehe verunreinigt sind. Der heilige Augustin ist ein wenig diplomatischer und vermeidet es, alle Menschen in Misskredit zu bringen. Er definiert die Ehe als eine »weniger unvollkommene Form der Begattung«: besser einen Ehemann als einen, der nur Unzucht treibt (Duby, 1995, S. 33). In der Hierarchie der Verdienste bleibt die Ehe ganz unten; nichts steht höher als das geheiligte Zölibat.

Um zur Ehe als Sakrament (und herrschende Norm) zu kommen, war ein intellektuell komplexer Schachzug nötig: Es galt, eine Lehre zu finden, die die Ehe von der Sünde des Fleisches unterscheidet. Eheliche Sexualität wurde fortan moralisiert. Auch wenn die Reinheit Marias, der jungfräulichen Mutter, unerreichbar war, war das Ideal immer noch das, ihr möglichst nahe zu kommen und für eine biologische Reproduktion ohne die Grauen der Wolllust zu sorgen. Enthaltsamkeit oder zumindest Zurückhaltung, die für das Zölibat typischen Werte, wurden in die Ehe eingeführt. Im 17. Jahrhundert wurde diese Lehre eilig weiter ausgearbeitet und in einen Gesamtzusammenhang gebracht: Die Ehe ist von Gott gewollt, sie ist ein Sakrament, Werk der Liebe Gottes, und eine Ehe einzugehen bedeutet, die göttliche Liebe zu teilen. Die eheliche Liebe ist somit der geistigen und unvergänglichen *caritas* näher als der körperlichen und impulsiven *amor* (Duby, 1995). Die Liebe ermöglicht dieses Wunder: sich trotz der Vereinigung der Körper von der Sünde frei zu halten.

Natürlich war das nicht ganz so einfach, Sexualität ließ sich in ihrem Überschwang nicht so einfach zähmen, und nicht selten musste Buße getan werden. Dennoch scheint am Ausgang des Mittelalters alles geklärt, und die Ehe setzt sich als Norm durch. Nun gerät jedoch schon im 16. Jahrhundert alles wieder ins Wanken. Zunächst im Hinblick auf die Sexualität. In den Beichtstühlen wird die »übertriebene«, »allzu leidenschaftliche« und »widernatürliche« Liebe geahndet. Ziel des Geschlechtsaktes ist nicht das Vergnügen, sondern einzig und allein die Fortpflanzung. Ohne dieses Ziel ist die Sünde von Ehemann und Ehefrau noch größer als im Fall des Geschlechtsaktes jenseits des Ehebetts. Aber auch im Hinblick auf die Gefühle kommt es zu einer neuen Entwicklung. Bis dahin schien alles ganz einfach. Auf der einen Seite gab es diese einzigartige, positive und transzendente göttliche Liebe, die die Eheleute auf Lebenszeit zusammenschweißt; auf der anderen Seite gab es diese unchristlichen, unanständigen Freuden, die es zu beseitigen

galt. Doch nun schlich sich ganz still und leise eine Zwischen-
position ein, »eine Art profaner Liebe«, die »versucht, sich Anerkennung als ›wahre Liebe‹ zu verschaffen, weil sie ›aufrichtig‹
und ›sittsam‹ ist« (Flandrin, 1981, S. 53). Die Theologen empö-
ren sich gegen dieses Sakrileg, das schließlich dazu führe, seine
Frau der Gemeinschaft mit Gott vorzuziehen. Doch umsonst:
die emotionale Moderne hat ihren langen Marsch begonnen
(Shorter, 1977).

Die Festschreibung der ehelichen Norm war also nur eine
scheinbare und vorübergehende gewesen. Die Ehe als Institution schien fest etabliert, doch worin bestand genau ihr Inhalt?
Der rein göttlichen Konzeption der Liebe gelang es weder, die
Sexualität ausschließlich in bestimmte Kanäle zu lenken, noch
die Herausbildung eines stärker zwischenmenschlichen Gefühls zu ersticken. Außerdem erstarkte die ökonomische Funktion der Ehe. Für André Burguière ist das Ansteigen des Hei-
ratsalters im 16. Jahrhunderts der Schlüssel zu einem neuen
Sparsamkeitsmodell, das es den Haushalten erlaubte, ausreichend Kapital anzusammeln und Unternehmersgeist zu entwickeln. »Es ist nicht mehr die einzige Sorge des Paares, eine Familie zu gründen, sondern es geht auch darum, sie zu verwal-
ten, zu bewahren und ihren gesellschaftlichen Status zu verbessern« (1972, S. 1138). Wie ließen sich diese managerialen Ziele
mit dem komplexen Umgang mit Leidenschaften und Gefühlen
vereinbaren? Da bleibt noch einiges zu klären: Die Ehe gründet
auf einer Mischung aus höchst unterschiedlichen Elementen.

Personalisierung der Gefühle

Dazu angehalten, sich in sexueller Zurückhaltung zu üben,
schuldeten die Eheleute einander Wohlwollen und Respekt.
Zärtlichkeit war nicht Teil dieses Pakts. Im 18. Jahrhundert je-

doch kam auch sie ins Spiel und verbreitete sich unaufhaltsam. Sie war Niederschlag dieses neuen, Sex und Amor Dei verbindenden Gefühls. Die moralischen Autoritäten wussten nicht so recht, womit sie es zu tun hatten und beäugten sie kritisch. Ein jeder versuchte, mit ihr zu experimentieren, dabei aber genau darauf zu achten, dass die Wellen nicht allzu hoch schlugen. Auf diesem Wege trat die Liebe also als zurückhaltende Form einer »domestizierten Leidenschaft« zu Tage, als »ein zartes und vernünftiges Gefühl«, das nicht weit von Tugend oder gar Pflicht entfernt war (Flandrin, 1981, S. 88). Diese beginnende große Umwälzung zeigte an der gesellschaftlichen Oberfläche zunächst kaum Effekte: Mit der Ehe schien es weiterzugehen wie bisher. Als hätte man ihr einfach ein neues Element hinzugefügt, das sich problemlos in das Bisherige einfügte. Mit der Personalisierung der Gefühle erwachte jedoch ein Beben, von dem wir bisher allenfalls die ersten Stöße zu spüren bekommen haben. Denn wir sind weit davon entfernt, mit der überirdischen Konzeption von ehelicher Liebe ganz gebrochen zu haben. Viele Frauen warten auch noch heute darauf, dass der Erwählte sich ihnen zeigt: »Er«, »der Mann meines Lebens«, »der Märchenprinz«. »Ich bin sicher, dass auf jede von uns ein Mann wartet, unser Mann, der uns versprochen ist, unsere andere Hälfte« (Élisa). Eine Klarheit, die vom Himmel fällt. Am besten in Gestalt einer Liebe auf den ersten Blick, »die eine Existenz verzaubert« (Schurmans, Dominicé, 1997, S. 148). Das Liebesgefühl, wie es heute erlebt wird, ist das Ergebnis eines Amalgams von Gefühlen, die eigentlich nicht zusammenpassen. Es ist das instabile Gleichgewicht zwischen einem antagonistischen Paar: der immer stärkeren Personalisierung der Gefühle und ihrem transzendentalen Charakter – einem Erbe der Geschichte. Wir werden von einer Revolution mitgerissen und stehen gleichzeitig zutiefst im Zeichen einer fernen Vergangenheit.

Doch der Aufstieg dieses Gefühls hat die eheliche Landschaft stark verändert. Zunächst manifestiert es sich auf eine sehr unstete und gar nicht auf das Paar zentrierte Weise: Das 18. Jahrhundert kanalisiert das Gefühl, domestiziert es in Form einer ruhigen Leidenschaft, die in aller Vorsicht innerhalb einer bereits bestehenden Beziehung gepflegt wird (Flandrin, 1981). Doch was kommen musste, kam: Auch die Wahl des Partners, durch welche die Institution gegründet wird, wird davon angesteckt. Das, was man damals die »Liebesheirat« (im Gegensatz zur arrangierten Heirat) nannte, verschafft sich Bahn und erlebt, wie man weiß, seine Blütezeit in Theater und Roman. Nichtsdestotrotz war es ein harter Kampf, es dauerte nahezu zwei Jahrhunderte, bis sich diese Vorstellung in der öffentlichen Moral durchsetzte, und noch länger, bis sie Einzug in die Praxis hielt.

Wieder die gleiche Illusion von Kontinuität. Und wieder ein tiefer Bruch, wieder ein Element, das zu dem Ehe-Liebes-Amalgam in Missklang steht. Die zur Liebesheirat gehörende Leidenschaft barg alles andere als Ruhe und Gelassenheit. Statt dessen sollte sie sich als glühend heiß und verschlingend erweisen. Sie nährt sich von Romantik, durchlebt ihre Abenteuer »in der Dichte der Nacht und der Träume, im Fluss intimer Gespräche« (Perrot, 1987c, S. 416), experimentiert mit der »ungeheuren Entdeckung des Selbst durch das Selbst, die ganz neue Bindungen zu anderen möglich macht« (S. 417) und erfindet die paradoxe Kombination aus distanzierter Lust und unmittelbarem emotionalem Engagement (Luhmann, 1999). Die Revolution des Privaten schien in ihre entscheidende Phase getreten zu sein: Da war zum einen der unkontrollierbare, destabilisierende und der Institution feindlich gesonnene Charakter dieses neuen Gefühls, zum anderen und vor allem aber auch die Selbstbestätigung, die dieses Gefühl zu Tage treten ließ. Denn anders als die Zärtlichkeit versucht die Leidenschaft gar nicht erst zu verbergen, was sie vor allem anderen ist: ein persönlicher Aufbruch, ein Glückstreffer, um sein Schicksal zu verändern. Das Gefühl beinhaltet eine vom Individuum kontrollierte Neuformulierung des Selbst. »Das, was wir zu lieben behaupten, erschaffen wir in Wahrheit erst und es erschafft uns neu« (Alberoni, 1995, S. 18). Manchmal ist der emotionale Glorienschein so stark, dass die Wahl eines bestimmten Partners kaum mehr als solche wahrnehmbar ist; manchmal ist so viel Zurückhaltung im Spiel, dass die Entscheidung im ungeschminkten Licht eines ehelichen Konsumismus erscheint. Aber immer ist das Gefühl mit Reflexivität verknüpft, mit dem nicht mehr aufzuhaltenden Siegeszug der Individualisierung und der Herrschaft über das eigene Leben. Wobei sich letzteres mit einem langfristigen Engagement in einem Leben zu zweit ja eigentlich nicht gut zu vertragen scheint. Im Übrigen erlebt das 19. Jahrhundert nicht zufällig auch eine massive Zunahme eines neuen Typs von Zölibat (siehe Kapitel 1). Und außerdem ist es das Jahrhundert der Utopien, die neue Normen für das Privatleben als Alternativen zum verheirateten Paar vorschlagen (Schérer, 1996). Schon Saint Just war der Ansicht, die Liebe sei der Seite des Individuums zuzuschlagen, und zwar gegen die Institution; Claire Démar klagt die Ehe an und fordert das Recht auf Unbeständigkeit; Charles Fourier träumt von einer Stadt der Liebe, in der jeder nach Belieben seinen augenblicklichen Gefühlen folgen kann.

Die moralischen und politischen Autoritäten sind sich der Größe der Gefahr wohl bewusst, und ein wahrer Sermon ergießt sich auf die Gesellschaft. Sein Thema: die Familie. Je nach Gemüt und Ideologie wird dieses Thema auf unterschiedliche Weise durchkonjugiert. Der Kanon bleibt immer derselbe: Sie allein ist in der Lage, die Leidenschaften in Schranken zu weisen und das Individuum in einer Grundzelle der Gesellschaft zu verankern, die seinen destabilisierenden Exzessen Grenzen setzen kann (Cicchelli-Pugeault, Cicchelli, 1998). Nach dem

ersten Weltkrieg gibt die lange Pause, die der Individualisie-
rungsprozess einlegt (siehe Kapitel 1), diesem ideellen Rahmen
die Möglichkeit, sich tief in die gesellschaftlichen Tatsachen
einzuschreiben. Die eheliche Familie, die noch dazu durch den
bürgerlichen Komfort stabilisiert wird, setzt sich als hegemo-
niale und unhinterfragbare Norm durch, und dies bis zum Beginn der 60er Jahre. Alles sieht danach aus, als habe sie sich in
einer »kanonischen Form« etabliert, und sie hat allen Grund,
sich siegessicher zu geben (Segalen, 1993, S. 282). Nichts
scheint sie mehr bedrohen zu können. Einmal mehr hat die Familie diejenigen Propheten Lügen gestraft, die ihren baldigen
Tod verkündet haben.

Umso größer die Überraschung, als (ungefähr Mitte der 60er
Jahre) sämtliche demografischen Indikatoren in Bewegung geraten: Urplötzlich tritt die Familie in eine neue revolutionäre
Phase. »Das Ende eines fast tausendjährigen Zyklus, während
dessen die Ehe, die nun vor unseren Augen zerfällt, das Herz
und Fundament der bio-sozialen Reproduktion war«, ist gekommen (Lefaucheur, 1995, S. 9). Die »kanonische Form«, die
so stabil erschienen war, bricht in tausend Stücke. Und dies weniger aufgrund alternativer Utopien: Die Kommunen aus der
Nach-68er-Zeit führen zu nichts (Mauger, Fossé, 1977). Vielmehr ist es ein plötzlicher Individualisierungsschub, der den
etablierten ehelichen Rahmen sprengt. Immer spätere Heirat,
steigende Scheidungsziffern, Einelternfamilien und Alleinlebende – alle Zeichen weisen in dieselbe Richtung. Das lässt
auch bestehende Paarbeziehungen nicht unberührt: Der »Widerspruch« gegen das »eheliche Gefängnis« regt sich, das Paar
wird »sektorial, provisorisch und instabil«, »das ›Ich‹ nimmt
seine Rechte wieder in Anspruch« (Kellerhals et al., 1982, S.
266). Handelt es sich diesmal um die Entscheidungsschlacht
gegen die Ehe, das Ende der Ehe als Norm?

Nein, denn erneut stellt diese Amalgam-Institution ihre

Dehnbarkeit und Anpassungsfähigkeit unter Beweis und integriert die sich am Gipfel der Moderne herausbildenden neuen Elemente. Mitten in der Krise und in destabilisiertem Zustand gelingt es ihr, sich neu zu beleben, indem sie die Ingredienzien in sich aufsaugt, von denen nirgendwo geschrieben steht, dass sie ihr wesensgleich sein müssen. Dies betrifft insbesondere den Aufschwung der Emotionalität, der Gefühle in all ihren Formen. Angefangen mit: der Sexualität.

Kehren wir noch einmal ins 19. Jahrhundert zurück. Während die Hüter der Moral noch moralisieren, flüstern die Bettgeheimnisse von neuen Regungen: Der Körper befindet sich in intimer Revolution (Corbin, 1987). Waren Gefühle bisher in Gestalt äußerlicher Tugenden aufgetreten, die sich den animalischen Leidenschaften in Gestalt einer vernünftigen »Kontrolle über Intimbeziehungen« (Luhmann, 1999, S. 121) entgegenstellen, entdeckt die zweite Hälfte des Jahrhunderts – nicht ohne Zaudern –, dass es möglich ist, auf sein eigenes Innerstes zu hören und der Energie, die daraus entspringt, durch Kontrolle Herr zu werden. Dabei handelt es sich um einen subtilen Mechanismus, den ich in einer anderen Untersuchung, die auf den Arbeiten von Norbert Elias aufbaut (1939), die zweite Phase des Zivilisationsprozesses genannt habe (Kaufmann, 1996). »Um 1860 beginnt die moderne Geschichte der Sexualität« (Corbin, 1987, S. 544), die potentiell destabilisierend auf die eheliche Ordnung wirkt. Michel Foucault (1977) zufolge kommt es daraufhin unmittelbar zur Errichtung eines »Dispositivs«, das in der Hand von Ärzten, Pädagogen, Psychiatern, Priestern und allen möglichen anderen Experten liegt und darauf abzielt, Abweichungen zu kontrollieren. Zunächst konzentriert sich dieses Dispositiv auf die unkontrollierten Randbereiche, doch schon bald richtet es sich neu aus, und zwar auf das »legitime und sich fortpflanzende« Paar (S. 10), das die Sexualität »beschlagnahmt« (S. 9), indem es sie normalisiert. Auf dieser konsolidierten Basis wird es in der Folge dann möglich sein, neue Vorstöße zu kontrollieren und die eheliche Sexualität mit aller gebotenen Vorsicht und in kontrollierter Weise zu befreien. Bis in unsere heutige Zeit, in der das wilde Tier definitiv gezähmt zu sein scheint. Das geht so weit, dass das Einüben von Techniken und Stellungen in Sachen Lust eine Art Pflichtprogramm für jedes Paar geworden ist, das aufrichtig ist und es ernst miteinander meint.

Doch die Sexualität *stricto sensu* ist nicht das eigentlich Wichtige. Der Einsatz des Körpers als emotionales Werkzeug hat eine weit darüber hinausgehende und noch immer wachsende Bedeutung (Kaufmann, 1999b). Das Individuum, Herr seines Schicksals, bewegt sich in einem pausenlos wachsenden Universum offener Fragen. Die Probleme, die es zu lösen gilt, nehmen ständig zu, zugleich werden die Antworten und Orientierungspunkte immer unsicherer. An diesem Punkt erscheint das Sinnliche, da es schneller und entscheidungsfreudiger ist (Damasio, 1995), als der einzige Ausweg. Das ist der Grund, weshalb in der heutigen Welt Emotionalität bis zur völligen Gefühlsduselei kultiviert und weshalb am Körper gearbeitet wird, um ihn noch empfänglicher und ausdrucksvoller zu machen. Die Extremversion davon ist die Leidenschaft in der Liebe. Sie zieht ihre Nahrung aus dem erotisierten Körper und reißt einen mit sich – was (zumindest teilweise) verhindert, sich all zu lang und ausführlich bei der Partnerwahl aufzuhalten, denn würde diese kühl ihr wahres Gesicht zeigen, verhinderte dies die Bildung eines Paares. Dann gibt es noch die gemäßigte Version: Gesten der Zärtlichkeit. Küssen und Streicheln haben keine sehr lange Geschichte. Vor 1900 hatte die Mehrheit der Frauen ihren Partner vor dem ersten Geschlechtsverkehr noch nie geküsst (Lagrange, 1998). Und traditionellerweise waren Klapse und Kniffe häufiger als Streicheln (Flandrin, 1981). Erst in der zweiten Hälfte des 20. Jahrhunderts, also schon ganz nah an unserer Gegenwart, hat sich unter den Jugendlichen ein von der sexuellen Praxis unabhängiges Küssen und Streicheln entwickelt (Lagrange, 1998). In festen Beziehungen (und gegenüber dem Kind) setzten sich zärtliche Gesten, Küsschen und einfache zärtliche Berührungen im Alltag sogar noch später durch und sind heute erst auf dem Weg zu ihrer vollen Blüte. Vor einem Hintergrund aus familialen Orientierungspunkten und in musikalisch (der musikalische Konsum nimmt regelmäßig zu) wie visuell geprägter Atmosphäre (das Dekorieren ist die familiale Tätigkeit, die am meisten zugenommen hat) sind diese Zärtlichkeiten das wärmste Element der emotionalen Decke, in die sich ein jedes Familienmitglied hinein rollen kann, die es beruhigt, umschließt und wiegt.

Das moderne Individuum, das wie ein offenes und komplexes, sogar immer offener und immer komplexer werdendes System erscheinen mag, trachtet danach, seine Identität zu stabilisieren und zu umzäunen. Es braucht Ankerpunkte und Grenzen, oder auch ein Schwelgen in Gefühlen, von dem es zugleich stabilisiert und mitgerissen wird. Identitäten sind zerbrechlich geworden, nun bedienen sie sich jeglicher Art von Werkzeugen, um verzweifelt etwas zu erschaffen, an dem sie sich festhalten können. Eine Untersuchung zur mentalen Gesundheit (Joubert et al., 1997) stellt (bewusst) die heterogenen Elemente dieses bunt zusammengewürfelten Werkzeugkoffers in eine Reihe: Medikamente, Alkohol, familialistische Unterwerfung, Sekten, Drogen, Fernsehen. Sie alle wollen ein »Gefühl von Kohärenz« vermitteln (S. 362) und die »Ungewissheiten der Verantwortung« bannen (Ehrenberg, 1995, S. 301). In weniger extremen Situationen kann auf sanfte Art und dank der Emotionalität und Intimität, die einen an Menschen und Gegenstände binden, ein ähnliches Resultat erzielt werden:. Wir entwickeln uns auf immer »intensivere persönliche Beziehungen« zu (Luhmann, 1999, S.13), eine immer größere gegenseitige identitäre Unter-

stützung (de Singly, 1996) und immer mehr konkrete Empfäng-
lichkeit (Kaufmann, 1999b) – außerhalb der Familie, vor allem
aber *in* der Familie. Denn erneut gelingt es der Amalgam-Institution, alles in sich zu konzentrieren: die verschlingende Leidenschaft der Anfangszeit und die sanfte (auf problemlose Weise konfliktbehaftete) Zärtlichkeit in der festen Paarbeziehung,
domestizierte Sexualität und (persönliche oder kollektive) ökonomische Interessen des Unternehmens Haushalt, die Notwendigkeit des identitären Rückzugs in ein familiales Zuhause
und die Kultur der Empfindsamkeit im Universum der Intimität. Eine bunt zusammengewürfelte, unbeständige Ansammlung verschiedenster Elemente, zusammengehalten von einem
einzigen Aushängeschild: dem des Liebespaars.

Das Modell für das Privatleben

Fassen wir zusammen: Der Prozess der Individualisierung hat
immer neue Erschütterungen hervorgebracht, die die Bestandteile von Liebe und Familie durcheinander gewirbelt haben.
Dennoch hat die Institution der Paarbeziehung eine erstaunliche Anpassungsfähigkeit unter Beweis gestellt, die es ihr ermöglicht hat, neue Elemente zu integrieren und mit ihnen zu
verschmelzen. Auf diesem Wege ist es ihr gelungen, ihren Status
als Bezugsnorm zu bewahren. Die Paarbeziehung hat zwar
tiefgreifende Veränderungen erlebt, aber sie ist nach wie vor
das Modell für das Privatleben.

Doch welche Paarbeziehung? Kann man ihre heutige Gestalt
überhaupt noch genau beschreiben? Ja, aber nur unter der Bedingung, dass man sich dabei auf den harten Kern des Modells
beschränkt. Denn es gilt zu verstehen, dass die Paarbeziehung
heute zugleich (in ihrem Kern) einheitlich und (nach außen
hin) vielfältig ist und dass diese Spaltung zwischen Innen und

Außen im Laufe der Geschichte immer ausgeprägtere Züge angenommen hat. Viele Beobachter haben sich von der äußeren Vielfalt täuschen lassen und die Ansicht vertreten, man könne nicht mehr von der Familie im Singular sprechen. »Aus der Familie sind die Familien geworden« (Chaland, 1994, S. 130), die nun in vielerlei Formen durchkonjugiert werden: Einelternfamilien, Fortsetzungsfamilien, getrennt lebende Paare etc. Und alle erscheinen tendenziell als »legitime Optionen« (ebd.). Jacques Commaille (1996) hat gezeigt, dass wir heute einen Umsturz der »Ökonomie der Normen« (S. 55) erleben: Die Norm wird nicht mehr, ausgehend von universalistischen Zielen, von oben vorgeschrieben, sondern etabliert sich »von unten« (S. 208), ausgehend von immer vielfältigeren innovativen Praktiken. Von daher rührt auch die neue Gestalt der Norm: pluralistisch und relativ, was sie schwer handhabbar macht, insbesondere auch seitens des Justizapparats. Aber verstehen wir uns richtig: Ich spreche hier von den sichtbarsten und explizitesten Aspekten des Modells (die sich an seiner Außenseite befinden), insbesondere, wenn die Justiz zu entscheiden hat. Im Kern des Modells hingegen bleibt der Singular maßgeblich, besonders in den Tiefen des Impliziten, aus denen urplötzlich der »erhobene Zeigefinger« nach oben schnellt.

Auch der harte Kern des Modells entwickelt sich weiter, jedoch sehr viel langsamer. Unter dem Einfluss des Außen integriert das Innen (in homöopathischen Dosen) neue Elemente, wodurch sich das Ganze kaum wahrnehmbar weiterentwickelt. Immer aber mit großem zeitlichem Abstand: Der Kern des Modells ist seiner Zeit stets hinterher, und seine Wurzeln reichen, um eine feste Basis zu haben, tief in die Geschichte hinab. Die größten Veränderungen haben sich mit Blick auf das Zusammenspiel von Liebe und Ehe vollzogen: Im Laufe mehrerer Jahrhunderte haben wir uns Schritt für Schritt von der Ehe zur Liebesheirat und schließlich zum Liebespaar als Hauptreferenz bewegt (Chaland, 1996). Zum Paar also, immer noch zum Paar im Singular, und in seiner Definition von entwaffnender Einfachheit. Alleinlebende und Einelternfamilien profitieren lediglich von einer oberflächlichen Legitimität, die bei zahlreichen Gelegenheiten in Frage gestellt werden kann.

Im Kern befindet sich also eine einzige, ganz einfache (und deshalb besonders mächtige) Vorstellung: das Paar eben. Nicht dass es unmöglich wäre, nicht zu zweit zu leben. Doch idealerweise muss man diese Situation irgendwie rechtfertigen können: mit der legitimen Autonomie der Jugend, einer Trennung aus gutem Grund, Witwenschaft etc. Als Paar leben also. Doch einfach nur als Paar zu leben, reicht nicht mehr. Das Paar muss auch bestimmte Merkmale aufweisen: Es ist dazu angehalten, authentisch zu sein. Wird diese Eigenschaft nicht in ausreichendem Maße erfüllt, bedeutet das eine ebenso große Entfernung vom Kern des Modells wie allein zu leben. Aus der Perspektive der Entfernung von der Norm kann die Trennung sogar vorzuziehen sein, wenn die Beziehung in allzu großen Krisen steckt: lieber allein leben als in schlechter Begleitung. Dabei ist es jedoch keinesfalls egal, *wie* man sich trennt. Als neuer Trend setzt sich das Modell der guten Scheidung durch (Théry, 1993). Darin findet man erneut (wenn auch in anderer Gestalt) das Paar, das aus der Krise wieder aufersteht: Das Elternpaar muss den Tod der ehelichen Gemeinschaft überleben.

Als Paar leben also. Aber als ein echtes, aufrichtiges Paar, das auf einer gegenseitigen, nicht übermäßig erzwungenen Wahl beruht. Und das es versteht, auf dieser Basis ein fest zusammengeschweißtes Team zu bilden, mit effizienter Organisation, einem intimen Beziehungsaustausch, einer angenehmen Atmosphäre und mit Respekt gegenüber der Autonomie des anderen. Ein Paar, das es außerdem versteht, seine Erscheinung nach außen hin zu konstruieren und ein gewinnendes Bild von sich zu verkaufen. Hier scheint sich tatsächlich eine heimtückische Hierarchie zu etablieren: Manche Paare sind besser als andere, dem Ideal des wahren Paares näher, eher repräsentativ für die Reinheit des harten Kerns. In einer solchen Beziehung gelingt es der Frau, in einem heiklen Balanceakt die perfekte Position zwischen dem Typ »karrieristischer Single« und dem Typ »Hausfrau« einzunehmen (de Singly, 1996, S. 29). Und der Mann schafft es (in der Vaterrolle), ein Gefühlsleben zu entwickeln, das sich auf subtile Weise von dem seiner Frau unterscheidet, dazu ein Hauch »nicht-autoritärer Autorität« (S. 193). Jenseits der Vielfalt scheinbar legitimer Lebensformen an der Peripherie lässt dieser harte Kern in Wirklichkeit ein sehr präzises Bild aufscheinen, das zwar sicherlich das Ergebnis von Definitionskämpfen ist, aber zugleich eine Zwangsmacht entwickelt, die gar nicht zu seinem heimlichen Charakter passt. Unzählige Mikro-Definitionskämpfe spielen sich derzeit unter unseren Augen ab. Zum Beispiel Haustiere in der Familie. Zunächst erleben sie in der Praxis einen Aufschwung. Dann folgt ihre Etablierung als mediatisierter Lebensstil (Werbung für Häuser mit Rasen, lachenden Kindern und kleinem Hund), der zunächst noch lediglich ein Lebensstil unter anderen ist. Schließlich der Versuch des Hinübergleitens in den harten Kern, das sich heute in einer beginnenden Stigmatisierung von Familien ohne Haustiere zeigt: Sie seien (paradoxerweise) weniger »menschlich«. Die Klarheit und Eindeutigkeit des heimlichen Schemas, das den harten Kern des Modells strukturiert, steht einerseits im Kontrast zu den verschiedenen offiziell legitimen Optionen an der Peripherie (Einelternfamilien, Alleinlebende etc.), andererseits aber auch zu dem bunt zusammengewürfelten Charakter der vielfältigen Inhalte, die in der Paarbeziehung und in der Liebe verschmolzen sind (Unternehmen Haushalt, Identitätsstütze etc.). Doch genau das ist das Prinzip des Modells: von nun an auf dem Kontrast zu gründen. Doch manchmal nähert sich dieses Spiel mit den Gegensätzen gefährlich seinen Grenzen, jenseits derer die Dehnbarkeit ihre Tugenden verliert und zum Risikofaktor für das Modell wird. Dies gilt etwa für den wachsenden Respekt gegenüber der Autonomie des einzelnen: Bis zu welchem Punkt kann man »man selbst« bleiben, seine persönlichen Vorlieben und Träume pflegen, ohne die Familie zu zerstören? Dasselbe gilt für die verwandte Frage der Personalisierung der Gefühle. Auf der Grundlage einer Analyse von Liebesbriefen, die im Laufe von mehr als einem Jahrhundert geschrieben wurden, betont Roch Hurtubise (1991) eine zentrale Tendenz hin zur Suche nach persönlichem Glück, losgelöst von der Pflicht, eine Familie zu gründen. Eine Entwicklung hin zu immer personalisierteren Gefühlen also, die ihren sakralen Charakter verlieren. Denn um angesichts des Authentizitäts-Ideals, das ja eine Bewertung des Partners beinhaltet, glaubwürdig zu bleiben, »kann er nicht mehr mit dem Wortschatz der romantischen Liebe beschrieben werden« (Chalvon-Demersay, 1996, S. 86). Man muss einen neuen, schwierigen Weg finden zwischen notwendiger Verklärung und Berücksichtigung der realen Situation. Und hierfür gilt es, nicht mehr darauf zu warten, dass die Liebe vom Himmel fällt: Das Individuum muss vielmehr lernen, (auch) seine eigene Emotionalität zu konstruieren.

Schon wieder ein neuer Wendepunkt – oder kündigt diese vielgestaltige Individualisierung diesmal tatsächlich die Schwächung des Modells an? Anthony Giddens (1992) neigt zu dieser Ansicht: Der revolutionäre Prozess der Demokratisierung des Privaten und der »reinen Beziehung« zwischen Vertrauten sei definitiv in Gang gekommen.

Und doch ist da ein Element, das diese angekündigte Revolution zu bremsen scheint – eine Revolution, die zweifellos bereits in vollem Gange wäre, gäbe es da immer nur zwei Mitspieler im Beziehungsspiel. Doch eine dritte Person mischt die Karten neu: das Kind.

Mutter und Kind

Die Kritik, die an Philippe Ariès (1990) geübt wurde, hat seine zentrale These nicht in Frage gestellt: die schrittweise Zentrierung der Familie auf das Kind, in dem sich familiale Perspektiven heute mit Abstand am stärksten konkretisieren. Das Kind zieht das Paar mit, versetzt es in die Lage, eine problematische Zweisamkeit zu umgehen, und erhält die Beziehung als Elternbeziehung auch über die Trennung des Paares hinaus aufrecht. Es ist die Inkarnation des Ideals der unauflöslichen Liebe, während das Paar selbst mehr und mehr von der Wahl-Liebe gebeutelt ist. Das Kind lässt das Individuum, das seine Endlichkeit fürchtet, über seinen Tod hinaus weiterleben (Théry, 1996). Und es führt die zartesten Seiten der emotionalen Fixierung in einem intimen Universum zusammen. Aus all diesen und noch vielen anderen Gründen ist das Kind unbestreitbar zum Dreh- und Angelpunkt geworden, zum kleinen Hausgott, um den herum das familiale Band geknüpft werden kann.

Die Familie befindet sich an dem instabilen Überschneidungspunkt zweier höchst unterschiedlicher Erwartungen: Paar und Kind – wobei letzteres das stärker strukturierende Element ist. Vor allem für Frauen, die sich so stark in ihrer mütterlichen Laufbahn engagieren, dass der Partner oft zweitrangig wird: Mutter und Kind bilden die zentrale Komponente des Modells, die Partnerliebe steht nur eine Zeitlang im Vordergrund. Besonders deutlich wird das, wenn die beiden Elemente nicht mehr miteinander einhergehen. Dass der »erhobene Zeigefinger« insbesondere dann auf die alleinstehende Frau deutet, wenn sie ein ganz bestimmtes Alter erreicht hat, ist kein Zufall. Stärker noch als die Tatsache, nicht zu zweit zu leben, ist die Tatsache, kein Kind zu haben, mit dem Verdacht der Anomalität behaftet. In den Familienkonstellationen, zu denen es nach einer Scheidung kommt, wird das Hin und Her der Kinder tendenziell um die Frauen herum organisiert. Und Einelternfamilien bestehen in ihrer allergrößten Mehrheit aus Frauen mit Kindern. Kurz, sobald das Paar Schwäche zeigt, tritt die Mutter-Kind-Beziehung an seine Stelle. Dieser Prozess kann auf zwei verschiedene Arten und Weisen analysiert werden. Erste Möglichkeit: Als das stabilste und dauerhafteste Element des Modells darf die Mutter-Kind-Beziehung nicht losgelöst von der Paarbeziehung gesehen werden, die das andere Standbein des Modells bildet. Zweite Möglichkeit: Wir haben es hier nicht mit Komplementarität, sondern mit einer Opposition zu tun. Die Mutter-Kind-Beziehung trägt in sich den Keim einer radikalen Alternative zu dem Modell, das auf der Paarbeziehung beruht. Was im übrigen keine historische Neuheit wäre: In der außerordentlichen Vielfalt der familialen Formen der Vergangenheit stellte die Mutter-Kind-Dyade die verbreitetste Komponente dar, insbesondere in matrilinearen Verwandtschaftssystemen. Man mag einwenden, dass die demokratische Gesellschaft mit ihrem Grundsatz der Gleichberechtigung zwischen Männern und Frauen völlig neue Horizonte eröffnet, dass die Bindung des Kindes an eines der beiden Elternteile ein Archaismus ist, dass Väter protestieren, wenn sie nach der Scheidung kein Sorgerecht bekommen, etc. Und dennoch bin ich versucht, noch einmal auf das Argument zurückzukommen. Ja, die Frauen setzen sich dagegen zur Wehr, in eine traditionelle Rolle gepresst zu werden (EPHESIA, 1995). Ja, die Männer ändern sich und entwickeln neue emotionale Bindungen zu ihrem Kind (de Singly, 1996). Ja, der Rückzug des Wohlfahrtsstaats reaktiviert familiale Solidaritäten, in deren Mittelpunkt die Frau steht, und benachteiligt diejenigen, die allein zurechtkommen wollen, insbesondere alleinerziehende Mütter (Lefaucheur, Martin, 1995). Aber genau da liegt der Punkt: All diesen widersprüchlichen Entwicklungen gelingt es nicht, die regelmäßige und unaufhaltsame Zunahme von Mutter-Kind-Dyaden zu verhindern. »Es sieht ganz so aus, als bildete die Mutter-Kind-Beziehung mehr und mehr die Antriebsachse des Familienlebens« (Schultheis, 1991, S. 36). Die These ist gewagt, aber sie verdient es, formuliert zur werden. Es könnte sein, dass wir, entgegen den einfachen Vorstellungen, die wir noch massiv in unseren Köpfen haben, auf der Grundlage der Entwicklung der Praktiken derzeit eine Umwälzung des Modells erleben: hin zu einer Familie, die nicht mehr hauptsächlich auf der Paarbeziehung gründet, sondern auf der Mutter-Kind-Beziehung.

Die Schwächung des Modells

Wie auch immer die Antwort ausfällt, die allmähliche Aushöhlung des Modells von einer diversifizierten Peripherie her und die Verschiebung des Schwerpunkts (vom Paar zur Mutter-Kind-Beziehung) schwächen das Modell zweifellos in seiner klassischen Definition (die auf dem Paar gründet). Die Macht der Normalisierung entkräftet diese Feststellung nicht. Tyrannische Systeme werden immer dann am blutrünstigsten, wenn der Boden unter ihren Füßen wankt; das Modell zieht sich gerade deshalb zusammen, weil sich seine Fundamente als unsicher erweisen. Es zieht sich schrittweise in die Tiefen des Impliziten zurück (von wo aus dann plötzlich der »erhobene Zeigefinger« emporschnellt). Die »normative Pluralität« (Commaille, 1996, S. 214) hingegen gewinnt in der expliziten Welt der Kodifizierung, insbesondere im rechtlichen Bereich, an Boden: Die Familie als solche ist immer weniger eine aussagekräftige Kategorie. In Ländern wie den Niederlanden, die die Rechte des Individuums besonders betonen, kann man »eine weitgehende Auslöschung des Begriffs der Familie und den zunehmenden Wunsch nach Neutralität gegenüber jeglicher Art der

Organisation des Privatlebens« feststellen (ebd. S. 223). An der Oberfläche ist das Modell in tausend Stücke zerfallen und unauffindbar, aber es ist in die gesellschaftlichen Tiefen hinabgesunken, von wo aus es in unsicheren und krisenhaften Situationen urplötzlich und unerwartet wieder hervorbricht.

Wir haben im vorausgehenden Kapitel gesehen, dass bestimmte Situationen (Familienessen, Warteschlangen vor dem Kino etc.) für Singles eine Quelle der Scham sein können. Es handelt sich dabei um Situationen, die durch eine starke familiale Präsenz gekennzeichnet sind und deshalb plötzlich die Anomalität von Menschen, die nicht als Paar leben, offensichtlich machen. Marie-Laure fühlt sich »unwohl«, wenn sie »allein zu einer Party kommt«. Doch sie geht mit ihrer Analyse noch weiter, wir wollen sie anhören. Ihr Unbehagen (das in diesem Moment noch größer ist als in der Warteschlange vor dem Kino), so sagt sie, käme vor allem von dem Unbehagen der anderen (»der Normalen«), das durch ihre Anwesenheit ausgelöst werde (»von mir, der Merkwürdigen«). »Sie können nichts dagegen tun, sind verwirrt, fühlen sich nicht wohl, verlieren ihre Natürlichkeit«. Weil die allzu einfachen Evidenzen, auf denen die Existenz noch kurz zuvor beruhte, ins Wanken geraten sind; weil das beruhigende Modell für das Privatleben plötzlich seine unsicheren Seiten und Schwächen offenbart. Das Unbehagen des Paares angesichts der alleinstehenden Frau entsteht dann, wenn keine klare hierarchische Einordnung stattfindet – vor allem dann, wenn sich das Paar selbst einem kritischen Blick ausgesetzt sieht. Zum Beispiel dem Blick Marie-Laures: »Ich sehe um mich herum keine einzige Beziehung, die funktioniert, ich kenne keinen einzigen Mann zwischen 25 und 35, der seiner Frau treu ist. Was ich sehe, sind eher zwei parallele Leben, die im selben Haus nebeneinander herlaufen«.

IV. Märchenprinz oder Ehemann?

Beziehungen sind schwierig geworden, aber Hoffen ist ja schließlich nicht verboten (Beziehungen sind heute übrigens genau deshalb so schwierig, weil die Hoffnungen so wahnwitzig geworden sind). Um der Erwartung Gestalt zu verleihen, gilt es zu hoffen und zu träumen: Wer ist derjenige, dem man zu begegnen hofft? Hier kommt die Phantasiefigur des Märchenprinzen ins Spiel, ein Filter, durch den hindurch sich Zukunftsszenarien abzeichnen.

Feen und Fakten

»Jeden Morgen, wenn ich aufstehe, sage ich mir: ›Guten Morgen Leben, heute werde ich ihm begegnen!‹« (Nelly). In der geheimen Gedankenwelt ist der Märchenprinz omnipräsent; es gibt kaum einen Brief, in dem er sich nicht zeigt. Natürlich steht er nicht pausenlos im Vordergrund; manchmal erscheint er nur kurz und unerwartet, ein plötzlicher Zauber, der in Momenten des Zweifels hervorbricht, ein intimer, wohltuender Traum. Einen schönen Prinzen haben, nur für sich allein.

Nun gibt es aber Prinzen und *den* Märchenprinzen. Manchmal ist es eindeutig Er, mit dem man es zu tun hat, der wahre Märchenprinz, hell erstrahlend auf seinem weißen Pferd (das weiße Pferd wird oft zitiert). Eine wunderbare, kompensatorische Traumwelt, in der die Träume aber dafür gemacht sind, Träume zu bleiben. Mitunter ist es aber auch etwas anderes, sind es Prinzen auf Zeit, die mit dem Märchenprinzen nur den

Namen gemein haben. Nicht, weil die Prinzen dieser anderen Traumwelt mittelmäßig wären, sondern weil die Träume dort nicht dafür gemacht sind, nur Träume zu bleiben, sondern Entwürfe für eine mögliche Konkretisierung sind. Diese Prinzen sind aus einem einfachen Grund weniger strahlend: Die Inszenierung ist eine Vorbereitung auf die Konfrontation mit der Realität, und sie vermengt wunderbare Ideale mit Strategien des Sich-Arrangierens mit den Tatsachen. Hier ein Zauberschlag, der dem Ganzen etwas mehr Glanz verleiht, dort eine eher opportunistische Justierung, um zu einem siegreichen Ergebnis zu gelangen.

Ob nun die eine oder die andere Prinzenfigur auftritt, ist kein Zufall. Den wahren Märchenprinzen trifft man in zwei typischen Situationen, die paradoxerweise völlig gegensätzlich sind. Sei es, dass der Glaube an die vom Himmel fallende große Liebe besonders stark ist und zu einer völlig überzogenen Erwartungshaltung führt. Die Begegnung muss dann eine absolute und sofortige Offenbarung sein. Denn sie ist Teil des Schicksals. Ein Prinz auf Raten ist inakzeptabel. »Mein Leben ist eine Wüste, nichts bewegt sich. Aber ich habe Vertrauen. Eines Tages wird er kommen, und ich werde es sofort wissen, ich werde wissen, dass Er es ist. Da bin ich ganz sicher, das ist mir so bestimmt« (Vanessa). Sei es, dass der wahre Märchenprinz zu einem Zeitpunkt auf den Plan tritt, zu dem die Frau eigentlich gar keine derartigen Hoffnungen mehr hegt, sondern im Gegenteil ihr autonomes Leben sehr positiv erlebt, kaum mehr nach Alternativen Ausschau hält und mit Schrecken an die Folgen einer solchen Begegnung denkt: »Ich kann mich überhaupt nicht mit jemandem vorstellen, jeden Tag, ein ganzes Leben lang: das Abendessen vorbereiten und sich dann aus reiner Gewohnheit ins gleiche Bett legen« (Marie-Laure). In solchen Fällen tritt der Märchenprinz lediglich in dieser anderen, kompensatorischen Traumwelt auf. Und taucht er doch einmal in der

Art von Traum auf, die ein realistischer Zukunftsentwurf ist, dann auch in seiner märchenhaften Gestalt, wunderschön und strahlend. Das hat zur Folge, dass die Ansprüche so hochgeschraubt werden, dass es beinahe unmöglich wird, sich ein dauerhaftes gemeinsames Leben mit jemandem vorzustellen, ja sogar einen Mann überhaupt kennenzulernen. Was die Prinzen auf Zeit betrifft, so bevölkern sie immer dann die Träume, wenn der Wunsch, das Single-Dasein aus eigener Kraft hinter sich zu lassen, gerade besonders stark ist. Dann kann jeder noch so gewöhnliche Mann dank eines Zauberschlags plötzlich wie verwandelt sein; aus unzähligen Fröschen werden (wenigstens für eine Weile) Prinzen.

Aber selbstverständlich ist nicht immer alles so klar. Das Alleinleben ist ein zwiespältiges Leben, und die Zweifel sind struktureller und dauerhafter Art. Das ständige Hin und Her zwischen dem wahren Märchenprinzen und dem Prinzen auf Zeit, zwischen Aufrechterhalten der Ansprüche und Kompromissbereitschaft, zwischen Bestätigung der Selbständigkeit und Unterwerfung unter den »erhobenen Zeigefinger« nimmt kein Ende. Justine sieht pausenlos und überall irgendwelche potentiellen Prinzen, um dann aber genauso schnell wieder zurückzustecken: »Ach, was habe ich Männer gekannt! Und immer musste es Er sein«. Angéla greift nach den Sternen und behauptet, nicht nach den Sternen zu greifen: »Ich greife nicht nach den Sternen – ich will einfach nur einen Mann, der zu mir passt, um mit ihm eine magische Liebesgeschichte zu erleben«. Adeline hingegen wollte durchaus nach den Sternen greifen und dachte, ihr »Schicksal sei das einer einzigen großen Liebe, an der Grenze des Unmöglichen«. Heute glaubt sie so etwas nicht mehr: Die Männer, denen sie begegnet ist, sind sehr weit von dieser Grenze entfernt. »Ganz ehrlich, es gibt nicht viele, für die sich ein Umweg lohnt«. Diese Bewertung, die sie sich nicht verkneifen kann, ist unerbittlich, und zugleich fürchtet sie

sie: Wenn sie weiterhin so anspruchsvoll ist, riskiert sie, allein zu bleiben. Deshalb hat ein neuer Traum ihre Tage und Nächte erobert. Sie wird von einer Art gewöhnlichem Prinzen mit unklaren Gesichtszügen entführt; der zwingt sie, sich ihm zu unterwerfen und ihn zu heiraten. Auch wenn das keine sehr rosige Geschichte ist, ist da etwas, das eine unwiderstehliche Anziehungskraft auf sie ausübt: ein Ende der mentalen Belastung eines zwiespältigen Lebens. Endlich ist sie davon befreit – durch die gewaltsame Abschaffung ihrer Freiheit.

Die tausend Gesichter des Prinzen

Es gibt auch wunderbare Träume, mit wahren Prinzen, die direkt den Märchen der Kindheit entsprungen sind. »Aschenputtel« ist in dieser Beziehung eines der signifikantesten Märchen. Sie ist die Einsamste unter den Einsamen (Tochter aus erster Ehe, von der zweiten Ehefrau des Vaters verachtet), auf den Speicher verbannt, wo sie auf einem schäbigen Strohsack schläft, und so jämmerlich gekleidet, dass niemand sie beachtet. Bis zu dem Tag, an dem sich durch den Zauber einer Fee der Blick des Prinzen auf sie heftet und aller Welt ihre innerste Wahrheit offenbart: ein Herz aus Gold und eine strahlende Schönheit. Die erste Version des Märchens stammt aus dem 17. Jahrhundert (Perrault, 1697). Der Prinz wird nur kurz erwähnt, um Aschenputtel richtig zur Geltung zu bringen; zudem taucht der Titel »Prinz« nur selten auf; der Prinz ist der »Königssohn«. Denn das ist er vor allem anderen: eine gute Partie. Und die Geschichte könnte gar nicht besser enden als mit einer Heirat. Da ist keine Beschreibung des Aussehens des Prinzen (Ist er schön? Man weiß es nicht), seiner Gefühle (Er bewundert die Schönheit Aschenputtels, aber liebt er sie auch? Man weiß es nicht). Keine Liebesszene, keine zärtlichen Worte, keine Liebkosungen. Nur die spröde Heirat. »Er fand sie schöner als je zuvor, und wenige Tage später heiratete er sie.« Das erstaunt nicht weiter: Die Geschichte passt bestens zur Definition der Paarbeziehung in der damaligen Zeit.

Was ist das wahre Gesicht des Märchenprinzen? In der ursprünglichen Geschichte scheint er überhaupt keines zu haben, einzig sein Status als Königssohn – zugleich gute Partie und potentieller Ehemann – scheint zu zählen. Erst in späteren Versionen, einschließlich der filmischen Disney-Adaption (in der sich Aschenputtel in ihn verliebt, ohne zu wissen, dass er der Königssohn ist), kommt es zu einer schrittweisen Verschiebung. Der Prinz nimmt einen immer wichtigeren Platz ein und wird immer bezaubernder: von geradezu strahlender Schönheit (sogar so schön wie Aschenputtel), die Personifikation der Liebe. Trotz mittelalterlichen Dekors und weißem Pferd ist das stereotype Bild des Märchenprinzen also sehr viel neueren Datums, als man glaubt. Aus der Vorstellungswelt der Vergangenheit kommend hat die Verbreitung moderner Gefühle dem Prinzen sein heutiges Gesicht gegeben. Wie sieht das Gesicht des Prinzen heute aus? Hier muss ich leider enttäuschen, denn das ist schwer zu sagen.

Selbstverständlich ist er schön, der Prinz, sehr schön sogar, das ist klar und alle sind sich darin einig. Aber die Definition dieser Schönheit ist je nach Geschmack der Verehrerin unterschiedlich. Auf jeden Fall ist es eine irgendwie magische Schönheit – genau das unterscheidet ihn von den Prinzen auf Zeit. Worin besteht diese Magie? Da ist ein Erstrahlen, ein Licht, die Kraft der Evidenz. Und ein innerer Widerhall. Das ist es: Der Prinz ist nicht einfach nur Prinz, weil er schön ist, sondern weil er bestimmte Schwingungen aussendet. Er reißt einen aus dem Alltag, aus der Ödnis des armen Aschenputtels. Er nimmt sie mit an einen anderen, unbekannten und wunderbaren Ort. Dieses Davonfliegen hat einen Namen: Es ist die leidenschaftliche Liebe. Robert Castel (1990) hat sie in einer ihrer reinsten Formen analysiert: dem Mythos von Tristan und Isolde. Die Stärke dieses Liebestaumels ist umgekehrt proportional zur Verwurzelung in der Welt. Nur, weil sie ganz mit ihren früheren Zugehörigkeiten brechen, leben die beiden Liebenden eine absolute Liebe, eine »totale, auf sich selbst zurückgeworfene Erfahrung« (S. 159). Über seine Schönheit hinaus (und von ihr getragen) beruht die Magie des Prinzen genau darin: Er ist derjenige, der einen mitnimmt an diesen anderen Ort und zum Bruch mit dem früheren Selbst führt. Und je größer der Enthusiasmus (bis hin zum Wahnsinn), umso mehr muss der Prinz auch ein wahrer Prinz sein. »Ich habe Lust auf eine große Liebe, ich möchte vor Liebe erbeben, intensive Erlebnisse mit jemandem teilen, der mich ganz wahnsinnig macht« (Charlène). Und ihre Entscheidung steht fest: Es kommt ausschließlich dieser Prinz in Frage, kein Double. »Lieber bleibe ich weiter allein, als mich auf irgend so eine ganz gewöhnliche Geschichte mit jemand Stinknormalem einzulassen.« Für den Augenblick steht diese Entscheidung fest – sie ist erst 23. Doch oft lehrt einen das Leben, die Leidenschaft im Zaum zu halten. Denn absolute Liebe reimt sich auf sozialen Tod (Castel, 1990). Der Wahnsinn muss maßvoll bleiben und der Prinz in vernünftigen Rationen genossen werden.

Das alles erleichtert meine Aufgabe nicht, sein wandelbares Gesicht zu beschreiben. Für ein und dieselbe Person, an ein und demselben Tag, kann ein Gesicht mal das des unerreichbaren wahren Prinzen sein und ein andermal das des gewöhnlichen Alltagsprinzen. Auch variiert es sehr, je nachdem, ob man sich gerade wünscht, aus dem Alltag herausgerissen und an einen anderen Ort gebracht zu werden, oder ob eher das Bedürfnis nach direkter Bestätigung vorherrscht. Derjenige, der einen in die Arme nimmt und einem Bestätigung gibt, ist vielleicht gar kein wahrer Prinz, aber man tut so, als ob: Man hat allen

Grund zur Verschleierung der Tatsachen. Außerdem sind die Tatsachen sowieso schon verschleiert, schließlich hat das bunt zusammengewürfelte Liebes-Paar-Beziehungs-Amalgam ja bereits das Terrain bereitet (die verschiedenen Gesichter des Prinzen verweisen auf die Vielfalt dessen, was hinter dem Beziehungsbegriff steckt). Nehmen wir zum Beispiel die Sexualität. Tritt sie eher gegen die Ehe an oder trägt sie zu ihrer inneren Erneuerung bei? In welchem Verhältnis steht sie zu den Gefühlen? Man weiß das alles nicht so genau. Und wenn es um den Prinzen geht, ist man nicht weniger unentschlossen: Ist er eine Sexbestie oder ein Wesen von transparenter Tugendhaftigkeit? Es gibt da verschiedene Versionen, und sie sind von einer Frau zur anderen, aber auch bei ein und derselben Frau sehr unterschiedlich und wechselhaft. Es gibt Augenblicke, da fordert der Wunsch, aus dem Alltag auszubrechen, ein wirkliches Erbeben und wahre Sinnesfreuden: Dann ist der Prinz sehr physisch. Aber es gibt auch andere Momente, da richten sich die Erwartungen eher auf einen Gleichklang der Herzen und Gemüter: Der Prinz ist der, der einen versteht. Oder auf das Bedürfnis nach Bestätigung: Der Prinz muss einfach nur wissen, wie man Balsam auf die inneren Wunden streicht. In zwei Sätzen und ohne sich des Widerspruchs bewusst zu werden, beschreibt Julia zwei gegensätzliche Erwartungen: »Ich suche nach einer starken, absoluten, gegenseitigen Liebe, und ich habe mich entschlossen, mich nicht auf solche kleinen Geschichten ohne Zukunft einzulassen. Aber in der Zwischenzeit fehlen mir die Arme eines Mannes«.

Trotz aller Unterschiede können einige Regelmäßigkeiten festgestellt werden. So entwickelt sich die Figur des Prinzen im Laufe des Lebens auf eine sehr charakteristische Weise. Für das junge Mädchen entspringt er oft direkt dem Märchen. Das hindert es aber nicht daran, immer wieder zu glauben, es sehe ihn direkt vor sich stehen, und ihn den gerade gängigen Schönheitsvorstellungen entsprechend zu beschreiben. Manche Briefe erzählen von mehreren Prinzen, denen man allen im Laufe eines einzigen Sommers begegnet ist (mein erster Märchenprinz... mein zweiter Märchenprinz usw., von denen etliche gewisse Ähnlichkeiten mit bekannten Schauspielern oder Sängern haben). Bei der reiferen Frau (die sich eher von seiner Fähigkeit, sie zu verstehen, als von seiner Schönheit hinreißen lässt) nimmt er eine menschlichere Seite an, macht sich aber auch rar, sofern er weiterhin der wahre Märchenprinz bleibt. Und für die geschiedene Frau schließlich tritt er oft ganz prosaisch als der »ideale Mann« oder »der Mann meines Lebens« in Erscheinung und wird anhand einer Liste ziemlich präziser Eigenschaften beschrieben. Die Momente der Liebe werden tatsächlich »vernünftiger« (Le Gall, 1992). Man hat gelernt, dass die Verzauberung ein Ende haben wird, und das Erbe der Vergangenheit hinterlässt einem einen Alltag, der nicht leicht zu bewältigen ist: Eine Beziehung einzugehen, hat nichts Leichtes, nichts Unkompliziertes mehr. Der Prinz rangiert an zweiter Stelle, nach den Fragen des Alltagsmanagements.

Eine Liebesgeschichte leben

Die Liebe ist ein »symbolischer Code«, der dazu ermutigt, »entsprechende Gefühle zu bilden« (Luhmann, 1999, S. 9), ein »Wirklichkeit gewordener Mythos« (Raffin, 1987, S. 67), ein Parcours, der einem »kanonischen Verlauf« folgt (Péquignot, 1991, S. 42). Sie ist zu einem großen Teil die Frucht der Poesie der Troubadoure, des Theaters, des Romans und in neuerer Zeit auch des Kinos und Fernsehens, die uns immer und immer wieder Tausende und Abertausende von Liebesgeschichten erzählt haben und immer noch erzählen. Das bedeutet keineswegs, dass die Liebe nur eine Illusion ist. Die Gefühle und Empfindungen sind durchaus real, Körperchemie, bis hin zum zündenden Funken der Liebe auf den ersten Blick (Schurmans, Domincé, 1997). Die jeweiligen Liebesgeschichten bestimmen den Kontext, der zum inneren Aufruhr führt.

Es gibt kein Standardraster für Liebesgeschichten. So bunt zusammengewürfelt die Inhalte einer Beziehung und so vielfältig die Gesichter des Prinzen, so unterschiedlich sind auch die Drehbücher von Liebesgeschichten. Der Fotoroman erhält eine Phantasiewelt aufrecht, die dem Märchen noch sehr nahe kommt: Liebe, die vom Himmel fällt, ein wahrer Prinz, Vorbestimmung; die Begegnung ist verschmelzend und überirdisch (Henry, 1993). Am anderen Ende der Skala befassen sich Filme und Fernsehserien auf immer realistischere und konkretere Weise mit der Wirklichkeit (Chalvon-Demersay, 1996). Daher ihr bittersüßer Unterton, eine subtile Alchimie zwischen Verzauberung und Entzauberung, die »ein gewisses Misstrauen gegenüber dem Verliebtsein mit der Unmöglichkeit, sich seinen Gesetzen zu entziehen, [vermischt]« (S. 87). Zwischen diesen beiden Polen versuchen eher klassische Fernsehserien und Liebesromane die richtige Dosis kritischer Wahrnehmung des Alltags zu integrieren, um dann doch zum nötigen Happy End zu gelangen (Péquignot, 1991; Houel, 1997).

»Zwischen 35 und 40 habe ich eine schöne Liebesgeschichte erlebt, die schönste meines Lebens« (Madeleine). Filme und Romane legen nicht nur einen Rahmen dafür fest, wie Gefühle zum Ausdruck gebracht werden können, sondern sie lehren uns auch, dass aus Gefühlen eine Liebesgeschichte zu werden hat. Das Wort Geschichte spielt hier eine durchaus wichtige Rolle, denn in dem Wunsch, eine Liebesgeschichte zu erleben, ist die Geschichte manchmal genauso wichtig wie die Liebe. Es muss eine Kulisse geben, Personen, die auftreten, und vor allem eine Intrige; man muss von der Geschichte und ihrem Ablauf mitgerissen werden und später erzählen können (seinem Tagebuch oder den Freundinnen), was einem widerfahren ist. Zumindest muss man eine Erinnerung in Gestalt einer Erzählung im Gedächtnis bewahren können. »Vor vier Jahren habe ich einen Mann verlassen, mit dem ich eine wunderbare Geschichte erlebt habe« (Karen). Der Traum ist immer wie eine Geschichte aufgebaut, eine sehr schöne Geschichte. Doch in der Konfrontation mit der Wirklichkeit, werden die Dinge verdorben. »Ich habe noch nie eine Liebesgeschichte erlebt, hatte noch nie einen richtigen Freund, der mich auch offiziell als seine Freundin vorgestellt hat. Sie sind alle nur mit mir ins Bett gestiegen, das war alles«. Juliette ist über das Ausbleiben einer Geschichte genauso verzweifelt wie über die Gefühlskälte. In ihrem Fall ist das offensichtlich: Man ließ sie nicht einmal als Figur in einer Geschichte auftreten, jenseits von Sex ist nichts passiert. Doch manchmal ist da zumindest ein bisschen mehr, und dann besteht die Kunst darin, die Geschichte zu konstruieren und aufzublasen, um den Alltag wie eine wahre Geschichte zu erleben, die man sich immer wieder selbst erzählen kann. »Mir ist da eine Geschichte passiert, von der Sie glauben, das *kann* einfach nicht sein, eine Geschichte wie aus einem Roman, und ich kam mir vor, als wäre ich jemand anderes. Ich habe mir übrigens jedes kleine Detail unserer Begegnung aufgeschrieben. Ich habe sogar schon überlegt, daraus ein Buch zu machen. Es war, als wäre ich in einer Fernsehserie, die Wirklichkeit wird. Ich habe mich immer gefragt, was wohl in der nächsten Folge passieren wird. Das macht mir noch heute eine Gänsehaut« (Véronique).

Es sieht so aus, als wolle die Liebe immer in eine solche gelebte Geschichte integriert werden. Justine zum Beispiel besteht darauf, von einem Roman zu sprechen, obwohl sie zugibt, dass ihre Geschichte ziemlich leer ist. »Mein Leben? Ein Roman. Aber kein Roman mit Zuckerguss. Eher im Stil: uninteressante Geschichte«. Die Erzählform des Romans ging aus den Briefwechseln Ende des 19. Jahrhunderts hervor, der Erzähler ist zugleich Figur in der Geschichte (Hurtubise, 1991). Die Protagonisten inszenieren sich in immer wieder auflebenden Intrigen, vor ausgefeilten Kulissen und mit Prinzen, die die Gesichter aktueller Stars haben. Zurückzuführen ist dies auf die Flut von Geschichten und Bildern, der wir tagtäglich ausgesetzt sind. Aber auch darauf, dass solche Geschichten in ihrer Ambiguität für eine ideale Kombination stehen: Schicksal und Strategie zugleich. Das reine Schicksal, die Liebe, die vom Himmel fällt, wird in einer Welt, in der jeder für seine Handlungen selbst verantwortlich zu sein hat, schwer vorstellbar. Die reine Strategie jedoch tötet die Liebe. Also gilt es, einen Mittelweg zu finden, Verzauberung und kritischen Blick, Überraschung über das Gefühl, das einen mitreißt, und Kontrolle über die Situation miteinander zu verbinden. Die Liebesgeschichte ist beides zugleich: Hat die Frau sie sorgfältig inszeniert oder ist sie plötzlich und ohne es zu wollen in die Geschichte hineingestolpert? Vielleicht weiß sie es nicht einmal selbst. Die Magie der Geschichte besteht darin, dass sie alles miteinschließen kann. Wie die Liebe mit ihren vielfältigen Inhalten. Und wie der Prinz mit seinen tausend Gesichtern.

Der unspektakuläre Prinz

Vor der Konfrontation mit der Realität ist der Prinz Traum und Erwartung. Das erklärt seine tausend Gesichter, denn Erwartung ist oft unbestimmt und widersprüchlich, mitunter sogar nur ex negativo bestimmt: dem inneren Druck ein Ende setzen, sich mithilfe eines Lebens zu zweit von dem zwiespältigen Leben befreien, das man lebt. Dann vermählt sich der Traum mit der Norm, und der Prinz schlüpft in die Rolle des Ehemanns. »Eine Ehe, Kinder, ein Haus – dann hat man es gesellschaftlich geschafft: ein Leben als Paar jenseits jeden Verdachts« (Roseline). Ist der Überdruss allzu groß, kann es sogar sein, dass sich der Traum an einem ganz schnöden Detail festmacht. Vergessen ist das freie Leben, vergessen der wahre Prinz: Das einzige, was noch zählt, ist die Möglichkeit, Teil eines unproblematischen Alltags zu werden. »Wenn die wüssten, wie oft ich sie um ihr Leben beneide, das mir doch eigentlich so armselig vorkommt!!!« (Marie-Christine). Die Tatsache, dass den einzelnen Individuen immer mehr Selbstverantwortung zukommt, erzeugt eine allgemeine Sehnsucht nach Ruhe und Frieden (Gullestad, 1992). Doch die Art und Weise, wie diese Sehnsucht zum Ausdruck kommt, ist je nach Position unterschiedlich. Die von der Norm wohlbehütete verheiratete Frau träumt nicht selten von einem Fünkchen Überraschung (in ihrer Kompensations-Traumwelt gibt es wahre Prinzen). Nur ein Fünkchen, das den Frieden nicht stört, aber immerhin ein Fünkchen. Die alleinstehende Frau hingegen befindet sich am Zenit des Traumes von Ruhe und Entspannung. Sie, in deren Leben sich die wahren Geschichten zu ereignen haben, die ein Leben auf den Kopf stellen können, sie, die Männer kennenlernen kann, die sich als wirkliche Prinzen entpuppen könnten, träumt mehr als jede andere von einer Ruhe ohne irgendwelche Abenteuer. »Ich warte. Worauf warte ich? Auf dich, das Glück. Ich warte auf den inneren Frieden« (Gaétane). Wieder das zwiespältige Leben. Die alleinstehende Frau ist hin- und hergerissen zwischen der Anziehungskraft des Aufbruchs und der Suche nach den Grenzen – zwei völlig unterschiedliche Arten und Weisen, ein Band um eine allzu fragmentarische Identität zu schlingen. Der Aufbruch, das ist der wahre Prinz, ein dynamisches Leben, die ständige Erneuerung des Selbst. Die Grenzen, das ist der Ehemann, ein endlich stabilisiertes Leben in einer behüteten Welt.

In der Jugend (wenn die Zukunft noch offen ist) ist der wahre Prinz ein Star. Doch dann erlangt Schritt für Schritt das, was zunächst nur die Nebenrolle des farblosen Ehemanns war, die

Oberhand. Die »freundschaftliche Liebe«, »angenehm und ohne viel Wirbel« (Caradec, 1997, S. 92) tritt an die Stelle der lodernden Leidenschaft; der bescheidene und unspektakuläre Prinz tritt in den Vordergrund. Man sollte hinzufügen, dass er bei diesem Aufstieg von einer weiteren Person stark unterstützt wird.

»Mann, Kind, Haus«, hat uns Astrid gesagt: Der Ehemann, weil er ein für das Kind zwar nicht unverzichtbares, aber doch nützliches Element ist; das Haus, weil es den Rahmen bietet, in den sich das Familienglück einschreibt, und im Zentrum das Kind, »denn alles endet damit und fängt auch damit an: eine Frau ist dafür gemacht, Kinder zu haben und von einem Mann geliebt zu werden« (Géraldine). Hinter einem Prinzen kann sich ein anderer verbergen. Der sogenannte »wahre Prinz« der ersten Begegnung kann sich sehr schnell in einen Ehemann verwandeln, um dann einer neuen strahlenden Person Platz zu machen: dem kleinen Prinzen. Bedient von einem freundlichen und hingebungsvollen Kammerdiener. Der Ehemann ist zum Papa geworden. So klein der kleine Prinz auch sein mag, man sollte sich nicht täuschen: Er ist von nun an der wahre Prinz. Der alleinstehenden Frau, die noch kein Kind hat, geht diese Frage, ist die Zeit der frühen Jugend erst vorbei, nicht mehr aus dem Sinn. An dieser Frage hängt zugleich eine innere Erwartung, in ihr liegt der Kern des Unbehagens, dem man sich durch sein Umfeld ausgesetzt sieht. Claire, 30 Jahre alt, ist bereits darauf fixiert: »Ich zähle die Jahre, die mich noch von meinem hypothetischen ersten Baby trennen«. Und Claudia, 38, verfällt in tiefe Angst: »Es ist erschreckend, sich zu sagen, dass man diese Kinder, von denen man heimlich träumt, nie haben wird«. Wie viele andere können diese beiden Frauen am allerwenigsten einen wahren Märchenprinzen brauchen, der sie um den Verstand bringt und auf abenteuerliche Pfade entführt. Wonach sie sich sehnen, ist vielmehr ein ruhiger Ehemann und Papa für einen kleinen Prinzen.

Diese Hierarchie wird jedoch nur selten wirklich eingestanden. Das höchst vage Amalgam aus bunt gemischten Inhalten erlaubt es erneut, sich in der Illusion zu wiegen, alles gehe weiter wie bisher und immer im Zeichen der Liebe. Hören wir uns an, was Élodie zu sagen hat. »Ein Leben ohne Liebe, ohne Kinder, ein Leben ohne jemanden, mit dem man es teilt, ist kein glückliches Leben. Ich warte immer noch auf den Märchenprinzen. Und ich finde, er lässt sich ganz schön Zeit«. Was hat dieser Prinz für ein Gesicht? Sicherlich hat er viele Gesichter und sicher sind diese Gesichter recht unbestimmt. Dennoch scheint mir, dass die Rede vom Prinzen hier das eigentliche Warten auf einen Ehemann und Papa kaum verbergen kann.

Das Amalgam ist eine Illusion. Aber eine Illusion, die lange anhalten kann: Die Widersprüche werden nur selten klar und deutlich gedacht und ausgesprochen. Die Äußerungen von Martine und Michèle (beide verheiratet und Familienmütter) sind umso kostbarer. Zuerst Martine. Erster Akt: das Leben als Single. »Ich habe ein herrliches Leben geführt, ich hatte viele Freunde, Männer wie Frauen«. Zweiter Akt: Der Gedanke an ein Kind erfordert es, einen Mann zu finden. »Und dann: Die Lust auf ein Kind machte sich bemerkbar. Also habe ich ja gesagt«. Ergebnis: »Und ich als Person habe nicht mehr existiert«. Nachdem sie das geschrieben hat, hat sie das Gefühl, der Geschichte ein anderes, weniger tragisches Ende geben zu müssen. Sie löst das Problem, indem sie sehr diplomatisch zwei höchst unterschiedliche Sätze aneinanderreiht: den ersten, um ihr Gewissen zu beruhigen und Dramatik zu vermeiden, den zweiten, um dennoch eine härtere und tiefere Wahrheit zum Ausdruck zu bringen. »Schlussfolgerung: Zehn Jahre später bereue ich nichts, denn ich liebe meinen Mann und meine Tochter. Aber eines weiß ich mit Sicherheit: Sollte ich mich aufgrund irgendeines Unglücks allein wiederfinden, *nie wieder* wollte ich mit einem Mann leben«. Michèle kennt solche Vorsicht nicht. Ihr Brief ist von unglaublicher Heftigkeit. Blind vor Wut will sie die Falle, in die sie getappt ist, an den Pranger stellen. Sie, die ihren Körper immer so sorgsam gepflegt hat, muss nun zusehen, wie er unter den Familienlasten aus der Form gerät. Sie, die immer die Freiheiten des Geistes liebte, sieht sich nun in einer Routine ohne Zukunft untergehen. Voller Nostalgie träumt sie von ihrem verlorenen Leben: Gesang, Schreiben, Theater, Freunde, politisches Engagement. »Als verheiratete Familienmutter bin ich auf einem Planeten gelandet, auf dem ich nicht mehr existiere. Die alten Jungfern sind nicht das, was man meint, das sind die anderen, diejenigen, die sich für einen Typen oder ein Kind komplett selbst aufgeben und auch ihr Recht aufgeben, sie selbst zu sein«.

Wenn der Prinz wieder zum Frosch wird

»Kürzlich habe ich mich total wahnsinnig in einen supersüßen Mann verliebt. Wir haben ein paar Nächte miteinander verbracht. Liebe, Wahnsinn, ein Traum! Und dann wieder nichts. Er ist zum nächsten Kapitel übergegangen« (Charlène). Die Briefe sind voll von solchen Geschichten, die von Prinzen handeln, die sich plötzlich in Luft auflösen oder wieder zu Fröschen werden. Die Geschwindigkeit, mit der sich Prinzen zurückverwandeln, ist charakteristisch. Genauso schnell, wie er erschienen ist, verschwindet er wieder, so als sei das die einzige Möglichkeit, Prinz zu bleiben.

Dafür gibt es Gründe. Manchmal entpuppt sich der Mann, dem man begegnet ist und dem man noch diese oder jene Eigenschaft hinzugedichtet hat, um ihn zum wahren Prinzen zu machen, schon am nächsten Morgen als ein ganz anderer: mittelmäßig, unangenehm. In diesem Fall hat die Metamorphose direkt mit ihm zu tun, und die Desillusionierung ist bitter. Im allgemeinen jedoch ist der Betrug weniger groß und der wahre Grund für die Metamorphose liegt bei der Verliebten, die unbedingt dort einen Prinzen sehen wollte, wo definitiv keiner war. Der Prinz wird sehr schnell wieder zu dem Frosch, der er immer war. »Manchmal tritt ein Mann in mein Leben. Ich stelle mir dann immer vor, dass er die große Liebe sein könnte. Dann macht er sich wieder davon oder ist nicht mehr zu haben« (Emma). Der Prinz war nur die phantasievolle Ausmalung eines kleinen Stückchens Realität und nicht wirklich geeignet. Die Phantasie kann jedoch eine unglaubliche Widerstandskraft gegenüber Angriffen entwickeln und einen Frosch sogar über Jahre hinweg in einen Prinzen verwandeln. Brigitte, 39 Jahre alt, sagt von sich selbst, sie benehme sich »wie eine 18-Jährige: Wenn ich ein Rendezvous habe, sind alle meine Sensoren in höchster Alarmbereitschaft und das Ganze hat immer etwas Magisches«. Obwohl sie zugibt, dass es eigentlich nötig wäre, ein wenig die Kontrolle zu bewahren: »Wir Frauen liefern uns immer viel zu schnell mit Haut und Haaren aus«. Doch Kontrolle gelingt ihr nicht. Ihr Prinz war ganz offensichtlich ein falscher Prinz, egoistisch und rechthaberisch. Doch sie wollte so sehr an ihn glauben, dass der geringste Anlass genügte, um sie in ihrem Glauben immer wieder zu bestätigen. »Er wollte immer seine Freiheit und ich sollte immer da sein, wenn es ihm beliebte. Ich habe sechs Jahre damit verbracht, auf seine Anrufe zu warten, sechs lange Jahre, die die Hölle waren. Und doch habe ich jedes Mal alles stehen und liegen lassen, sobald er mich anrief«.

Und schließlich die letzte Variante der Metamorphose: Der Prinz verwandelt sich in einen Ehemann, es findet also *der* Prozess statt, der den Statuswechsel von der alleinstehenden zur verheirateten Frau garantiert. In diesem Fall ist der wahre Prinz nur ein Phänomen des Übergangs und hinterlässt lediglich einige zärtliche Erinnerungen, aber auch Bedauern, wenn das Paar die wahnsinnige Liebe des Anfangs allzu schnell hinter sich lässt. »Die schönsten Augenblicke waren für mich ganz am Anfang, als wir uns entschlossen haben, zusammenzuziehen. Dann hat sich die Gewohnheit breit gemacht. Es wäre wirklich schön, wenn ich einige Augenblicke des Single-Daseins noch einmal erleben könnte« (Malorie).

Der Prinzen-Walzer

Joëlle hat lange Zeit an den Märchenprinzen geglaubt, und oft hat sie gedacht, sie hätte ihn entdeckt, bevor er sich wieder in Luft auflöste. Heute glaubt sie nicht mehr an ihn und will auch unter keinen Umständen mehr an ihn glauben. Enttäuscht, vom Leben zerrieben, sucht sie eigentlich nur noch nach einem Schlupfloch, in das sie sich verkriechen kann. »Eigentlich geht es mir besser, wenn ich allein lebe, aber ich bin zu meinem Mann zurückgekehrt. Ich liebe ihn nicht mehr. Es ist manchmal sehr schwer. Ich habe oft in mein Tagebuch geschrieben: Wenn ich doch sterben würde, wenn ich doch nur sterben würde!« Gibt es etwas Schlimmeres, als an nichts mehr zu glauben? Der Märchenprinz mag uns in Sackgassen locken und zur Ernüchterung führen. Genießt man ihn in vernünftigen Dosen, hat er jedoch nicht nur negative Seiten.

Der Gegensatz zu Laura ist frappierend. Natürlich darf der Vergleich hier nicht zu weit getrieben werden, sind ihre beiden Biografien doch sehr unterschiedlich. Dennoch ist es bemerkenswert, welch dynamisierende und positive Wirkung Lauras Glaube »ohne wirklich daran zu glauben« (»Ich glaube einfach so daran, ohne wirklich daran zu glauben«) auf ihren Alltag hat. Sie beginnt mit einer etwas radikalen Grundsatzerklärung:

»So eine kleine Geschichte, ein Abenteuer im Vorübergehen – nein danke, davon habe ich genug. Was ich will, ist eine wahre Liebesgeschichte«. Doch sie fügt sofort hinzu, dass sie nicht mehr darauf wartet und sehr gut mit ihrem Single-Dasein zurecht kommt. Die wahre Liebesgeschichte ist der Hintergrund, in den sie von Zeit zu Zeit eintaucht, um ihren Träumen ein wenig Substanz zu verleihen, und dabei vollführt sie einen vorsichtigen Balanceakt zwischen einem Glauben »ohne wirklich daran zu glauben«, und Ereignissen, die in der Lage wären, sie wider Erwarten mitzureißen. »Ich habe zwar immer noch meine Träume und meine Reflexe (mich zum Beispiel, wenn ich eine Versammlung betrete, umzusehen, ob Er da nicht irgendwo sitzt, der Mann meines Lebens), aber das ist so eine Gewohnheit, um mir was Gutes zu tun. Ich rechne nicht mehr wirklich jeden Morgen mit diesem Wunder«.

Oft ist dieser Balanceakt jedoch sehr viel komplizierter, schwieriger und anstrengender, man schwankt mal in die eine und mal in die andere Richtung, und jede dieser Richtungen entspricht einem der tausend Gesichter des Prinzen. Das Leben besteht aus einer Folge unterschiedlicher Impulse, aus Aufbrüchen gefolgt von Rückschlägen, aus Konflikten zwischen wahren Prinzen und solchen, die Ehemänner und Papas sind, dem Aufeinanderprallen von Märchenwelt und schnöder Wirklichkeit. Nehmen wir zum Beispiel die Geschichte von Julia. Schon die wenigen Seiten eines einzigen Briefes ergeben ein verwirrendes und widersprüchliches Bild. Wir haben gesehen, dass sie »auf der Suche nach einer wahnsinnigen, absoluten, gegenseitigen Liebe« war und es deshalb vorzog, »sich auf keine kleinen Abenteuer ohne Zukunft einzulassen«. Und sie bestätigt: »Ich sehne mich danach, einem Mann zu begegnen, der meinem Traumprinzen ähnlich ist«. Bis hierher ist alles klar – die Ansprüche sind hoch. Als sie jedoch anfängt, ihren Prinzen zu beschreiben, wird es verwirrend. »Vielleicht ist es Julia einfach nicht bestimmt, eines Tages ihren Kindheitstraum zu verwirklichen und einen sympatischen kleinen Ehemann und Kinder zu haben, die aus dieser Liebe entsprungen sind«. Was denn nun, Prinz oder Ehemann? Das werden wir nicht mehr erfahren, denn nun ist ihr keiner von beiden mehr recht, und sie verwirft beide im Namen der Autonomie der Frau, die lernen muss, allein zurecht zu kommen, indem sie das Modell für das Privatleben ablehnt, in das die Gesellschaft sie zwängen will. »Die Frauen sollen dafür gemacht sein, zu heiraten und Kinder zu kriegen, aber ist das der Schlüssel zum Glück? Ich bin überzeugt davon, dass es nicht nur eine Art zu leben gibt, die sich auf Glück reimt«.

Zweiter Teil

Porträt

Kein Leben ist vollkommen identisch mit einem anderen. Dies gilt ganz besonders für alleinstehende Frauen. Durch die Zwiespältigkeit in ihrem Leben sind sie immer wieder Turbulenzen ausgesetzt und bewegen sich ständig zwischen gegensätzlichen Polen hin und her. Am einen Tag ein perfektes Äußeres, am anderen eine alles in Mitleidenschaft ziehende Nachlässigkeit; mal fröhliches Lachen, dann wieder trostlose Melancholie; mal Aktivismus und Geselligkeit, dann wieder fötaler Rückzug in die eigenen vier Wände. Und doch kristallisiert sich trotz aller Unterschiede und ständigen Veränderungen und trotz der verschiedenen psychologischen Eigenschaften der einzelnen Frauen ein gemeinsames Porträt heraus, das von überraschender Kohärenz und Schärfe ist.

V. Der Blick auf sich selbst

Das »Übel der fehlenden Grenzen«

Für Emile Durkheim (1973, S. 311f.) bringt die Ehe dem Menschen Ruhe und inneren Frieden, denn dadurch, dass sie seinen Horizont begrenzt und seinen Wünschen einen Riegel vorschiebt, fördert sie sein »moralisches Gleichgewicht«: »Durch die heilsame Disziplin, der er unterworfen ist, wird es ihm zur Pflicht gemacht, sein Glück nur in ihr zu finden ...« Anders der Alleinstehende: »Da er frei jede Bindung eingehen kann, die ihm gefällt, will er alles haben und nichts befriedigt ihn.« Daher das »Übel der fehlenden Grenzen«, das aus enttäuschten Hoffnungen resultiert und zu Unruhe und Verdruss führt, ausgelöst durch das, was Durkheim »Anomie« nennt: die Abwesenheit von Normen, die das Individuum stützen und halten. Man sollte sich hier nicht unnötig am Moralismus des Autors aufhalten, der ein Wesenszug der Epoche ist, in der diese Sätze geschrieben wurden (Ende des 19. Jahrhunderts). Wichtig ist vielmehr die These, die hier formuliert wird: Die Abweichung von der Norm (in diesem Fall der Ehe) führt zu einem besonderen Typus von Existenz, einer anderen Daseinsform, deren Besonderheit in den je spezifischen Einzelleben zum Tragen kommt.

Das charakteristischste Element dieser Daseinsform ist die ständige Reflexivität, der Blick, den man auf sich selbst richtet: Ist es nicht »komisch«, dieses Leben? Wohin führt es? Welche Entscheidungen soll ich treffen? Das ist der Preis, der zu zahlen ist, wenn man sich jenseits des normativen Rahmens bewegt, der einem, sobald man sich ihm unterwirft, die Bequemlichkeit einer gesicherten Identität bietet. Doch auch diese wird teuer bezahlt, nämlich mit dem Verzicht auf Kreativität in Bezug auf das eigene Leben. Denn nicht mehr das Subjekt selbst, sondern der schützende Rahmen legt fest, wer es ist und wer es sein wird: »Mann, Kind, Haus«. Innerhalb dieses Rahmens kommt es dann nur noch zu winzig kleinen Reformen, die sich auf die innere Ausgestaltung dieses Lebens beschränken. Das unentschlossene Hin und Her und die geistige Ruhelosigkeit des »Zölibatärs« hingegen sind die Folge der Freiheit, sich selbst zu erfinden, eine immer höchst aufregende, vielleicht mitunter *zu* aufregende Freiheit. Denn hier begegnet man auch dem »Leiden am Grenzenlosen«, weil das Leben und die Zukunft noch offen sind und die Betroffenen pausenlos an Kreuzungen stehen, an denen sie die Wahl zwischen unterschiedlichen Wegen haben. Das »Leiden am Grenzenlosen« ist also keineswegs nur ein Fluch, sondern eben die dunkle Seite der Medaille. Genauso verfehlt wäre es aber, zu verkennen, dass dieses Leiden oft sehr groß ist. Vielmehr gilt es, immer Licht *und* Schatten zu sehen, beide gehören eng zusammen. Denn das Alleinleben ist (aufgrund seiner Abweichung von der Norm der Ehe) strukturell ein zwiespältiges Leben, gekennzeichnet durch eine innere identitäre Spaltung, einen ständigen Kampf zwischen tausend Widersprüchen im Inneren des Selbst.

Vom Lachen zum Weinen

Nehmen wir das Gefühlsleben. Gefühle sind nie grundlos; sie spielen eine wesentliche Rolle für die Steuerung des Handelns. Ist eine Situation offen und nur schwach durch eine Norm strukturiert, springen die Gefühle ein, um die Schritte zu lenken oder einen normativen Rahmen aufzustellen (Kaufmann,

1999b). Das beste Beispiel hierfür ist das Verlieben, dieser Höhepunkt eines Crescendo der Leidenschaften, die im Hafen der Ehe wieder zur Ruhe kommen. Singles sind nun in der paradoxen Situation eines ständigen emotionalen Crescendo, das aber niemals zur Ruhe kommt. »Das Alleinleben macht einen extrem empfänglich, es fesselt die Gefühle, und diese Gefühle sind manchmal erstaunlich intensiv« (Adeline).

Doch sie sind nicht nur intensiver, sondern auch instabiler, zerplatzen wie Seifenblasen, manchmal auf traurige, manchmal auf ausgelassene Weise und aus obskuren Gründen. Dieses schwankende Gefühlsleben erklärt sich aus dem Kampf der Widersprüche, die aus den Tiefen des Seins heraus versuchen, ihre je eigenen Gesetze durchzusetzen. »Manchmal wird aus meinem Lachen ein Weinen« (Hélène). Albertine erlebt immer wieder, dass auf Momente der Euphorie wahre »Taschentuch-Parties mit einer Überdosis Ich« folgen. Sie nennt das ihr »doppeltes Leben«.

Lachen und Weinen nehmen aber keine äquivalenten Positionen ein. Auch wenn sich in fast jeder Geschichte eine Mischung aus beiden findet, ist ihr jeweiliger Anteil höchst unterschiedlich: Bei den einen viel Lachen, bei den anderen viele Tränen. Vor allem aber kommen diese beiden emotionalen Extrempole nicht auf die gleiche Weise zum Ausdruck. Einmal abgesehen von den Lachausbrüchen mit den Freundinnen findet das Lachen für sich allein, zu Hause, sehr vertraulich statt, ein heimlicher, nur undeutlich wahrgenommener Genuss. Bei den Tränen ist das etwas anderes. Es geht hier weniger um irgendwelche Krisen, deren Häufigkeit sowieso von Frau zu Frau sehr variiert (manche erleben ständig Krisen, andere nie), sondern um die ganz gewöhnlichen (Dauer-)Stimmungstiefs. Denn der Alltag ist voller Fragen, Fragen über sich selbst, diese ewigen Fragen ohne Antworten. Und Selbstreflexivität verträgt sich nunmal schlecht mit einer fröhlichen, aufgekratzten Grundstimmung, dafür ist die Angelegenheit zu ernst. Daher auch oft die Tendenz, »Trübsal zu blasen« (Hélène). Denn nur so kann man wirklich den Blick kritisch auf sich selbst richten: Trübsal zu blasen ist also geradezu zwingend der normale Bewusstseinszustand. Die Freude dagegen ist diffuser und unregelmäßiger; ein latentes, tief unten verborgenes Gefühl, das nur für kurze Augenblicke an die Oberfläche dringt. Die vielen Fragen können sogar dafür sorgen, dass es niemals richtig hervor kommen kann. »Ich sage mir, dass ich allen Grund habe, glücklich zu sein, und dass diejenigen, die sich weniger Fragen stellen, sich auch weniger quälen« (Hélène).

Die doppelte Reflexivität

Da sind diese bohrenden Fragen. Scheinbar immer dieselben, und sie bleiben immer ohne Antwort, geistern in einem nicht enden wollenden Teufelskreis durch Tage und Nächte. Doch sind nicht alle diese Fragen auf der gleichen Ebene angesiedelt; man kann sie in zwei große Kategorien aufteilen.

»Die unausweichliche ›Warum?‹-Frage kommt ziemlich oft hoch« (Marie-Christine). Warum dieses komische Leben? Warum ich? »Warum bin ich mit 37 Jahren allein in meinem Einzimmer-Appartement? Warum?« (Évelyne). Die Quelle dieser Fragen, die immer neue Nahrung finden, entspringt der nicht zu überwindenden Diskrepanz zwischen dem konkreten Leben der Person und dem allgemeinen Modell für das Privatleben. Wenn die Autonomie positiv erlebt wird und das Lachen stärker als das Weinen ist, dreht sich die Selbstbefragung vor allem um die Merkwürdigkeit und Boshaftigkeit des »erhobenen Zeigefingers«. Ruft dieser Unbehagen hervor, drehen sich die Fragen um die Merkwürdigkeit dieses zerrissenen Lebens. Und wenn schließlich die Tränen die Oberhand gewinnen, was in der Regel dann der Fall ist, wenn das Modell akzeptiert wird, dann lautet die Frage: Warum bin ich davon ausgeschlossen? Warum ich?

In der ersten Gruppe von Fragen, ausgelöst dadurch, dass man sich außerhalb der Norm befindet, geht es genau um diese Norm. Diese Fragen resultieren aus einem einfachen Mechanismus. Bewegt sich eine Person innerhalb einer Norm, wird sie von dieser Norm sozialisiert, und zugleich geht die kritische Wahrnehmung der Norm zurück: Es ist unnötig, sich irgendwelche Fragen zu stellen, denn schließlich ist alles »ganz normal«. Je mehr man sich hingegen von der Norm entfernt, umso notwendiger wird es, sich Fragen zum Sinn des Normalen zu stellen, um die Voraussetzungen für eine intensivere Sozialisation zu schaffen. Die Intensität der Infragestellung ist umgekehrt proportional zur sozialisierenden Kraft der Norm (Kaufmann, 1996).

Der zweite Fragenbereich ist ganz anders geartet. Während die ersten Fragen Gegenstand einer geradezu obsessivien Fixierung sind, immer dieselben bleiben und niemals eine Antwort finden, sind die Fragen des zweiten Typs vielfältig und kreativ. Wir haben es also nur scheinbar mit einem Teufelskreis zu tun; hinter dem vordergründigen, sich immer wieder um sich selbst drehenden Nachdenken über das lästige »Warum?« verbirgt sich etwas völlig anderes. Diese Fragen werden nicht gestellt, um eine Antwort zu erhalten (die niemals kommen wird), sondern um alltägliche und konkrete Entscheidungen zu treffen. Sie sind verknüpft mit dem offenen Charakter dieser Existenz und mit den inneren Konflikten des zwiespältigen Lebens, die es mit sich bringen, dass pausenlos zwischen verschiedenen Optionen, zwischen oft völlig unterschiedlichen Alternativen entschieden werden muss. »In meiner Situation ist jeder Tag ein Geheimnis« (Judith). Selbst wenn nichts geschieht, muss man sich mental auf tausend Möglichkeiten vorbereiten, die Zukunft bleibt offen. »Ich würde diesen komischen Zustand als ein Stück Brachland in unserer Person bezeichnen, ein Stück Land in Erwartung von etwas« (Dorothée). Ein schönes Bild: An der Identität wird gearbeitet, sie ist zu erfinden und plötzlichen Umwälzungen unterworfen. Dorothée spricht sehr richtig von »einem *Stück* Brachland«. Denn selbstverständlich kann nicht das gesamte Selbst *auf einmal* zur Debatte stehen, sondern lediglich Teile von ihm, »der Rest stolpert mehr schlecht als recht durch die Gegend, um nach außen hin den Schein zu wahren« (Dorothée). Schließlich hat man es hier mit einer schwierigen Aufgabe zu tun: Eine permanente Identitätsrevolution ist keine Kleinigkeit, und nicht selten wird sie als lästige Pflicht empfunden. »Das ist es, was am Alleinleben so schwer ist: man muss es ständig neu erfinden« (Joanna). Und das ist umso schwerer, als sich zu der mentalen Belastung, die mit der ständigen Neuformulierung des Selbst verknüpft ist, noch eine weitere gesellt: dies alles, einschließlich des Alltags, auf völlig autonome Weise bewältigen zu müssen. »Am härtesten ist, dass man alles alleine schaffen muss« (Gabrielle). »Es ist schließlich ganz schön hart, sein Leben auf die Reihe zu bringen, und es macht einen fertig, immer alles alleine bewältigen zu müssen« (Marjorie).

Das Tagebuch

Allein. Allein mit sich selbst. Mit diesem zwiespältigen Selbst: die Selbstreflexivität ist ein permanenter Dialog. Und oft geschieht es, dass in diesem inneren Phantasiekino zwei völlig unterschiedliche Personen mit einander ins Gespräch kommen: Das Selbst redet mit dem Selbst. Es kommt sogar vor, dass der Regisseur und Hauptdarsteller sich dazu hinreißen lässt, mit lauter Stimme zu deklamieren: »Manchmal rufe ich mir plötz-

lich zu: ›Auf geht's, raff dich auf, altes Mädchen, eine blendende Zukunft erwartet uns!‹. Und das alte Mädchen rafft sich auf.
Aber das heißt nicht, dass die Schlacht bereits gewonnen ist.
Ein andermal rolle ich mich in meinem Sessel zusammen, und
eine andere Stimme spricht aus mir heraus und sagt: ›Blendende Zukunft, blendende Zukunft! Du gehst uns auf den Wecker
mit deiner blendenden Zukunft, ich will lieber faulenzen!‹«
Manchmal geht das so hin und her, das ist fast wie in einem
kleinen Theater« (Viviane).

Das bevorzugte Werkzeug dieses inneren Kolloquiums ist allerdings das geschriebene Wort. Zunächst die Worte in Büchern;
sie spielen eine Schlüsselrolle im Leben derer, die solo durchs
Leben gehen. Als die am stärksten individualisierte kulturelle
Praktik belegt das Lesen bei ihnen einen zentralen Platz – davon zeugen zahlreiche Lieblingsbücher auf Nachttischen, die
spät in der Nacht im Refugium Bett gelesen werden. Dies zur
Freizeitlektüre. Was die Studienliteratur betrifft, diesen historisch wichtigen Faktor der individuellen Emanzipation, so ist
sie eng verknüpft mit den Flugbahnen der Autonomie: Dank
ihr kommt es zu schulischem Erfolg, der die berufliche Laufbahn voranbringt, ohne dass man sich einen Ehemann suchen
müsste. Das Buch ist alles in einem: Werkzeug des schulischen
Erfolgs und der Selbstreflexivität, der Bestätigung und der De-
konstruktion des Selbst. Und zugleich nährt es die Liebesphan-
tasien, besonders bei den Frauen; noch heute vertiefen sich
junge Mädchen genussvoll in Liebesromane (de Singly, 1989),
aus reiner Freude an den Geschichten und um sich auf der Suche nach den Geheimnissen ihres künftigen Lebens mit den
Romanfiguren zu identifizieren.

Nichts jedoch ist so bedeutsam wie das eigene Schreiben.
»Das Schreiben ist der einzige Luxus in meinem Leben« (Marie-Andrée). Sich selbst seinen Roman erzählen. Das Tagebuch
ist eine Geschichte mit offenem Ausgang, die es zu erfinden, zu

schreiben und zugleich zu lesen gilt. »Der weibliche Hang zum Schreiben als innere Stütze und einsame Beichte ist einer der typischen Effekte der romantischen Kultur« (De Giorgio, 1992, S. 378): Höhenflug der Gefühle, Erzählung des eigenen Lebens, Selbstreflexivität. Der letzte Punkt ist entscheidend, die beiden anderen haben (so wichtig sie auch sein mögen) vor allem die Funktion, die Reflexivität in ein Kleid zu hüllen. Denn »das Erzählen stellt einen Identitätsmechanismus dar« (Demazière, Dubar, 1997, S. 304): Über die erzählten Geschichten wird der Blick auf sich selbst in Worte gefasst.

»Mein Tagebuch ist mein einziger Verbündeter; ich kann alles sagen, ohne dass ein Urteil darüber gefällt wird« (Liliane). Man kann ihm alles anvertrauen, auch die größten, uneingestehbarsten Geheimnisse, auch Fragen von Leben und Tod. Das Tagebuch urteilt nie. Es hört derjenigen, die die Feder in der Hand hält, in aller Ruhe zu, wenn sie zu sich selbst spricht. Es hört zu, wenn sich im Laufe ihres zwiespältigen Lebens ihre Ansichten mal in die eine, mal in die andere Richtung wandeln. Und es hört zu, wenn sich durch dieses Mäandern hindurch doch etwas herauskristallisiert, was einer Geschichte ähnelt, mit einem Anfang und einem (plötzlichen) Ende. Die Geschichte beginnt oft in der Pubertät. »Mein Tagebuch reicht 15 Jahre zurück. Mit 13 habe ich begonnen, meine Gefühle und Geheimnisse aufzuschreiben. Jahr für Jahr hat sich mein Leben darin offenbart« (Justine). Das ist kein Zufall: Die Pubertät ist ein sehr starker Moment der Identitätsneuformulierung, und das Tagebuch entwickelt sich immer parallel zu Identitätskrisen. Denn es ist das Werkzeug des Dialogs mit sich selbst, und in diesen Phasen ist der Dialog besonders intensiv. Zu der beschriebenen Akzentuierung der Reflexivität aufgrund des Single-Daseins kommt es meist erst später (die Krise tritt umso später auf, je positiver die Autonomie erlebt wird). Für Lisa ging alles so schnell und verlief so gradlinig, dass sie sich 15 Jahre lang keine Fragen gestellt hat. »Ich habe fünfzehn Jahre damit verbracht, zu studieren, zu reisen, Leute kennenzulernen, einfach aus Neugier, Lebenshunger und einem lebhaften, ununterdrückbaren Freiheitsbedürfnis. Die Zeit ist schnell vergangen. Heute bezahle ich für dieses Freiheitsprivileg«. Mit 37 Jahren stellt sie sich zum ersten Mal Fragen, klopft ihr Leben schonungslos ab, bringt ihre Gedanken zu Papier und versucht, sich darin wiederzufinden. Dass diese Arbeit an sich selbst in Gestalt des Schreibens erst so spät in einem Lebenszyklus beginnt, ist eher selten. Wie bereits gesagt, beginnt das eher in der Pubertät, meist als Jung-Mädchen-Tagebuch mit Zuckerguss, voll von Träumen und Liebesgeschichten. Dann wird es weitergeführt, durch all die Höhen und Tiefen des Lebens hindurch, bis zum Moment der Krise des zwiespältigen Lebens, an dem sich alles zuspitzt, einem Moment, in dem das Tagebuch erneut zu einem zentralen Werkzeug wird, diesmal ohne Zuckerguss, das Tagebuch einer Frau, die angstvoll an einer Wegkreuzung steht.

Die schlimmste Phase dieser Krise dauert nur eine gewisse Zeit. Nach dem Sturm findet das Leben eine Verankerung in ruhigeren Gewässern. Dann hören die Tagebucheintragungen plötzlich auf, manchmal mitten in einer Geschichte, die für immer ohne Ausgang bleibt. Denn die (relative) Ruhe und Ausgeglichenheit, zu der endlich gefunden wurde, vermindert unmittelbar das Bedürfnis nach Selbstreflexivität. Und plötzlich erscheint das Tagebuch, das gerade eben noch so wertvoll war und untrennbar zu einem gehörte, nutzlos und fremd. Oder rückblickend wie das Symbol verlorener Zeit, die man mit Erzählen statt mit Handeln verbracht hat. Agnès führte Tagebuch bis sie 45 Jahre alt war. Dann rückte sie mit einer einzigen Handbewegung »alles ins Lot«: »An diesem Tag habe ich mir gesagt, nun ist Schluss mit all diesen Geschichten«.

Aus der Feder fließt viel Gefühl. Das liegt am Gegenstand, denn schließlich geht es um Gefühle. Es liegt aber auch daran, dass man so sehr an seinem Tagebuch hängt. Die Härte, mit der es später verworfen wird, ist ebenso groß wie ehedem die Liebe. Das Tagebuch war der intime Komplize, der einem all die kleinen, geheimen Freuden bescherte: die Liebkosung durch ein zärtliches Wort, die Stimmigkeit eines Gedankens, die klangvolle Schönheit des einsamen Schreibens. »In der großen Stille meines Lebens hatte ich wenigstens dieses Geräusch der Feder, die über das Papier kratzt« (Léa). Es war der verlässliche Partner, fähig, einem Kraft und Selbstvertrauen zu geben. »Eine einfache Schreibfeder – und schon heißt es: auf Wiedersehen Angst, auf Wiedersehen Einsamkeit. Ich bin so stark und mächtig wie nie zuvor« (Gaétane). Doch das Schreiben konnte auch ein falscher Freund sein, ein Feind, der einen von innen her angreift, weil er einen dazu bringt, pausenlos immer neue Fragen zu stellen, bis das Selbst in tausend Stücke zerbirst. »Nimm mir bitte diese Feder aus der Hand, die mich mit jedem weiteren Wort ein Stück mehr zerstört« (Gaétane).

Ob Licht oder Schatten – Gaétane wird von ihrem Tagebuch in Bann gezogen, sie liebt es und sie hasst es mit aller Macht. Denn sie lässt sich voll und ganz darauf ein, sei es in Gestalt der Freuden, die es ihr bringt, sei es in Gestalt bohrenden Nachdenkens, in dem sie sich verliert. Vielen anderen ist das Tagebuch aber auch ein eher ruhiger Weggefährte, dem man von sich erzählt, weil man mit Spannung auf die Fortsetzung der Geschichte wartet, und nicht, um sich in schmerzhafter Weise selbst in Frage zu stellen. Nur hier und da, wenn sich der Weg gabelt, wird der Blick auf sich selbst gerichtet. Léa war sehr überrascht (und enttäuscht), als sie nach längerer Zeit wieder einmal in ihrem Tagebuch las. Sie, die geglaubt hatte, sie vollbringe hier eine bedeutende selbstanalytische Leistung, fand sich plötzlich (vor allem beim Lesen der älteren Passagen) in einem eher nüchternen Universum von Märchengeschichten wieder. »Ich habe mich an diese Seiten geklammert, hatte das

Gefühl, hier einen wunderbaren Verbündeten zu haben: mein Tagebuch. Fünfzehn Jahre Schreiben in der Hoffnung auf ein einziges Ziel: dem Märchenprinzen zu begegnen«.

Der Spiegel und die Wahrsagerin

»Und dann ist da dieser Spiegel, der einem zeigt, wie die Zeit vergeht! Spieglein, Spieglein, an der Wand, sag mir, dass ich die Schönste bin im ganzen Land. Du wirfst mir ein Bild zurück, das ich nicht erwartet habe, du schleuderst mir deinen Hass ins Gesicht! Ich hatte es geschminkt, mein Gesicht, aber du lässt dich nicht austricksen. Du bist immer und überall da, du machst dich über mich lustig und am Ende gewinnst du!« (Gaétane). Der Spiegel ist ein zentraler Gegenstand. Er ist der Träger des Blicks auf sich selbst (in direktem und übertragenem Sinn), und es geht dabei um die doppelte Frage nach der Schönheit und nach der Zeit, die vergeht. Bei der alleinstehenden Frau ist dieser Blick besonders intensiv. Denn der Dialog des Selbst mit sich selbst ist lebhafter (er ersetzt das Gespräch zwischen Ehepartnern); der Spiegel übernimmt den Part des Mannes, der nicht da ist (sie mustert sich darin mit den Augen eines Mannes). Die Konfrontation mit diesem symbolischen Gegenstand ist unumgänglich.

Die Frage nach der Schönheit und nach der Zeit, die vergeht, wiegt bei alleinstehenden Frauen schwerer; schließlich entscheidet sich an ihr eine immer noch offene Zukunft. Während man das eigene Gesicht unter die Lupe nimmt und auf seine Schönheit hin befragt, wird das Selbst als Ganzes abgeklopft, werden die Tiefen des Seins auf mögliche Identitäten hin befragt; das Face-to-Face mit dem eigenen Spiegelbild ist ein wichtiger Moment dieses inneren Dialogs. Das ist auch der Grund, weshalb die einzelnen Handgriffe im Badezimmer mitunter so lange dauern: Dieser Blick auf sich selbst geht weit über das eigentliche Spiegelbild hinaus.

Bei der Konsultation einer Wahrsagerin ist es genau dasselbe. Es geht dabei nicht um irgendwelche okkulten Begleiterscheinungen; wichtig ist, dass sie, ebenso wie der Spiegel, ein Werkzeug des Blicks auf sich selbst darstellt. »Etwa einmal im Jahr, wenn ich wirklich nicht mehr weiß, wo ich grade steh', geh' ich zu einer Wahrsagerin« (Justine). Immer dann, wenn das innere Chaos besonders groß ist, wird dieses Bedürfnis ganz stark. Zur Wahrsagerin geht man nicht sehr oft (einmal im Jahr oder alle zwei, drei Jahre), aber regelmäßig. Und das ist sehr verbreitet: In sehr vielen Briefen wird davon berichtet (beinahe ebenso oft wie vom Tagebuch). Isabelle, arbeitslos und ohne Einkommen, spart sich das Geld für die Wahrsagerin vom Essen ab. Endlich, endlich das Geheimnis dieses seltsamen Lebens zu erfahren, ist wichtiger als essen.

Die entscheidende Kompetenz der Wahrsagerin ist die einer geschäftstüchtigen Psychologin: Sie muss die Erwartungen ihrer Kundin erraten, und ihre Arbeit besteht dann darin, aus Karten oder Kaffeesatz die Botschaft zu lesen, die diese Erwartungen erfüllt. Diese Botschaft ist nun aber alles andere als individuell, vielmehr handelt es sich um einen gesellschaftlichen Code. Alle Briefe berichten von derselben Antwort und ihren drei Themen: Liebe, Heirat, Kinder. Genau das ist es, was Isabelle so viele Opfer bringen lässt. »Seit zwei Jahren sagt mir meine Wahrsagerin eine Heirat und drei Kinder voraus«. Marie-Laure geht alle zwei Jahre zur Wahrsagerin. Jedesmal bekommt sie zu hören, dass sie im kommenden Jahr dem Mann ihres Lebens begegnen, heiraten und das erste von insgesamt zwei Kindern erwarten wird.

Die Wahrsagerinnen sprechen sich nicht ab, um allen dieselbe Botschaft zu überbringen, vielmehr hängt die Uniformität ihrer Antworten mit deren gesellschaftlichem Charakter zusammen: Sie sind nichts anderes als das Modell für das Privatleben. Oder genauer gesagt: das Modell, wie es sich die Wahrsagerinnen vorstellen, wobei sie bereitwillig seine archaischsten Aspekte aufgreifen: Die Liebe fällt natürlich vom Himmel, und der Mann ist ein wahrer Prinz. Und vor allem: in dem komplexen Amalgam (denn eine gewisse Wahl sollte man schließlich schon noch treffen) wird der Akzent auf die Heirat und die Kinder gelegt; die Liebe ist eher ein notwendiges Vorspiel. Auch die Zahl der bevorstehenden Geburten steht fest: meistens zwei (in Frankreich mit einer Tendenz zu drei, seit dieses Modell dort steuerlich gefördert wird).

Der stereotype Charakter der hellseherischen Antwort kann aber auch geschäftsschädigende Wirkung haben. Marie-Laure ist sehr enttäuscht. Ohne allzu sehr an die Wahrsagerei zu glauben, spürte sie doch das Bedürfnis, ihre Dienste regelmäßig in Anspruch zu nehmen. Diesmal jedoch wurde es ihr einfach zu viel. Wieder die alte Botschaft: Heirat noch in diesem Jahr und dann zwei Kinder. Und dabei ist sie doch »erklärtermaßen ›anti-ehelich‹ eingestellt« und verspürt nicht den geringsten Kinderwunsch. Meistens besteht jedoch ein stilles Einvernehmen zwischen Kundin und Wahrsagerin, und letztere spürt, dass ihre Botschaft auf fruchtbaren Boden fällt. Ohne besondere Wünsche groß erraten zu müssen, entspricht sie den Erwartungen. »Ich bin schon oft zu Wahrsagerinnen gegangen; ihre hoffnungsvolle Botschaft hat mir gut getan: Irgendwo wartet er auf Sie« (Fabienne). Und so wird die Wahrsagerin in ihrer Überzeugung bestätigt, dass ihre Botschaft die richtige ist, und da sie also Gold wert ist, gibt es auch keinen Grund, sich damit abzumühen, sie zu verändern.

Und doch täuscht sich die Wahrsagerin: Die Erwartung ist nicht exakt die, die sie glaubt. Sie hat zwei Gesichter und ist konfus. Nur die *eine* Hälfte des Selbst ist von dem, was sie hört, zufriedengestellt und erleichtert – aber eben genau *die* Hälfte, die diese Erleichterung ungeduldig herbeigesehnt hat: endlich der Hafen der Ruhe und weniger mentaler Druck. Das »tut gut«, wie Fabienne sagt. Die andere Hälfte schweigt gegenüber der Wahrsagerin. Und dies umso mehr, als die geheime Botschaft auch für sie durchaus ihre Vorteile zu haben scheint. Fällt die Liebe wirklich vom Himmel, dann gibt es schließlich keinen Grund, sich abzumühen – es genügt, zu warten. Und während man wartet, kann man sein Leben in aller Ruhe ganz nach seinen eigenen Vorstellungen leben – ein Gedanke, an dem schließlich auch die andere Hälfte Gefallen finden kann.

Was jedoch schon bald wieder zum Problem werden kann, ist die Tatsache, dass die mentale Ruhepause nicht lange anhält. Im Gegenteil, die Offensive der einen Hälfte des Selbst (Prinz-Ehemann-Kind) entfacht den inneren Krieg oft auf's Neue. Einen Krieg, der bei genauerem Hinsehen niemals wirklich aufgehört hat. Nur selten ist der Glaube vollkommen: Die Frau geht aus Neugier zur Wahrsagerin, ein wenig auch, um angenehme Dinge zu hören. Aber oft ist da eine gewisse Distanz, eine kleine Priese Skepsis, ein innerer Zwiespalt: nur die eine Hälfte des Selbst geht zur Wahrsagerin. Infolge der endlosen Wiederholung der immer gleichen Botschaft, die unausweichlich immer wieder durch die Tatsachen dementiert wird, ist Danièles *eine* Hälfte einer radikalen Skepsis verfallen. Und dennoch: wenn es ihrer *anderen* Hälfte nicht gut geht, fühlt sie diesen inneren Drang, zu ihrer Wahrsagerin zu gehen. »Sie hat mir regelmäßig dasselbe angekündigt: Liebe, Heirat, zwei Kinder. Und trotzdem genügt eine neue Depression, und schon geh ich wieder hin«. Justine ist in einer ähnlichen Situation: »Puh! Das bringt mich nicht groß weiter. Sie sieht die Liebe, eine Hochzeit, Kinder... aber wo sind sie?«. Die übertriebene Bekräftigung einer einzigen von unendlich vielen möglichen Perspektiven stiftet schließlich Verwirrung, bringt die geduldige Arbeit der Definition des Selbst durch sich selbst durcheinander und produziert das Gegenteil von dem, was eigentlich angestrebt wurde: endlich die identitäre Vielfalt zu reduzieren und den mentalen Druck zu dämpfen.

Das ist eine der typischen Eigenschaften des zwiespältigen Lebens: Selbst diejenigen Elemente, die normalerweise mit Reflexivität nicht sonderlich viel am Hut haben, entgehen ihr nicht. Alles kann zum Anlass für den Blick auf sich selbst werden.

VI. Zuhause

Ortsbesichtigung

Obwohl jeder seine eigene Lebensweise und seinen persönlichen Geschmack hat, haben Menschen, die solo leben, meist eine typische Wohnung und Inneneinrichtung, die sich in mehreren Punkten von derjenigen anderer Haushalte unterscheidet. Das liegt zum Teil an naheliegenden organisatorischen und finanziellen Gründen. So wohnen sie etwa häufiger in Mietwohnungen und im Stadtzentrum (nicht selten haben sie kein Auto). Es hat aber auch mit ihrer besonderen Lage zu tun: dem zwiespältigen Leben.

Öffnen wir einmal die Tür zu einer typischen Single-Wohnung. Erste Überraschung: Sie ist groß, hell und geräumig, als ginge es darum, die Vorstellung zu bannen, man sei eingesperrt. Manchmal werden die Fensterläden sogar nicht einmal am Abend geschlossen (Lavigne, Arbet, 1992). Die Wohnung ist vollgestopft mit vielfältigem Nippes und doch zugleich relativ leer, besonders bei Männern, die über vergleichsweise wenige Möbel und elektrische Haushaltsgeräte verfügen (abgesehen von der Mikrowelle). Die Frauen sind da besser ausgestattet, aber immer noch schlechter als der Durchschnittshaushalt. Nicht dass die Wohnung nicht richtig eingerichtet wäre, aber diese Einrichtung hat eher mit Dekoration als mit Haushaltsdingen zu tun. Man findet vor allem viele Stoffe, die eine warme Atmosphäre verbreiten und weich anzufassen sind. »Eine Wohnung ganz in rosa, gedämpftes Licht, zarte Musik, Räucherstäbchen« (Léa).

Weitere Überraschung: Weniger Haustiere als in Familien. Aus dem einfachen Grund, dass Singles ausgehen, reisen und viel Zeit bei der Arbeit verbringen. Wenn sie doch ein Haustier haben, dann eher eine Katze als einen Hund. Sie haben auch seltener einen Fernseher. Und wenn er angeschaltet wird, dann wird er eher aus der Ferne wahrgenommen und als Hintergrundgeräusch genutzt (Lavigne, Arbet, 1992). Ganz anders die Musik als klangvolle und beruhigende Umgebung: Meist findet sich in der Single-Wohnung eine HiFi-Anlage gehobener Preisklasse und ein überdurchschnittlicher Plattenbesitz. Die Helligkeit und Offenheit der Räume sollte nicht darüber hinwegtäuschen, dass es im Inneren Rückzugsgebiete unterschiedlichster Art gibt, die für Momente der Intimität und des Schutzes stehen: das musikalische Ambiente, das Refugium Bett, die geschlossene Badezimmertür etc.

Ein endloses Spiel zwischen Öffnung und Rückzug – charakteristisch für das zweispältige Leben: geheime Nischen direkt neben Apparaten, die für eine Öffnung nach außen hin stehen, inbesondere das Telefon (häufig in Begleitung eines Anrufbeantworters). Singles nutzen das Telefon weit mehr als Familien: Es ist der bevorzugte Träger sozialer Beziehungen, die Verbindungsschnur nach draußen, um mit der Familie, vor allem aber mit den Freundinnen zu reden. Um lange zu reden. »Meine Telefonrechnungen – reden wir lieber nicht davon. Bis zu 500 Euro im Monat!« (Gabrielle)

Das Bett

Wenn es um Gegenstände geht, sitzt man nicht selten einem Irrtum auf. Die Beziehungen, die wir zu ihnen unterhalten, sind intim und komplex (Kaufmann, 1999b; Desjeux, Monjaret, Taponier, 1998): Sie durchkreuzen die allzu schnelle Analyse des eiligen Beobachters. Nehmen wir zum Beispiel das Bett. Als Symbol für das Paar könnte man meinen, das Bett sei für die alleinstehende Frau ein besonders problematischer Gegenstand. Tatsächlich ist es das zum Teil auch (vor allem am Abend). Aber es ist auch ein beliebter Verbündeter. Warme, gemütliche Vormittage im Bett, Freiheit und fötale Regression. »Da gibt es diese uneingestehbaren Annehmlichkeiten, zum Beispiel den ganzen Tag zu schlafen oder zumindest im Bett zu bleiben« (Frédérique). Ein weiches und mit einem verbündetes Möbelstück, das sich anschmiegt und Schutz gibt. »Wenn ich mich in mein Bett kuschle, dann ist das, als ob er mich in seine Arme nähme, ich werde ruhig und entspanne mich« (Aurore). Es ist ein Refugium mitten im Refugium. In Anknüpfung an verschiedene in Vergessenheit geratene Traditionen (Dibie, 1987) wird es deshalb oft für die unterschiedlichsten Dinge genutzt: zum Schlafen, Träumen und Lesen, aber auch zum Telefonieren, Arbeiten und Essen.

Wenn jedoch der Abend kommt, dann trifft das Bett die Vorbereitungen für seinen Verrat. Zunächst bleibt dieser noch latent: Noch fühlt sich das Bett warm und weich an, bietet Entspannung und Trost. Genussvoll kuschelt sich die alleinstehende Frau für die bevorstehende Abendgestaltung hinein: fernsehen, lesen, Tagebuch führen, Briefe schreiben oder einfach nur träumen.

Selbstverständlich ist auch da wieder die Reflexivität mit von der Partie: Ob sie eine Fernsehsendung anschaut oder einen Roman liest, immer denkt sie über sich selbst nach. Im Laufe des Abends spitzt sich dieser reflexive Prozess immer mehr zu. Immer mehr Gedanken kreisen im Kopf und erschweren das Einschlafen. »Dann verkriecht man sich in die Lektüre eines Buches, oder, noch schlimmer, fängt an, mit sich selbst zu reden! O je, o je!« (Françoise). Die Folge: Alleinstehende Frauen schlafen wesentlich später ein als verheiratete (Grimler,

140

1992). Obwohl sie früh aufstehen muss, liest Marie-Pierre bis Mitternacht, Marie-Line sogar bis ein Uhr morgens.

Das Bett wird am Abend also weniger gemütlich. Ein Gefühl, das selbstverständlich vom Kopf her kommt: Die Abwesenheit lastet schwer auf dem Refugium Bett, kalte Zonen reißen die schützende Hülle auf. Häufig beginnt der Angriff an den Füßen. Adelines Füße sind eiskalt. Sie kann einfach nichts dagegen tun: Es kommt ihr vor, als könnte nur ein Mann sie wärmen. Die Kälte lässt einen die Abwesenheit spüren und die Abwesenheit lässt einen die Kälte spüren. Géraldines Bett ist eisig. »Am Abend, ganz allein zwischen meinen Laken – das macht mich ganz schön fertig. So ohne Mann«. Und dabei verlangt sie gar nicht viel, vielleicht ein bisschen Zärtlichkeit. Vor allem jemandes Anwesenheit, einfach nur seine Anwesenheit. Albertine kann den Mangel noch genauer benennen: am Abend, vor dem Einschlafen, nicht »bis morgen« sagen zu können.

Die Mahlzeiten

Der Tisch ist problematischer als das Bett. Denn das gemeinsame Essen in der Familie ist ein für die Konstruktion der häuslichen Gemeinschaft sehr wichtiges Ritual (Sjögren, 1986). Zwar sind die Mahlzeiten auch in der Familie in Wahrheit viel individualisierter, insbesondere das Frühstück (Brown, Fougeyrollas-Schwebel, Jaspard, 1991), fällt das gemeinsame Essen jedoch ganz weg, wird seine Familiensymbolik umso mehr betont und aufgewertet: Der Tisch wird zum Feind (für alleinstehende Frauen, die ohne Kinder leben). »Was gibt es Frustrierenderes, als für sich allein den Tisch zu decken, sich hinzusetzen und selbst sein einziges Gegenüber zu sein?« (Frédérique). Besonders feindselig ist ein verlassener Esszimmertisch; die beste Lösung besteht deshalb darin, erst gar keinen zu haben. Der Küchentisch eignet sich besser für eine kleine Single-Mahlzeit.

Meist ist jedoch zu beobachten, dass das Ritual völlig dekonstruiert wird und die Entscheidung für radikal andere Optionen fällt, um sich besser beweisen zu können, dass die Mahlzeit, die man da einnimmt, nichts mit der Familiensymbolik zu tun hat: Keine langen kulinarischen Vorbereitungen, andere Nahrungsmittel, eine Ordnung der Dinge, die den gewöhnlichen Kodes den Rücken kehrt.

Gekocht werden nur »Kleinigkeiten« (Anabelle), wie in einer »Puppenküche« (Georgina), was sie an die Zeit erinnert, als sie noch ein kleines Mädchen war. Niemals komplizierte Gerichte. »Heute wie morgen gibt es Mais, eine Dose Thunfisch und ein halbes Baguette« (Sabine). Die Mahlzeiten sind meist einfach und bestehen hauptsächlich aus natürlichen und kalorienarmen Lebensmitteln. Viel frisches Obst und Joghurt. Gemischte Salate werden am liebsten in Restaurants gegessen; zuhause machen sie, trotz ihrer Kalorienarmut, zu viel Arbeit. Die Einkäufe sind schnell erledigt: »Ein paar Kleinigkeiten für ein schnelles Abendessen: Früchte, Joghurt, Schinken, Käse, Tee. Und ein Zehnerpack Tempos« (Joanna).

Einem Esstisch und der konventionellen Sitzposition wird aus dem Weg gegangen. Als zöge einen eine geheime Kraft auf den Boden und hin zum Weichen. Das Tablett ist das Werkzeug, mit dem dieser Umzug vollzogen wird. Es wird auf einen Couchtisch oder aufs Bett gestellt, die Frau setzt sich auf ein Sofa oder einige Kissen (eine Art Neuerfindung der Essposition bei den Römern). Manchmal verschwindet sogar der Teller – dieses letzte Relikt einer Organisationsform, die noch entfernt an eine wirkliche Mahlzeit erinnern könnte. Es ist das Reich des Herumknabberns, am liebsten zu ungewöhnlichen Zeiten, nach Lust und Laune: genau das, was Kindern verboten wird. Feststellen lässt sich außerdem eine klare Präferenz für Schokolade; sie wird auf der Liste der weiblichen Freuden des Alleinlebens besonders oft genannt.

Ein anderes oft genanntes Vergnügen: Frühstücken im Bett. Vor allem sonntags, wenn man bis in den späten Vormittag hinein im Bett herumlümmeln kann. Und dabei sagt uns die Statistik doch (Grimler, 1992), dass alleinstehende Frauen im Durchschnitt gar nicht später aufstehen als andere. Heißt das, die Briefe lügen? Ich glaube nicht. Zunächst, weil es nicht in erster Linie darum geht, tatsächlich jeden Sonntag spät aufzustehen, sondern es tun zu *können:* Das ist das Zeichen der Freiheit. Und zum zweiten und vor allem, weil das »Aufstehen« (das Aufstehen, über das in Befragungen zweifellos gesprochen wird) oft nur ein provisorisches ist, zum Beispiel um Frühstück zu machen, bevor man es sich im Bett wieder gemütlich macht.

Regressiver Rückzug

Bodennähe und weiche Untergründe haben also eine große Anziehungskraft. Und höhlenartige Refugien, die sich dafür eignen, sich hineinzukuscheln. Wir finden hier das Bild einer »vollkommenen Rundung«, die uns hilft, »zu uns selbst zu finden« und »unser Sein von innen heraus zu bestätigen« (Bachelard, 1983, S. 210). Refugien für das Selbst, das in einer Gesellschaft, die durch das Zersplittern der Identitäten gekennzeichnet ist, ein immer größeres Bedürfnis nach Rückzugsmöglichkeiten hat. Eine dichte familiale Sozialisation kann diese Rolle spielen. Aber die alleinstehende Frau (die nicht von einer solchen Beziehungsdichte umfangen wird) muss sich andere Refugien erfinden, und dies umso mehr, als ihre immer wieder unter Beweis gestellte Reflexivität eine zusätzliche Quelle identitärer Zersplitterung ist. »Wenn ich nach Hause komme, ist meine Wohnung zu kalt, zu leer, und sie riecht nach Tod. Was ich dann bräuchte, wäre einfach irgendein Geräusch, einen Geruch, eine Anwesenheit«. Élisa nimmt vor allem die Kälte, die Leere und die Lücken des Seins wahr. Odile hingegen ist es auf geradezu kunstvolle Weise gelungen, sich ihre Höhle des Rückzugs zurecht zu machen. Ihr Lieblingsrefugium: ein Kokon der Annehmlichkeiten. Natürlich wird dieser um den zentralen Rückzugspunkt herum gesponnen: das Bett. »Sonntags wache ich gegen Mittag auf, frühstücke ausführlich, lümmle im Bett herum, telefoniere, lese, schreibe. Das Vergnügen dabei besteht für mich darin, mich in diesen Kokon aus lauter angenehmen Dingen hineinzukuscheln«.

Diese Refugien sind Medizin gegen das »Leiden am Grenzenlosen«, sie umhüllen das Selbst und schließen es in sich ein. Manchmal geschieht dieses Eingeschlossen-Werden dadurch, dass man von der Phantasie in etwas hineingenommen und mitgerissen wird (durch einen Roman, einen Film oder einen schönen Traum). Manchmal in Gestalt weicher Rundungen, die einen umgeben (ein Bad, das Bett). Letztere, die »in ihrer Gestalt dem mütterlichen Schoß ähneln« (Durand, 1969, S. 278), hüllen das Selbst in eine ursprüngliche Ruhe, eine fötale Daseinsform, welche die ewige Fragerei nach der eigenen Identität ertränkt. Sich endlich gehen lassen und sich erlauben, nichts zu tun, vor allem nicht zu denken. Sich gehen lassen: ein anderes intensives Vergnügen. Ganz entgegen der sonstigen Pflicht, sich um alles selbst kümmern zu müssen, und entgegen der mentalen Belastung, die das mit sich bringt, einfach nur nach Lust und Laune des Augenblicks leben, ohne Rücksicht auf gute Manieren und gewöhnliche Konventionen. »Es gibt da diese kleinen, aber intensiven Annehmlichkeiten: in der Wärme seines Bettes zu bleiben, so lange man will, das Telefon nicht abzunehmen, wenn jemand anruft, oder nicht an die Tür zu gehen, wenn es klingelt, einfach nur, weil man keine Lust dazu hat« (Ernestine). Sich vor den Gesetzen der Welt verschanzen, den

Blicken entzogen. Zumindest für eine gewisse Zeit, um wieder Kraft zu schöpfen. Zusammengerollt in der Wärme und fern der Blicke kommen die Gedanken zur Ruhe und Gelassenheit stellt sich ein – oder sollte sich zumindest einstellen. Denn dem inneren Zwiespalt und der damit verknüpften Reflexivität gelingt es immer wieder, sich auch noch zu den wärmsten Refugien Zugang zu verschaffen und unversehens dort aufzutauchen. Dem Nachdenken über sich selbst, das für das zwiespältige Leben charakteristisch ist, kann man nicht entkommen. Das Refugium ist eher eine Suche als eine Realität, ist nur der Ansatz eines Refugiums, der pausenlos von innen heraus subvertiert wird. Paradoxerweise ist gerade auch die unbewegliche Position (die man in der Wärme des Bettes oder der Badewanne einnimmt) förderlich für das Nachdenken. Das gilt insbesondere für das abendliche Trauerspiel, wenn das Bett, das man für seinen Verbündeten gehalten hatte, Verrat begeht.

Häusliche Freiheit

Bei ihrem Versuch, einen Schutzraum zu schaffen, ist die Regression also oft wenig erfolgreich. Sie verfolgt jedoch noch ein weiteres Ziel, und das erreicht sie: die häusliche Revolte.

Damit ist zunächst ein Aufbegehren gegen die gesellschaftliche Rolle gemeint, die die Geschichte der Frau hinterlassen hat, eine Rolle, die ihr die schweren Familien- und Haushaltslasten auferlegt und damit ihre Versuche, als autonomes Individuum einfach »davonzufliegen«, vereitelt. Das Single-Leben hingegen verleiht Flügel. »Kaum Hausarbeit, kaum Einkäufe, und dann auch nur das, was man mag, wenige Einschränkungen, nach Hause kommen können, wann man will, ohne jemandem Bescheid geben zu müssen« (Frédérique). Eine radikale historische Neuheit: Die Frau, die sich traditionellerweise für andere aufopfert, hat die Freiheit, nur an sich selbst zu denken. »Frühstück im Bett, und jeden Morgen eine ganze Stunde, in der ich mich ausschließlich um mich selbst kümmern kann« (Joanna). Aber es ist auch ein Aufbegehren gegen alle Normen und Konventionen, das Vergnügen, keinerlei Kollektivzwang zu unterliegen, nicht einmal den Regeln des Familienlebens oder den Blicken derer, die einem am nächsten stehen. »Die Freiheit, in Mickey-Mouse-T-Shirt und dicken Socken herumzubummeln, wenn man Lust dazu hat, den ganzen Samstag und Sonntag zu lesen, sich ausschließlich von Kuchen zu ernähren, zwei Stunden mit seiner besten Freundin zu telefonieren. Kurz: all die kleinen Annehmlichkeiten, auf die man nur schwer verzichten könnte« (Claudia). In der nostalgischen Erinnerung Martines (die heute verheiratet ist) an ihr verlorenes Glück finden sich übrigens vor allem diese Momente: »Ich würde voller Glückseligkeit meinen Sonntag im Bett genießen, mit meinen Büchern, meinen Kreuzworträtseln, meiner Musik und meiner Hündin. Das Glück in Reinform!!!«.

Ein unmittelbares Vergnügen, das durch eine zweite Ebene noch verdoppelt wird: die Freude darüber, Vergnügen zu empfinden, was einem die Vorzüge des Single-Daseins deutlich vor Augen führt. Daher auch die Tendenz, immer noch mehr solcher Annehmlichkeiten hinzuzufügen und die willentliche Unorganisiertheit noch zu vergrößern. »Nicht aufstehen, nur herumknabbern, nicht kochen« (Frédérique). Das Sich-Gehenlassen zu kultivieren – zugleich regressives Refugium und Freude an einem befreiten Selbst. »Man kann sich einfach gehen lassen: Unterhose, langer Pulli, zerzauste Haare, kein Pflicht-Lächeln, ein gutes Buch« (Joanna). Und nicht zu zögern, immer noch mehr Provokationen hinzuzufügen, wie in einer Art karnevaleskem Umkehrungsspiel. Danièle treibt ihre, wie sie es nennt, »Arbeitsniederlegung in Sachen Haushalt« bis zum Äußersten. Sie schaut zum Beispiel niemals nach, was sie noch im

Kühlschrank hat, und amüsiert sich dann darüber, zur »Improvisation mit dem, was man an Bord hat« gezwungen zu sein. Oder sich vor dem Spiegel Clown-Grimassen zu ziehen und laut zu lachen. Alles ist möglich: keiner schaut ihr zu.

Was diese regressive und freiheitliche Gehorsamsverweigerung betrifft, sind die Briefe unerschöpflich. Da ist häufig die Rede vom Ausschlafen bis in den späten Vormittag, von dicken Socken und vom Schokolade-Naschen. »Was für ein Glück ist es, in mein Bett gefläzt liegen zu bleiben, wie verrückt zu lesen und meine Tafel Schokolade zu mampfen« (Katia); »Ich sage mir, ich hab doch Glück, dass ich sonntags in einem unförmigen T-Shirt rumlümmeln kann, mit runtergelatschten Socken, und mir den Bauch mit Schokolade vollstopfen« (Marie-Christine). Das ist beinahe ein bisschen zu viel des Guten: Sollte sich das intime Leben alleinstehender Frauen tatsächlich auf dieses Bild reduzieren? Ist es tatsächlich möglich, dass kleidungsmäßige Nachlässigkeit und Schokolade den Zeitplan füllen? Natürlich nicht. Dass die Gesten der häuslichen Revolte so oft heranzitiert und in den Vordergrund gerückt werden, liegt daran, dass sie von zentraler symbolischer Bedeutung sind. Viel wichtiger als ihre Häufigkeit ist die Tatsache, dass sie überhaupt auftreten. Hören wir Marjorie einmal genau zu: Der Kern ihres Vergnügens liegt viel stärker in der Freiheit, es tun zu *können,* als in den Tatsachen selbst. »Ich liebe es, lange im Bett bleiben zu können, mich in meinen Laken zu räkeln, je nach Lust und Laune etwas zu essen oder auch nicht, von nichts abhängig zu sein, außer von mir selbst, und zu wissen, dass man einfach gehen könnte, ohne irgendjemanden davon informieren zu müssen«. Der Grund, warum diese Gesten in den Vordergrund gerückt werden, besteht darin, dass sie die greifbaren Zeichen einer weitergehenden, umfassenderen Freiheit sind, die nur schwer in Worte zu fassen ist. »Ich habe entdeckt, dass ich frei bin, dass mein Leben mir gehört. Wenn ich Lust habe, irgendwas zu tun, dann tu ich es auch. Die Freiheit ist etwas Wunderbares« (Charlène). Grenzenlose Freiheit, die Angst macht, wenn sie völlig ungebremst durch die Gedanken huscht, und die einen dazu drängt, sich an etwas festzuhalten und sich zu schützen. In den konkreten Gesten des Alltags hingegen nimmt sie die Gestalt eines einfachen und offensichtlichen Vergnügens an. Hier schlagen Jahrhunderte weiblicher Aufopferung zurück: Der Unermesslichkeit der individuellen Freiheit bleibt nichts anderes übrig, als sich in einigen konkreten Trägern zu manifestieren. Lange Vormittage im Bett und Schokolade sind, liest man zwischen den Zeilen, sehr vielsagend.

Die Leichtigkeit des Seins

Auch die Entscheidungsfreiheit trägt zur Freude an der häuslichen Revolte bei. Nichts schränkt einen ein, nichts zwingt einen; alles ist möglich, jederzeit. Das Leben wird als eine Folge von Richtungsänderungen erlebt, die mit geradezu beunruhigender Leichtigkeit vollzogen werden können: Es genügt, es zu wollen. Eine Art Freiheit in Reinform, die ein Trunkenheitsgefühl auslöst. Sabine kultiviert letzteres durch die Plötzlichkeit ihrer »Eskapaden«. Das Ganze spielt sich sonntags ab. Sie hat sich vorher nichts Besonderes für den Tag vorgenommen, lässt sich im klassischen Genuss dehnbarer Zeit und spontaner Bedürfnisse treiben. »Ja, diese Stunden des Lesens, Telefonierens und Badens, so lange ich Lust habe, genieße ich schon«. Sie hat es sich angewöhnt, auf dieser süßen Grundlage plötzliche Unterbrechungen zu improvisieren: Von einem Augenblick zum anderen wird die Gemütlichkeit des Bademantels gegen eine ausführliche Schminksitzung eingetauscht: Nun steht Ausgehen an. »An meinen Wochenenden: Spazierengehen oder Bademantel oder Kino. Meine plötzlichen Eskapaden«. Drinnen-draußen, Faulheit-Aktivismus: verschiedene Sequenzen können sich urplötzlich und ohne voraussehbare Logik abwechseln. Denn genau darin liegt das größte Vergnügen. Genauso wie die dicken Socken und die Schokolade ein klein wenig zu regressiv sein müssen, muss die Eskapade ganz besonders plötzlich und unerwartet sein, um die Wirklichkeit des freien Willens unter Beweis zu stellen.

Immer im Fluss und unvorhersehbar, zeichnet sich das Alleinleben durch ein Gefühl der Leichtigkeit aus. In meiner letzten Untersuchung (Kaufmann, 1999b) habe ich gezeigt, wie sich die Familie konstruiert, indem sie sich stark am häuslichen Alltag als fester Verankerung festhält, und dass die Identität jedes einzelnen schrittweise durch das Gewicht der Dinge definiert wird. Nun befinden wir uns in der genau gegenteiligen Situation: Das Leben erscheint leicht, weil die Identität weniger durch die Unveränderlichkeit des Konkreten als vielmehr durch eine Vorstellung vom eigenen Selbst definiert wird. Der Traum hat die Kraft, Berge zu versetzen.

Ein an Trunkenheit grenzendes Vergnügen, sich ohne jedes Hindernis selbst erfinden zu können, der Genuss der Leichtigkeit des Seins – und das Leiden an dieser unerträglichen Fliehkraft des Seins. Wieder zwei widersprüchliche Gefühle angesichts ein und desselben Phänomens: Die Leichtigkeit ist zugleich berauschend und schwer zu ertragen; ihre wesentliche Eigenschaft in Sachen Identitätsmanagement (das Leben erscheint leicht, weil es einfach ist, die Richtung zu ändern) färbt auf die ganz konkrete Wahrnehmung des Selbst als Substanz ab: Das Leben erscheint leer. »Die Wohnung als Rückzugsort, Pyjama, Fernseher – ich kenn' das alles. Und alle drei Monate für zwei Stunden ein Liebhaber. Das füllt kein Leben« (Flora). Das Gefühl der Leere kommt vor allem in »der Leichtigkeit der Stunden, in denen man nichts zu tun hat« (Sabine), an die Oberfläche und verdirbt das Vergnügen. »Heute bin ich bis elf

Uhr im Bett geblieben: keine Tränen, nur die Schwere der Stille« (Joanna). »Mein Gott, sind die Abende lang! Und erst die Sonntage!« (Manon).

Die Refugien sind zu klein und die Aktivitäten, mit denen sich das Selbst umgibt, zu fadenscheinig, um nicht als reines Füllwerk zu erscheinen: Die Mängel zeigen sich im Kontrast zum Traum von anderen Formen des Eingebundenseins umso deutlicher. »Keine Zärtlichkeiten, Fernseh-Wochenenden, sich immer selbst zu allem zwingen müssen, niemals Aufmunterung und Anfeuerung erfahren, keine Komplimente, und dann die vielen Tränen ...« (Dorothée). In dieser Umgebung, in der es ihr an identitärer Unterstützung fehlt, ist Dorothée, derzeit arbeitslos, dazu verurteilt, sich pausenlos dazu anzuhalten, ein positives Bild von sich selbst zu konstruieren. Maggy gelingt das ganz gut – abgesehen von den, wie sie es nennt, »Löchern«, wenn sie plötzlich zusammenklappt und dieses Abrutschen nicht mehr aufzuhalten ist, das sie völlig erstarren lässt, so dass sie nicht einmal mehr träumen kann und »auf überhaupt nichts mehr Lust« hat. Diese Zusammenbrüche hängen damit zusammen, dass sie nirgendwo richtig eingebunden ist. Im Fall von Dorothée sind diese krisenhaften Momente nur die Zuspitzung eines bereits problematischen Normalzustands. Aber es kann auch sein, dass, wie bei Maggy, das zwiespältige Leben plötzliche »Löcher« in einen ansonsten eher dynamischen und optimistischen Normalzustand reißt. Schauen wir uns zum Beispiel das Leben Violaines an, ein ständiger Kampf zwischen Licht und Schatten: »Manche Tage sind komplett verplant: Arbeit, Freizeit, irgendwelche Unternehmungen, Abendessen mit Freunden. Und dann gibt es auch Tage des Trübsalblasens, an denen ich mich hässlich und nutzlos fühle. Manchmal bleibe ich tagelang zuhause und kann nicht einmal mehr essen. Das Leben wird düster und leer«.

In diesen Augenblicken kann selbst das Telefon, dieser bedingungslose Freund, zum Verräter werden und die Abwesenheit noch betonen. Statt es zu vergessen, so lange es nicht klingelt, hört Frédérique auf schmerzhafte Weise sein Schweigen. Und je mehr sie darauf wartet, dass es sich endlich rührt, umso lauter spricht die Stille. »Manchmal fixier' ich mich total auf das Telefon. Ich warte und warte ... und bin mir sicher, dass es gleich klingeln wird, ich spüre es. Aber es klingelt nicht«. Früher konnte Justine nicht anders, als sich beim ersten Klingeln »wie eine Wahnsinnige« darauf zu stürzen. Bis zu dem Tag, als ein Anrufer diese Eile bemerkte. Seither bemüht sie sich, sich trotz ihres drängenden Verlangens unter Kontrolle zu halten, und zwingt sich, das Telefon zweimal klingeln zu lassen, bevor sie abhebt. Tatsächlich ist jedes Warten, worauf auch immer (das Warten auf das Klingeln des Telefons oder auf das plötzliche und wunderbare Erscheinen des Märchenprinzen) eine schlechte Technik, denn es betont zusätzlich den Mangel, den es eigentlich beheben soll. Da ist es besser, die Lücken mit verschiedenen Substituten zu füllen. Olivia richtet sich ihre allzu langen Wochenenden so ein, dass sie »überhaupt nicht mehr zum Nachdenken kommt«. Justine wendet eine ähnliche Methode an: die genaue Planung dicht gedrängter Unternehmungen. »Ich versuche, so zu planen, dass ich nicht allein bin und meine Zeit gefüllt ist«. Diesem scheinbar sehr rigiden Aspekt ihres Wochenendrogramms kommt jedoch vor allem das Verdienst zu, ihr die Illusion einer Disziplin zu vermitteln, die ihrem Leben Halt gibt. Denn bei genauerer Betrachtung sieht das Programm eigentlich doch relativ viel Zeit für wenig Förmliches vor. »Das Schönste ist mein lockeres Hin- und Herzappen zwischen verschiedenen kleinen Annehmlichkeiten: ich schaue fern, knabbere ein wenig herum, lese viel und führe endlose Telefongespräche«. Eine Art Hochzeit von Feuer und Wasser: Ihrem strukturierten Aktivismus gelingt es, eins zu werden mit dem Rückzug in ihr Refugium.

Aktivismus oder regressiver Rückzug – beide sind in der Regel defensive Verhaltensweisen (Flucht nach vorne oder schützender Rückzug), um der Angst vor der Leere, der düsteren Wahrnehmung der Leichtigkeit des Seins, entgegenzuwirken. Doch da ist keine Leere, da ist lediglich das Gefühl von Leere. Nur die Inhalte sind andere. Der übliche Kontext der Identitätskonstruktion wurde über den Haufen geworfen, einige Elemente wurden durch andere ersetzt: etwa das starre Gewicht des häuslichen Alltags durch die Reflexivität. Sicher, das erste Element, der häusliche Alltag, ist schwerwiegend und stabil, während das zweite, die Reflexivität, flüchtig und kaum greifbar ist, was einen glauben machen will, Wind sei an die Stelle von Blei getreten, und Wind sei nichts im Vergleich zu Blei. Nein, Wind ist nicht nichts, sondern einfach eine andere Art und Weise, das Selbst zu konstruieren, eine Art und Weise, die zu einem Großteil noch erfunden werden muss. Das Gefühl der Leere entsteht, weil die gewohnten Bestandteile der Identitätskonstruktion fehlen: ein stabiler, enger und dichter häuslicher Beziehungsrahmen. Das reflexive Face-to-Face mit sich selbst vermittelt im Gegensatz dazu den Eindruck eines Mangels an Substanz: Das Leben scheint allein an diesem wechselvollen Faden des denkenden Selbst zu hängen, und mit jedem neuen Tag müssen die eigenen Motivationen neu überdacht werden. »Was an der Einsamkeit so schwer ist, ist die Schwierigkeit, sich selbst zu motivieren, aktiv zu werden, vor allem morgens, wenn man einen freien Tag hat. Dieses Gefühl, pausenlos gegen die drohende Antriebslosigkeit ankämpfen zu müssen, weil man ja sowieso alles nur für sich selbst tut« (Nathalie).

VII. Draußen

Ausgehen

Das Refugium Bett und die Träume lassen nur für kurze Zeit Ruhe einkehren. Ein Gefühl der Leere drängt einen unausweichlich dazu, in Aktion zu treten. Und ebenso unausweichlich ist diese Aktion nur außerhalb der eigenen vier Wände vorstellbar; man muss ausgehen, um lebendig zu sein. Es gibt Anhänger des Drinnen und Anhänger des Draußen, jeder nach seinem Geschmack. Aber die Draußen-Fans erleben ihre Situation im Allgemeinen positiver. Ausgehen sollte somit nicht als reine Flucht gesehen werden, selbst wenn es oft so erlebt wird. Es ist auch eine andere, sozusagen ungewollt erfundene Art und Weise der Konstruktion eines sozialen Umfelds.

Manche (vor allem Männer) gehen extrem häufig aus. Das kann so weit gehen, dass man sie fast als Menschen ohne festen Wohnsitz ansehen könnte, weil sie so gut wie nie zuhause sind und auch viele Nächte und Wochenenden woanders verbringen (Lavigne, Arbet, 1992). Frauen sind nachts meist zuhause, gehen dafür aber tagsüber besonders oft aus dem Haus. Von den kleinen Einkäufen, Spaziergängen, den Freundinnen und dem Kino war ja bereits die Rede. Hinzu kommen eine Vielzahl kultureller Anlässe (es gehen mehr alleinstehende als verheiratete Frauen in Ausstellungen und Museen) und das Aus-dem-Haus-Gehen, um sich zu entspannen. Beispielsweise ist an den Strand zu gehen, entgegen gängiger Annahmen, eine Praxis, die sehr oft allein ausgeübt wird (Kaufmann, 1999b). Alleinlebende geben außerdem im Vergleich zu anderen Haushalten einen deutlich größeren Teil ihres Budgets für Kino, Theater, Konzerte, Restaurants und Cafés aus.

Ausgehen, um Leute zu treffen: Anonyme, Freundinnen, den hypothetischen Märchenprinzen. Ausgehen, um interessante Dinge zu sehen, andere Kulturen zu entdecken. Ausgehen, um *auch* auszugehen, wie all die andern, einfach handeln, um sich lebendig zu fühlen, dem Leben durch Bewegung Bedeutung zu verleihen. Géraldine reagiert auf das kleinste Gefühl von Leere. »Das kommt ganz plötzlich, ohne jede Vorwarnung! Und dann geht nichts mehr! Also gehe ich laufen oder wandern oder tobe mich auf dem Fahrrad aus«. Sport besetzt einen bevorzugten Platz, er stellt einen idealen Ausgleich zur Leichtigkeit des Seins dar, den Beweis dafür, dass die eigene Identität in einem greifbaren und stärkenden Körper zusammengeballt ist: das gesamte Selbst ist in der Anstrengung konzentriert. Daher auch der Hang, diese Anstrengung auf der Suche nach einem konkreteren Selbst bis ins Extrem zu treiben (Le Breton, 1991). Nelly verbringt täglich Stunden im Bodybuilding-Studio, um sich »eine Bauchmuskulatur anzutrainieren, die es mit Rocky aufnehmen könnte, immer mit Blick auf *die* wahre Begegnung, die irgendwann kommen wird«. Denn hinter der Beschäftigung mit dem eigenen Körper steckt noch dieses andere Ziel, das sich auf subtile Weise mit dem der identitären Verdichtung vermischt: Sie verleiht dem Traum der Begegnung Substanz, indem sie laufend die Prämissen einer Strategie erneuert, die bereits im Gange ist. Was macht es schon, wenn die Hoffnungen enttäuscht werden – bleibt doch die Freude an einem gut durchtrainierten Körper, an dem Spiegel-Effekt der Komplimente und Blicke, die einen darin bestätigen, dass es richtig war, so viel Zeit auf sich selbst zu verwenden. Logischerweise verbringen alleinstehende Frauen deshalb auch mehr Zeit als verheiratete in Friseursalons und Schönheitsinstituten.

Aus dem gleichen Grund: Aktivurlaub. »An verlängerten Wochenenden in den Bergen wandern, den Rucksack auf dem Rücken, und die Nacht in einer Hütte verbringen – das macht mir den Kopf frei« (Marlène). Oder, eine andere Version, die Ferien sind genau durchgeplant: mit kulturellen Aktivitäten und insbesondere Reisen (die von Singles wesentlich stärker konsumiert werden als von Familien). Die Ferien müssen reiflich überlegt sein, denn sie können zugleich für das Beste und für das Schlechteste am Single-Dasein stehen. In der Theorie sind sie das perfekte Gegenstück zu dieser schwierigen Leichtigkeit des Seins, ein radikaler Bruch mit dem problematischen Alltag. »Meine Ferien erlauben es mir, den Alltag zu vergessen und in meinem Leben einen Break einzulegen« (Laura). Doch schon beim kleinsten organisatorischen Fehler verwandelt sich das Paradies in eine Hölle. Denn in den Ferien kulminiert auch das Familienleben: Wo man auch hinsieht, lärmende und lachende Familien, die stolz ihre Ausstrahlung spazieren tragen. Unter der Sonne ist der erhobene Zeigefinger noch intoleranter. Nimmt man sich hingegen für die Ferien nichts Besonderes vor (zuhause bleiben oder die Ferien bei der Familie verbringen), ist ein anderes Desaster vorprogrammiert: eine noch leichtere Leichtigkeit, eine noch leerere Leere als gewöhnlich, eine Zeit, die einfach nicht vergehen will. Somit muss es also während der Ferienzeit unter allen Umständen vermieden werden, *nicht* aktiv und gut organisiert zu sein.

Man muss also weggehen, um der Zerbrechlichkeit des Selbst im eigenen Heim zu entfliehen. Doch wenn man sich *zu* viel im Draußen bewegt, kann das zum gleichen Gefühl von reinem Füllwerk, identitärer Flüchtigkeit und Müdigkeit führen. »Man spürt diese Energie und die wahnsinnige Freiheit, nach links und nach rechts zu gehen, wie einem der Sinn steht. Man sollte sich jedoch auch nicht zu sehr verzetteln. Manchmal reicht es mir auch, immer auf Achse zu sein, und ein großes Bedürfnis nach Ruhe und Frieden in meinen eigenen vier Wänden macht sich in mir breit« (Viviane). Furchtlose Eskapaden nach draußen und regressive Rückzüge nach innen wechseln sich in manchmal heftigen Schüben ab und skandieren das zwiespältige Leben. Jeder Exzess in die eine Richtung zieht unmittelbar ein Kompensationsbedürfnis in die entgegengesetzte Richtung nach sich.

Andere Beziehungen

Ausgehen um auszugehen, ausgehen um aktiv zu sein, aber auch ausgehen, um Leute zu treffen: Das Single-Leben entwickelt einen anderen Modus der beziehungsmäßigen Einbindung. »Wenn man keinen Anderen als Gegenüber hat, ist man stärker den anderen und sich selbst zugewandt« (Julia). Neugier, Kontaktfreude und die Intensität flüchtiger Beziehungen führen dazu, dass sich immer neue Köpfe in die Beziehungspolonaise einreihen: Der Mangel an engen und dauerhaften Beziehungen wird durch die Vielzahl und Vielfalt vorübergehender Kontakte kompensiert.

Im Kern dieses wechselhaften Beziehungsnetzes kristallisieren sich dennoch ein oder zwei stabilere und engere Beziehungstypen heraus: zur Familie, manchmal zu einem Liebhaber, und vor allem zu den Freundinnen. »Meine Freundinnen brauche ich so nötig wie das Schreiben. Ohne das eine wie das andere wäre ich nichts«. Für Joanne gehören die Freundinnen und ihr Tagebuch zum innersten Kern ihres Lebens, und sie bewegt sich zwischen diesen beiden Vorlieben hin und her wie zwischen zwei gleichermaßen geliebten, aber sehr unterschiedlichen Polen. »Da sitze ich dann vor meiner elektrischen Teemaschine und trinke Tee, und wenn ich es nicht mehr aushalte, mein Leben nur qua Stellvertretung wie aus zweiter Hand zu leben, dann fliege ich auf und davon zu meinen Freundinnen, die mir sagen: ›Du bist wunderbar‹«. Während das Tagebuchschreiben für die Arbeit an sich selbst steht, bedeuten die Freundinnen ein Bad in unmittelbarer, bedingungsloser Unterstützung, womit sie in diesem Punkt die Rolle des Ehemanns spielen – und das perfekt. Besser als ein Ehemann, sind die besten Freundinnen auch Vertraute. Alleinlebende Frauen haben mehr (meist weibliche) Vertraute, mit denen sie über Gefühlsdinge und über Sex reden können, als Frauen, die in einer Paarbeziehung leben: acht von zehn haben eine/n Vertraute/n, jede zweite hat mindestens zwei (Ferrand, Mounier, 1993). Mitunter ist der Vertraute ein Mann: Die Eingeständnisse sind dann weniger umfassend und weniger aufrichtig, aber eingehüllt in den Charme einer zarten Ambiguität. »Ich habe einen guten Freund, einen Vertrauten, der dieselben Dramen erlebt hat, von einem Abenteuer zum nächsten. Wir erzählen uns alles und wir verstehen uns. Das ist ein ganz spezielles Vergnügen« (Marcelline). Ein spezielles Vergnügen ist es auch mit dem »Ex«, wenn es gelang, freundschaftliche Bande aufrechtzuerhalten. »Ich lächle ihn an und höre ihm zu; da ist einfach zärtliche Zuneigung, keine Nostalgie: das ist vorbei« (Joanna). »Mit manchem ›Ex‹ ist es ein bisschen so wie mit den Freundinnen: Man wird zu seiner wichtigsten Vertrauten. Naja ... das kann dann auch mal zu einem verstohlenen Kuss führen, wenn einen die Romantik des Augenblicks in die sorglosen gemeinsamen Jahre zurückversetzt. Aber dann sehen wir auch sehr schnell wieder ein: Es würde nicht funktionieren, weil es auch damals nicht funktioniert hat« (Jenna).

Ganz unbestreitbar existiert ein besonderes Vergnügen an punktuellen Beziehungen, die einen vorübergehenden Kontakt herstellen, jedoch ohne dass das jeweilige Beziehungsengagement eine Verpflichtung beinhalten würde oder auf Dauer gestellt wäre – das also, was Mark Granovetter in seinem inzwischen schon klassischen Artikel (1973) »schwache Bindungen« genannt hat. Er hat gezeigt, dass diese Art von Bindungen paradoxerweise eine Stärke und Effizienz (im Hinblick auf die Lösung verschiedener Probleme) besitzen, die engeren und dauerhafteren Beziehungen überlegen sind. Alleinstehende Frauen, die mit ihrer Selbständigkeit zurecht kommen, sind meist beruflich sehr engagiert und bedienen sich zusätzlich dieses zweiten Faktors zum Gelingen ihres sozialen Lebens. Ihr Beziehungsnetz entspricht genau dem Modell mit der größten Effizienz: flexibel, offen, vielfältig und groß. Unter dem Gesichtspunkt einer identitären Unterstützung, die aus großer Nähe geleistet wird, ist es jedoch weniger leistungsfähig: Es fehlt ein dichtes, stabiles Zentrum. Oft füllen in einer ersten Phase die Freundinnen diese Rolle aus, mit der Zeit jedoch neigt diese Gruppe dazu, sich aufzulösen oder sich inhaltlich zu verändern (siehe 1. Teil, Kap. 2). Dann ist die Versuchung groß, sich auf die Familie zurück zu besinnen.

Die Familie

Es ist ziemlich schwer, etwas Definitives über die Frage der familialen Solidarität und der Kontakte zur Verwandtschaft zu sagen. Spielen sie in der heutigen Gesellschaft noch eine Rolle (vielleicht sogar eine größere denn je)? Quantitativ weist nichts auf einen substantiellen Rückgang hin: Verwandtschaftsbeziehungen spielen noch immer eine zentrale Rolle, und der Wunsch nach Anbindung ist groß (Donati, 1998). Doch die Beziehungen haben einen eher elektiven und punktuellen Charakter bekommen, und jede Einheit des familialen Netzes legt vor allem anderen Wert auf ihre Autonomie und »geht ihren eigenen Weg« (Coenen-Huther, Kellerhals, von Allmen, 1994, S. 328). Das von Leopold Rosenmayr und Eva Kockeis (1965) formulierte Prinzip der »Intimität auf Distanz« hat nichts von seiner Aktualität eingebüßt.

Die Ambivalenz der Beziehungen zur Familie tritt bei Singles besonders deutlich hervor. Eigentlich ist ihr Bedürfnis nach »wechselseitiger Unterstützung« (Martin, 1997, S. 287) besonders stark, was sie im Grunde dazu bewegen müsste, die Beziehungen zu intensivieren. Das ist unter bestimmten Umständen auch tatsächlich der Fall: wenn man sehr weit von der Familie entfernt wohnt, in Krisenzeiten, bei finanziellen Schwierigkeiten oder wenn eine Frau allein mit Kindern lebt und Hilfe benötigt. Aber jenseits dieser speziellen Kontexte haben alleinstehende Frauen auch nicht mehr Kontakt zu ihrer Familie als verheiratete. Wohnen die Eltern in der Nähe, haben sie oft sogar weniger Kontakt als verheiratete Frauen (Bonvalet et al., 1997). Und wenn es trotz aller Schwierigkeit zu regelmäßigem Kontakt und Unterstützung kommt, dann meist zur Unzufriedenheit der Betroffenen: Je wichtiger sie sind, desto mehr werden sie als notwendiges Übel erlebt (Coletta, 1979).

Warum sind enge Beziehungen zur Familie so problematisch? Ein Vergleich mit den Beziehungen zu den Freundinnen genügt, um die Antwort zu finden. Denn mögen die Eltern auch noch so guten Willens sein (und der Wunsch der Tochter, sie zu sehen, auch noch so groß), sie bleiben dennoch die Inkarnation des Modells für das Privatleben und sind somit eine ständige Quelle von Unbehagen. Im Gegensatz zu den Freundinnen leben sie auf einem anderen Planeten, dem Planeten der Normalen, dem Planeten, der mit dem »erhobenen Zeigefinger« auf einen deutet. Und manch kleine Bemerkung, die eigentlich nett gemeint war, gehört zu den grausamsten, die man zu hören bekommen kann. Die Kritik eines Anonymen kann nie so schwer wiegen.

Wenn auf der anderen Seite sehr enge Beziehungen bestehen, lauert eine andere Gefahr: die Eltern werden zum Paar-Ersatz, was unausweichlich auf einen ganz speziellen Sozialisationstypus hinausläuft. Das ist es, was an Familiensonntagen und –ferien so beängstigend ist: der Geruch dieses anderen Lebens, in das man sich so leicht hineingleiten lassen könnte. »Wenn ich mit meiner Mutter in die Ferien fahre, habe ich wirklich das Gefühl, eine alte Jungfer zu sein, die ihr altes Mütterchen ausführt – wenn nicht gar umgekehrt ... Oh, mein Gott!« Je älter die Eltern werden, um so größer wird die Gefahr: In der Regel wird unter den Geschwistern heimlich, still und leise die Single-Frau dafür ausersehen (da anscheinend am ehesten abkömmlich), sich um die Eltern zu kümmern – im Namen einer Art natürlicher Evidenz, die zumindest für sich hat, die alleinstehende Frau endlich wieder auf der Seite des »Normalen« zu platzieren (sie spürt die unterstützenden Blicke, die sie umgeben). Der Haken ist jedoch der, dass sie damit auf eine Einbahnstraße gerät: Dies wird von nun an ihr Leben sein, ohne die Leichtigkeit der Autonomie und mit einer sehr geringen Wahrscheinlichkeit, doch noch eines Tages einen Partner zu finden.

Deshalb ist die alleinstehende Frau (mehr als die verheiratete) jenseits aller Herzensneigungen dazu verurteilt, eine gesunde Distanz zur Familie zu halten.

Die Arbeit

Wie die Freundinnen macht auch die Arbeit keine derartigen Schwierigkeiten. Sie ist viel weniger problematisch als die Familie. Daraus entsteht eine verwirrende und schwer eingestehbare Hierarchie, die der früheren Werteordnung widerspricht, nach der die Familie ganz oben und die Arbeit ganz unten angesiedelt war. In Meinungsumfragen fühlt sich jeder (durch einen unsichtbaren moralischen Rahmen) dazu gedrängt, sich zwar nicht gegen die Arbeit als solche, zumindest aber gegen die Tatsache auszusprechen, ihr allzu große und ausschließliche Bedeutung zuzumessen.

Eine Zerreißprobe für die alleinstehende Frau, der ihre Arbeit gefällt. Sie ist hin- und hergerissen zwischen der Lust, sich in ihre Arbeit zu stürzen, und der Angst vor neuer Kritik, die auf sie niederhageln könnte (und sich damit zu den anderen Zeigefingern gesellte), um ihr anzuzeigen, dass es verurteilenswert ist, in dieser Richtung zu weit zu gehen. Berufliches Engagement beginnt häufig mit einer Flucht nach vorne, welche die Leere zuhause kompensiert. Je größer die Leere, desto mehr ist die Arbeit imstande, einen wirkungsvollen Ausgleich zu bieten. »Nun bin ich schon ein Jahr allein, habe weder Freundinnen noch Freunde, nicht einmal einen One-night-Stand. Dank meiner Arbeit, die mich sehr in Anspruch nimmt, komme ich nun endlich auf andere Gedanken«. Chloé gelingt es, auf andere Gedanken zu kommen, obwohl ihre Arbeit als Kassiererin nicht besonders spannend sein dürfte. Aber dennoch hat sie ihr viel zu bieten: Disziplin im täglichen Leben, einen festen Sozialisationsrahmen, ein lebendiges und geschlossenes Universum, das sie umhüllt und ihr Halt gibt, und obendrein einige freundschaftliche Beziehungen zu Kollegen. Edwige will es einfach nicht gelingen, auf andere Gedanken zu kommen: Sie träumt zu sehr vom Märchenprinzen. »Wenn man sich nichts anderes wünscht, als in den Armen seines Geliebten zu liegen, hilft nur noch, sich in die Arbeit zu stürzen«. Doch das Ergebnis ist das gleiche: Während sie auf die hypothetische Richtungsänderung ihres Lebens wartet, bedeutet die Energie, die sie in ihre Arbeit investiert, ein notwendiges Abreagieren (wie der Sport). Auch Bérangère träumt vom Prinzen, und während sie auf ihn wartet, versucht sie ihre Ungeduld zu zähmen, indem sie sich rückhaltlos in ihre Arbeit stürzt. Bei ihr steht diese Kompensation jedoch nicht für zwei getrennte Welten. Gerade in der Anstrengung und durch sie hindurch sieht sie sein Gesicht. »ER ist es, für den ich mich so sehr einsetze«. Und in ganz intensiven Momenten, wenn die Müdigkeit besonders groß ist, macht sich ein heimliches Lustgefühl in ihr breit: »Wenn mir vor lauter Arbeit ganz schwindlig ist, kann es sein, dass ich die Erschöpfung plötzlich geradezu genieße. Dann sehe ich ihn in meinen Träumen, wie er mich bewundert und unterstützt. Er findet mich hinreißend und ist mir ganz nah«.

Der Wunsch zu fliehen ist manchmal so groß, dass einem jede Arbeit, egal welche, den Dienst tun kann, einen zumindest, wie Chloé sagt, auf andere Gedanken zu bringen. Marie-Pierre, einfache »Klofrau«, macht unzählige Überstunden und nimmt überhaupt keinen Urlaub: Es gibt weder Urlaub noch Sonntage. »Wenigstens bei der Arbeit kriege ich Leute zu Gesicht. Ich lese und ich stricke«. Doch meist ist die Attraktivität der Arbeit ein entscheidendes Kriterium. Denn mangels anderer Identifikationspunkte konzentriert sich das Wesentliche auf sie. »Zum Glück liebe ich diese Arbeit!« ruft Géraldine aus, die bei dem Gedanken, ihr Arbeit zu verlieren, erschaudert. Daraus kann eine ausschließliche Abhängigkeit resultieren, die dazu führt, dass die eigene Stimmung mit jedem kleinen Ereignis ins Wanken gerät, ohne mögliches Korrektiv im privaten Rahmen. »Bei der Arbeit ist alles ok, das krieg ich gut hin. Aber wenn es mal weniger gut läuft und ich an so einen fiesen Hund gerate, dann fühle ich mich sehr einsam« (Ida).

Der zentrale Platz, den die Arbeit im Sozialisationsrahmen der Single-Frau einnimmt, veranlasst sie auch, sich für bessere Arbeitsbedingungen einzusetzen (während die verheiratete Frau bei der kleinsten Schwierigkeit Flucht oder Rückzug in die Familie in Erwägung ziehen mag). Dabei kostet sie dieser Einsatz gar nicht viel, denn energisches Handeln ist an sich schon eine Kompensation, ein Füllen von Lücken, eine Sublimierung der ständigen Selbstbefragung. Sobald die Arbeit attraktiv genug ist, konzentriert sich alles darauf, den entsprechenden Arbeitselan zu erlangen und die Motivation zu stärken. Und je größer Elan und Motivation werden, umso mehr verbessern sich die Arbeitsbedingungen und schaffen die Voraussetzungen für noch mehr Elan und Motivation: Eine wahre Spirale zunehmender Leistungsfähigkeit und wachsender Konzentration auf die Arbeit setzt sich in Gang. »In meiner Arbeit bin ich gut, schließlich habe ich etwas zu kompensieren« (Claire). Das funktioniert umso besser, als die Situation der alleinstehenden Frau eine geradezu ideale Disponibilität mit sich bringt. Sie hat Zeit, viel Zeit, manchmal sogar zu viel Zeit: Sie geizt nicht mit Arbeitsstunden. Auf ihren Schultern lasten nicht diese schweren Familienlasten mit all der Unbeweglichkeit, die sie mitbringen. Sie ist ganz Flexibilität und Mobilität. Disponibel ist sie, materiell wie mental: Ihr Kopf muss von nichts anderem in Beschlag genommen werden; Reflexion und Kreativität sind ihre Stärke.

Schlägt eine Frau den Weg des Familienlebens ein, schmälert sie damit ihre Chancen auf beruflichen Erfolg (aufgrund des Fortbestands der geschlechtsspezifischen Rollenteilung): »Die Ehe ist für die Frau in Sachen Beruf eine schlechte Sache« (de Singly, 1987, S. 76). Umgekehrt vereinigt die alleinstehende Frau alle günstigen Voraussetzungen auf sich. In den letzten Jahren konnte ein bemerkenswerter Durchbruch von Frauen in höchstqualifizierte Positionen festgestellt werden (Terrail, 1997). Dieser ist direkt verknüpft mit der Zunahme von Phasen des Single-Lebens, inbesondere im Alter zwischen 25 und 35 Jahren. Der Prozess kommt bereits in der Studienzeit in Gang: schulischer Erfolg ist der Auslöser dafür, sich auf einen Weg der Autonomie zu begeben. Die Freude an der eigenen Leistungsfähigkeit verdrängt die Suche nach einem Partner auf Platz zwei und verschiebt sie auf später. Im Moment ist da etwas Stärkeres, das zum Handeln antreibt. Oberflächlich betrachtet ist es der Erfolg im Studium und dann in der Arbeit; schaut man jedoch genauer hin, ist es die Entdeckung der Autonomie, die Definition des Selbst durch sich selbst und die persönliche Kompetenz im Rahmen dieses Vollzugs einer Selbstkonstruktion. Frauen sind dazu verurteilt, sich permanent zwischen Familienleben und Arbeit zu entscheiden und dabei ausgefeilte Strategien zu entwickeln (Commaille, 1992). Häufig geschieht das in zwei Etappen: zunächst den beruflichen Einstieg sichern, indem man nicht zu früh eine feste Beziehung eingeht; sich dann verstärkt dem Familienleben widmen, bevor es zu spät ist, um noch einen angemessenen Partner zu finden. Gefährliche und komplexe Kursänderung. Manchmal geht sie auch daneben: zu früh, zu spät, ungünstige Bedingungen, wenn der Augenblick geeignet scheint. Manchmal entwickelt der Weg der Autonomie eine so starke Eigendynamik, dass sich die Frau nicht mehr dazu entschließen kann, ihr Leben zu ändern. Ihre Beziehungen zu Männern bleiben flüchtige Erfahrungen.

Sich selbst sein – jenseits der eigenen vier Wände?

Es ist mitunter schwer zu sagen, wo zwischen Privatleben und Arbeit denn das wirkliche »Zuhause« ist. Die gewohnte Wertehierarchie kann sich sogar in ihr völliges Gegenteil verkehren: Émilienne fühlt sich im Büro wohler als in ihrer leeren Wohnung; nach Hause zu gehen, fällt ihr so schwer wie anderen das Zur-Arbeit-Gehen. »Im Büro läuft eigentlich alles prima: die Arbeit selbst, mein Chef, und wir haben eine angenehme Arbeitsatmosphäre. Und ich merke, dass ich das Heimgehen am Abend immer mehr hinauszögere. Heute bin ich erst gegen 20 Uhr 30 nach Hause gegangen«. Marlène war in derselben Situation. »Der Job nimmt in meinem Leben einen herausragenden Platz ein. Bei der Arbeit vergesse ich alles, ich tobe mich aus«. Nun wartet sie aber unglücklicherweise schon seit einem Monat auf eine neue Stelle. Es ist, als sei ihr ganzes Leben dahingeschmolzen. Auch ihre beiden Kinder ändern daran nichts, es gelingt in ihrer privaten Welt einfach nicht, die unerträgliche Lücke zu füllen, die ihr berufliches Leben hinterlassen hat. »Zur Zeit ist es wirklich grauenhaft. Keine Seminare, keine Besprechungen, keine Cocktails. Es ist, als wäre man ausgestöpselt. Wenn es nur endlich wieder losgehen würde!«

Die Familie ist nicht alles. Es ist durchaus möglich, sich seine Identität mit der Arbeit als Dreh- und Angelpunkt zu zimmern. Es ist sogar möglich, eine sehr positive Identität zu konstruieren, in der die Arbeit der ausschließliche Dreh- und Angelpunkt ist. Adeline lebt genau so. Anfangs war die berufliche Hektik eine Flucht, die es ihr erlaubte, die Schlinge der Reflexivität ein wenig zu lockern. Dann wurde daraus ein Taumel, ein Rhythmus jenseits von Gut und Böse, quer durch Europa von einem Flugzeug ins nächste, inmitten von Männern, die sich im selben hektischen Taumel befinden. »Ich habe die Gelegenheit, das Leben wie nur wenige Menschen zu genießen«. Und deshalb ist sie auch nicht bereit, »die Waffen und Koffer niederzulegen. Könnte mir irgendeiner dieser unzähligen selbstverliebten Schwätzer einen Grund geben, *nicht* auf meinem eingeschlagenen Weg weiterzugehen? Das ist wohl meine Schwäche: Ich glaube immer noch, dass ich etwas Besseres verdient habe als das«. Joannas Geschichte ist, was die Umkehrung der konventionellen Werte angeht, noch verblüffender. Sie lebte mit einem »zärtlichen und aufmerksamen« Partner, und es gab keinerlei ernsthafte Krise in dieser friedvollen Beziehung, einzig bei Joanna dieses Gefühl »eines Mangels, einer inneren Starrheit«, einer nicht ausreichenden Selbstbestätigung. Die Begegnung mit einer neuen Arbeitsstelle war entscheidend. Die Arbeit hat sie befreit, ihr ganz neue Seiten von sich selbst gezeigt. Sie spricht davon, als spräche sie von einem Liebhaber. »Sie hat mir ganz neu beigebracht, verführerisch zu sein und Selbstvertrauen zu haben. Sie hat mir Flügel verliehen, um mich aus diesem Kokon zu befreien, der mich so reduzierte und zu ersticken drohte«.

Aber ist es denn normal, die Arbeit einem zärtlichen und aufmerksamen Partner vorzuziehen? Es bedarf einer ganz außergewöhnlichen Charakterstärke, um sich dem sozialen Druck zu widersetzen, der danach trachtet, die als legitim definierte Wertehierarchie wieder herzustellen. Wenn sich die Konstruktion der Identität allzu ausschließlich an der Arbeit festmacht, kommt – unabhängig davon, wie groß die Erfolge sind – meist die Frage nach der Normalität wieder an die Oberfläche. »Fast jeden Tag« stellt sich Annabelle die quälende Frage: »Ist ein Leben ohne Liebe ein wirkliches Leben?« Und natürlich lässt es sich nicht vermeiden, dass ihr diese Frage ein Stück weit den Spaß verdirbt. »Wenn ich sehe, wieviel Spaß mir das Studium und die Arbeit machen, fällt es mir schwer zuzugeben, dass ich hinter der Energie, die ich dafür aufbringe, vielleicht auch das Unsagbare und die Schmach verbergen will: meine emotionale Einsamkeit«. Für Bérangère, die doch erst 25 ist, ist die Antwort inzwischen klar. Sie wollte eine »freie Frau« und »nicht von einem Mann abhängig« sein. Deshalb hat sie alles ihrem Studium und ihrem höchst erfolgreichen Berufsstart »geopfert«. »Heute frage ich mich, ob ich nicht die Gelegenheit verpasst habe. Ich habe eine Arbeit, die mir gefällt, aber das gibt mir keine Befriedigung mehr. Das Leben besteht nicht nur aus Arbeit«.

VIII. Männer

Der Arm

Das zwiespältige Leben spitzt die Gegensätze zu: Lachen –
Weinen, Drinnen – Draußen, fötaler Rückzug – Aktivismus.
Unterschiedliche Phasen wechseln sich ab, von einem Extrem
zum andern und mit plötzlichen inhaltlichen Brüchen. In der
Regel macht sich die Sehnsucht nach intimer Nähe nicht ununterbrochen bemerkbar, sondern wird immer wieder von der
Freude an einem selbstbestimmten Alltag ausradiert. »Seit
zehn Jahre lebe ich nun allein, und ich glaube, inzwischen würde ich es kaum mehr ertragen, jemanden an meiner Seite zu
haben« (Ida). Die Wahrnehmung der Lücke und der damit verbundene Schmerz treten ganz plötzlich und in Intervallen zu
Tage. Das, was man sich erträumt, nimmt dann in einem ganz
konkreten Bild Gestalt an: dem des Armes. Was einem fehlt, ist
der stützende Arm, die starken Arme, in die man sich hineinschmiegen kann. »Abends kommt es immer ganz drauf an:
Manchmal bin ich froh, dass ich allein bin und dass da niemand
ist, der mir auf den Wecker geht und mich davon abhält, das zu
tun, wozu ich Lust habe. An anderen Abenden könnte ich jemanden gebrauchen, der mich in seine starken Arme nimmt«
(Ida).

Ein sehr präzises Bild, das aber auf vielerlei Erwartungen
verweist: Arm ist nicht gleich Arm.

Der erste Arm reicht bis zur Schulter hinauf. »An manchen
Abenden fehlt mir die Schulter eines Mannes schrecklich« (Georgina). Die Schulter ihrer Träume ist die, an der sich der Kopf

ausruhen kann. Dieser Kopf, in dem sich alles dreht und der müde ist von dieser ganzen Infragestellerei des zwiespältigen Lebens. In ganz harten Momenten wünscht sich Anne-Laure allein schon wegen dieser Schulter, an der sie ihr Herz ausschütten könnte, die Anwesenheit eines Mannes. Die Schulter symbolisiert im weiteren Sinne eine unterstützende Nähe, die Ruhe und Sicherheit verleiht, die »bestimmte Situationen entdramatisiert« (Marjorie) und verhindert, dass aus einer Mücke ein Elefant gemacht wird. Und einfach nur Nähe, dieses unsagbare Salz des Lebens zu zweit, versteckt in den kleinen Nichtigkeiten des Alltags. »Meine Mahlzeiten und Ängste mit mir teilen, das Türschloss reparieren oder am Auto den Ölwechsel machen, sein Blick, seine kurzen Anrufe, seine kleinen Bemerkungen, ›einen Kaffee?‹, ›Gehen wir diese Woche mal ins Kino?‹« (Monique).

Der zweite und aktivere Arm ist der, der den ganzen Körper umschließt, wie das Refugium Bett – besser als das Refugium Bett. Er schließt sich um einen, drückend und beschützend, ein kurzer, aber höchst wichtiger Augenblick. Bei dieser Übung ist der Einsatz beider Arme des Mannes wichtig, weil nur dann ein vollständiges Umschlingen möglich ist. Die Briefe gehen deshalb an dieser Stelle tendenziell zum Plural über: Es ist eher von *den* Armen als von d*em* Arm die Rede. Doch die Verwendung des Plurals leitet unmerklich bereits zur dritten Erwartung über: verliebt in die Arme genommen zu werden. »Ich träume von Zärtlichkeiten und sanften Armen« (Manon).

Diese Zärtlichkeiten und sanften Arme gehen über die einfach nur beruhigende Nähe der Schulter hinaus. Es handelt sich um eine sehr subtile und feine Abstufung, die Erwartungen sind oft komplex und voller Ambiguität. Wenn Joanna erklärt, »die einzige Art und Weise, auf die ich gebremst werden will, ist die, von endlosen Zärtlichkeiten betäubt zu werden«, dann spielt sie hier nicht auf eine heiße Liebesszene an. Sie befindet sich noch in der Umschließung, der zarten und liebevollen Version der Arme, die sie umfassen, aber mit Gesten, die deutlicher sind als die passive Schulter, Gesten, die sanft die Linie ihres Körpers nachzeichnen. Der Liebesmangel scheint oft weniger bedeutend zu sein als das simple Bedürfnis nach Nähe. Doch die Omnipräsenz des Modells für das Privatleben verleiht dieser Erwartung schnell paar-förmige Gestalt. Marie-Christine fühlt plötzlich diese Leere, wenn sie schöne Musik hört oder die erste Frühlingssonne am Himmel strahlt. »Dann steigen mir die Tränen in die Augen, ich würde das gerne mit einem Mann teilen«. Und das Bild drängt sich auf: »In seine Arme genommen werden«; der Mangel an Nähe und das Ausbleiben einer Liebesgeschichte fließen darin zusammen – die perfekte Zusammenfassung aller Erwartungen in einem einzigen Bild. Doch die Sache hat einen Haken: Werden die Erwartungen (kraft des Modells) zu stark in Richtung Paar gelenkt, erinnert der Anblick der kleinsten Liebesszene zugleich auch an alle anderen Entbehrungen. »Was die Männer betrifft, fange ich manchmal plötzlich zu weinen an, völlig grundlos, einfach nur, weil ich eine zärtliche Szene im Fernsehen sehe. Es ist Jahre her, dass man mich sanft in die Arme genommen hat« (Gabrielle).

Und dann gibt es da noch eine Abstufung: Manchmal sind die Arme besonders stark, und die Bewegung ist eine sehr physische. »Da ist dieser wahnsinnige Wunsch nach seinen starken Armen, einer behaarten Brust«, gesteht Ida, bevor sie hinzufügt: »Und nach vielen kleinen Streicheleinheiten«. Denn nur selten umfasst das Bedürfnis nach Zärtlichkeit nicht auch alles andere.

Sex

Wie sieht das sexuelle Leben von Single-Frauen aus? Hier gilt das gleiche wie für viele andere Dinge: sehr kontrastreich und durchzogen vom zwiespältigen Leben. Was am durchgängisten und quälendsten vermisst wird, ist der Arm bzw. sind die Arme des Mannes: Nähe, Unterstützung und Zärtlichkeit, aber auch Aufmerksamkeit, die einem geschenkt wird. Das Bedürfnis nach Sex tritt wesentlich unregelmäßiger auf, überlagert manchmal das Bedürfnis nach Nähe und Zärtlichkeit und fügt ihm eine lebhaftere Dimension hinzu. Es kann aber auch sein, dass es sich es sich an bestimmten Punkten einer Biografie besonders stark manifestiert, als handelte es sich um eine Art Wellen der Befreiung. Die Geschichte Adriennes ist unter diesem Gesichtspunkt exemplarisch. Sie war sehr streng und religiös geprägt erzogen worden (mit ihrem Verlobten durfte sie nur in Begleitung einer Anstandsdame ausgehen). Ihre Scheidung war dann der Auslöser für eine rauschende Entdeckung körperlicher Freiheiten. Sie hatte einen Liebhaber nach dem anderen. »Das waren Liebesnächte, in denen man den Verstand zu verlieren drohte. Wir liebten uns jeden Abend, am Mittag, überall«. Dann kam die Zeit der Entzauberung. Die Geschichten hatten kein gutes Ende, die Sexualität verlor ihren befreienden Reiz. Heute hat sie »überhaupt keine Lust mehr auf das alles«. »Zwei oder drei Mal habe ich versucht auszugehen. Die Männer sind hässlich. Was soll ich hier rumhängen und tanzen?« Heute geht sie jeden Abend allein und resigniert um 20 Uhr 30 schlafen.

Die sexuelle Freiheit stellt für Frauen eine der stärksten Konkretisierungen ihrer Autonomie dar – nach vielen Jahrhunderten, in denen sie einzig Männern zugebilligt wurde. Um diese Freiheit lebendig werden zu lassen und sich als wirklich unabhängige Personen zu bestätigen, müssen sie also auf die eine oder andere Weise die Erfahrung dieser Freiheit machen. Dies fällt umso leichter, als die Frauen damit genau den Erwartungen vieler Männer entgegenkommen, die ihre alte Neigung beibehalten, sexuelle Beziehungen losgelöst von einem Beziehungsengagement anzustreben (Bozon, Léridon, 1993). Aber diese Freiheitserfahrung dauert nur eine gewisse Zeit. Denn im Gegensatz zu ihren Partnern »können es sich Frauen weniger leicht als Männer vorstellen, sexuelle Beziehungen ohne Liebe zu haben« (ebd., S. 1183). Nach dem Freiheitsrausch kommt die Zeit des Überdrusses, der Enttäuschung, der Sättigung und manchmal auch des Ekels. »Ich habe genug davon, mich als junge, attraktive Frau zu sehen, die noch zu haben und leicht zu verführen ist. Seither könnte man sagen: sexuelle Wüste« (Anne-Laure). Wie in den Geschichten von Adrienne oder Anne-Laure lässt sich nach besonders leidenschaftlichen Phasen oft ein beinahe nonnenhafter Rückzug, eine fast radikale Verweigerung beobachten: Ja zum Sex ausschließlich dann, wenn er Teil einer echten Liebesgeschichte ist. Im allgemeinen ist das Verhalten jedoch ein anderes, die Verweigerung keine totale: Sex wird ziemlich regelmäßig, wenn auch insgesamt selten konsumiert, eben hin und wieder einmal. »Unter der Bedingung, dass ich ein oder zwei Abenteuer im Jahr habe, liebe ich dieses Leben« (Olivia). Eine ähnliche Häufigkeit bei Angela, diesmal mit peinlich genauen Angaben: »Wenn ich wirklich mal auf weniger Keuschheit Lust habe, was bei mir alle sechs Monate der Fall ist, dann gönn' ich mir ein Abenteuer, so für drei Wochen, das mich dann wieder darin bestätigt, dass es mir allein viel besser geht«. Salomé schwankt sogar zwischen Lust und Enttäuschung hin und her. »Sex fehlt mir, wenn ich keinen habe, aber wenn ich welchen habe, dann bringt er mir nichts«. Der Reiz dieser regelmäßigen Durchbrechung ihrer Abstinenz kann sehr unterschiedlicher Art sein: rein sexueller Natur, wie bei

Salomé, oder eher Teil eines breiteren Bedürfnisses nach Begegnung, wie im Fall von Élisa. »Sexuelle Aktivität gleich null, Zärtlichkeitsbedürfnis extrem!« Und außerdem brauchen die Geschichten, die man sich erzählt, Nahrung, wird das Leben durch die Erzählung gewürzt; Tagebuch und Trostträume bekommen Substanz. Denn wird die Zeit zwischen zwei Affären zu lang, kann es tatsächlich passieren, dass Langeweile aufkommt. »Ein schlechter Traum, immer derselbe, und nur eine einzige, langweilige Person kommt darin vor: mein letzter Liebhaber« (Katia).

Auf Männersuche

Gibt es etwas, was Arm, Sex und Märchenprinzen zusammenhält? Gibt es eine Verbindung zwischen diesen höchst unterschiedlichen Erwartungen, zwischen dem einfachen Bedürfnis nach Nähe und einem wunderbaren Traum, zwischen enttäuschenden, auf den reinen Sexualakt reduzierten Abenteuern und dem Genuss sanfter Zärtlichkeit? Ja, diese Verbindung gibt es. Diese unterschiedlichen Elemente fließen in einem allumfassenden, notwendigerweise vage bleibenden Traum zusammen. Einem vagen und zugleich wandelbaren Traum: dem Traum vom Auftritt des wahren Märchenprinzen in märchenhaftem Szenario – sei es der »ideale Mann« oder, wenn die Kriterien der Erwartungen klarere Gestalt annehmen, der »passende Mann«. Doch in der einen wie in der anderen Version wird klammheimlich all das zusammengefügt, was man entbehrt: Nähe, Aufmerksamkeit, Unterstützung, Zärtlichkeit, Erotik. »Ich liebe meine großen Träume, von überraschenden Affären, die ich mir abends im Bett erzähle. Er, *der* Mann, kommt und nimmt mich mit, mitten in ein Märchen hinein. Alles ist in rosiges Licht getaucht, er ist sanft und freundlich, ich bin seine Prinzessin. Und dann passieren eine Menge überraschender Dinge. Manche kann ich gar nicht erzählen ... Neulich hatte ich ein Problem mit meinem Abfluss, das hat mich den ganzen Tag beschäftigt. An diesem Abend hat Er mich in Gestalt eines Super-Installateurs gerettet« (Virginia).

Das Besondere am Single-Leben ist, dass die Zukunft offen ist. Die Lebensweise und die Formen der Bewältigung des Alltags sind hypothetisch, nur Provisorien. Mögen sie auch noch so gut verankert sein, eine Begegnung kann jeden Tag alles über den Haufen werfen und eine ganz neue Geschichte beginnen lassen. Ein solch großes Ereignis wird nicht immer mit der gleichen Intensität erwartet. Ist das Single-Dasein gerade dynamisch und wird gut bewältigt, dann ist diese Erwartung eher schwach; ist das Alleinleben hingegen ungewollt und wird negativ erlebt, dann ist die Erwartung groß. Ganz weg ist sie jedoch nur sehr selten. Die Vorstellung von einem ganz anderen Leben läuft immer parallel mit und schiebt sich in mit Müdigkeit und Schwierigkeiten behafteten Momenten in die Gedankenwelt hinein. Oder nach einem festen Rhythmus, unter ganz bestimmten Umständen. Zum Beispiel vor dem Ausgehen (auch wenn es sich nur um banale Einkäufe handelt), am Abend in Gestalt angenehmer Träume, beim Aufwachen am Morgen, um dem Tag den richtigen Schwung zu geben. »Kaum dass ein Auge richtig offen ist, bebt mir schon das Herz, und ich sage mir: heute ist es so weit, vielleicht passiert es heute. Und das jeden Morgen« (Virginia). »Ich habe an jedem Tag aufs Neue die Hoffnung, dem Mann meines Lebens zu begegnen« (Marjorie).

Am intensivsten sind diese Gefühle jedoch, wenn man *so richtig* ausgeht, das heißt, wenn man mit dem (einzigen) unumwundenen Ziel ausgeht, einen Mann kennenzulernen – *den* Mann kennenzulernen, jetzt sofort. Die kurze Phase zwischen der Entscheidung auszugehen und dem tatsächlichen Zur-Tat-Schreiten ist emotional am meisten aufgeladen, und die Aufregung entführt einen in die wundervollsten Szenen. Der Traum streift seine Fesseln ab, denn er tritt der Wirklichkeit gegenüber und schreibt sich dadurch in eine Wahrscheinlichkeit ein, die ihn über einen reinen Phantasienebel zur Kompensation des Alltags hinauswachsen lässt. Er nimmt Gestalt an. In diesem Grenzbereich zwischen Traumwelt und Wirklichkeit sind die Gefühle am stärksten, und aus diesem Spiel mit den Möglichkeiten entsteht das Gefühl, hier tatsächlich am Beginn einer neuen Lebensgeschichte zu stehen, an dem all die wunderbaren Traumszenen endlich den Fakten gegenübertreten. Es ist ein Gefühl wie auf einem anderen Planeten; weder erscheint das erträumte Leben zu irreal noch das reale Leben zu weit entfernt von den Träumen. Babette lässt sich viel Zeit, um das Glück der Gesten, mit denen sie sich für's Ausgehen zurecht macht, voll und ganz auszukosten. »Wenn ich beschließe auszugehen, dann weiß ich: Heute abend werde ich ihm begegnen. Und dann fängt mein Herz wie wild zu schlagen an. Dann ist nichts anderes mehr wichtig, ich schalte nicht einmal mehr Musik an, ich fühle mich wohl in meinem Körper und in meinen Gedanken, und meine Finger kribbeln vor Aufregung, wenn ich mich schminke«.

Das Vergnügen mag hier etwas *zu* groß sein, denn schließlich gilt: Je größer das Vergnügen, desto unangenehmer ist das, was folgt: Die Tatsachen widersetzen sich dem Traum. Viele Briefe beschreiben dasselbe Verhalten: Am Ort des Geschehens angekommen, stellt die Frau mit einem kurzen Rundumblick fest, dass der Traummann nicht da ist. Kann man das wirklich so schnell sagen? Natürlich nicht. Die erste Wahrnehmung eines anderen Menschen liefert lediglich einige erste Indizien für den langen Prozess der gegenseitigen Typisierung (Berger, Luckmann, 1980). Nicht selten muss die Liebe zunächst durch einen ersten enttäuschenden Eindruck hindurch, bevor sie sich entfaltet. Doch hier ist es so, als würde das kleinste negative Anzeichen zum Vorwand genommen, um jeden Versuch, eine Beziehung anzuknüpfen, sofort wieder aufzugeben. »Wenn ich jemandem begegne, der mir nicht wirklich gefällt, lasse ich die Sache ohne langes Hin und Her wieder fallen, denn schließlich sage ich mir: Wozu soll das gut sein? Das mit uns würde sowieso nicht funktionieren« (Olivia). Schlimmer noch: Manchmal kommt es schon zur Entzauberung, bevor die Abwesenheit des Traummannes überhaupt festgestellt wurde, das heißt, bereits im Vorfeld bildet sich unversehens die Überzeugung heraus: Er wird nicht da sein. Die Illusion einer möglichen Vermischung von Traum und Wirklichkeit löst sich mit jedem Schritt, mit dem man der Konfrontation mit den Tatsachen näher kommt, ein wenig mehr auf, die wundervollen Szenen treten den Rückweg in ihre Traumwelt an. Und langsam setzt sich die Einsicht durch, dass das Herzklopfen etwas Künstliches hat. Das ist der Preis, der zu zahlen ist, wenn dieser Trick allzu oft angewendet wird. »Am Abend Schicksal, am Morgen Kummer« (Gaétane). Und je häufiger man diese Erfahrung macht, desto mehr wird die Illusion der Verschmelzung von Traum und Wirklichkeit zerstört und ihr emotionales Potential abgenutzt: Die Männersuche wird zu einer traurigen, wenn auch notwendigen Routine. »Eigentlich habe ich gar keine Lust drauf, zuhause würde es mir besser gehen. Aber es ist eine Frage von Leben und Tod. Wenn man gehen muss, muss man eben gehen« (Brigitte).

Das Ungleichgewicht

»Wenn ich ausgehe, möchte ich eine seltene Perle finden. Oft aber komme ich enttäuscht nach Hause, weil mir niemand sonderlich ins Auge gestochen ist. Und je mehr Zeit vergeht, desto mehr schwindet die Chance, doch noch die ersehnte Schwesterseele zu finden« (Marie-Christine). Warum kommt man so oft mit leeren Händen nach Hause? Das Problem liegt zum Teil darin, dass zu viel geträumt wurde. Sich zu sehr den Prinzen zu wünschen und auszumalen, macht es sehr schwer, einem Mann zu begegnen. Hier muss jedoch präzisiert werden, dass diese Übertreibung ganz bestimmten Gesetzmäßigkeiten gehorcht: Tatsächlich verhindert sie die Begegnung mit einem Mann vor allem dann, wenn gar nicht geklärt ist, ob wirklich Lust auf eine solche Begegnung besteht. Die Hauptsache spielt sich in dem inneren Konflikt zwischen den beiden Teilen des zwiespältigen Ichs ab. Wird das Single-Leben nur unerwünscht und unfreiwillig hingenommen, werden ernsthaft alle Bemühungen unternommen (sofern das möglich ist), um die Bedingungen für eine Begegnung zu schaffen (was nicht bedeutet, dass diese dann leicht zu bewerkstelligen ist). Wird das Single-Leben gut bewältigt, spielt sich die Geschichte eines alternativen Lebens in wunderbaren Szenen ab, von denen schwer zu sagen ist, welche Bedeutung ihnen tatsächlich zugemessen wird. Sie haben die Gestalt von parallel neben dem Leben herlaufenden Phantasieerzählungen, bei denen offiziell durchaus die Chance besteht, dass sie die Wirklichkeit kreuzen. In Wahrheit jedoch wird ihr Konkretisierungspotenzial genau kontrolliert und der Bewertung der Gegenwart untergeordnet: Ja zu einem möglichen Mann, aber nicht um jeden Preis. Je positiver die Gegenwart erlebt wird, desto höher steigt das Anspruchsniveau. Der absolut perfekte Mann oder gar keiner.

So erklärt sich, warum die alleinstehende Frau den verzweifelten Eindruck hat, durch die Wüste zu wandern: Das Hochschrauben ihrer Ansprüche senkt die Zahl ernstzunehmender Kandidaten; sie sieht niemanden, weil sie einen Teil derer, die sie sehen könnte, ausgeblendet hat. Das ist aber nur eine Teilerklärung, denn in Wahrheit ist die Landschaft tatsächlich ziemlich wüstenähnlich: Ökonomisch gesprochen besteht ein Ungleichgewicht auf dem »Ehemarkt«. »Und dabei geh' ich doch aus, geh' ins Kino, ins Café, sogar Tanzen. Aber ich habe immer das Gefühl, daneben zu liegen, nicht in der altersmäßigen Marktlücke zu liegen und nicht das passende sozio-kulturelle Niveau zu haben« (Gabrielle). Der Prozess, der hier abläuft, ist also folgender: Durch zu viel Träumen und zu hohe Ansprüche betont die Single-Frau zusätzlich ein bereits bestehendes Ungleichgewicht zwischen Männern und Frauen.

Für dieses Ungleichgewicht sind verschiedene strukturelle Gründe verantwortlich. Der erste hängt mit dem Altersunterschied zwischen Männern und Frauen in einer Paarbeziehung zusammen. Dieser liegt seit ungefähr dreißig Jahren unverändert bei etwa zwei Jahren; Männer heiraten jüngere Frauen (Bozon, 1990). Und je später sie heiraten, desto größer tendenziell der Altersunterschied: Sie wollen noch jüngere Frauen. Wenn sich Frauen nun aber die Zeit nehmen, sich erst einmal ihrem autonomen Leben zu widmen (insbesondere ihrem Studium und ihrem Einstieg ins Berufsleben), kann es ihnen passieren, dass sie sich anschließend in einer marginalisierten Position wiederfinden, ohne so recht zu verstehen, was ihnen hier eigentlich widerfahren ist. Die Zahl der Männer ihres Alters ist plötzlich viel kleiner geworden. Und je länger sie in ihrem autonomen Leben verbleiben und solo durchs Leben gehen, umso größer wird das Ungleichgewicht. Die Landschaft ähnelt tatsächlich einer Wüste.

Der zweite Grund ist, wie Gabrielle sehr gut erläutert, mit dem »soziokulturellen Niveau« verknüpft. Genauso konstant wie der Altersunterschied in Paarbeziehungen ist auch der Unterschied im sozialen Niveau: Das des Mannes ist höher als das der Frau (Bozon, Héran, 1987). Die Flugbahnen weiblicher Autonomie jedoch bringen eine wahre Revolution hervor: Je mehr sich die Frauen auf ihr Single-Dasein einlassen, desto erfolgreicher sind sie beruflich. Ergebnis: Sie erreichen ein so hohes Niveau, werden so beeindruckend, dass sie keinen ihnen angemessenen Kandidaten mehr finden. Und noch weniger einen, der ihnen überlegen wäre. Die Flugbahnen der Autonomie sind im Fall von Männern und Frauen tatsächlich unterschiedlich: Die Männer befinden sich eher unten auf der sozialen Leiter, die Frauen eher oben. Es besteht offenkundig keine Übereinstimmung, und die Bedingungen für die Entstehung einer Paarbeziehung zwischen Männern und Frauen, die es sich im Single-Dasein eingerichtet haben, sind höchst schwierig. Vor allem dann, wenn man die soziale Differenz und den Altersunterschied aufaddiert: Alleinstehende Männer wollen junge Frauen, die gesellschaftlich unter ihnen stehen. Single-Frauen sind nun aber beruflich erfolgreich und nehmen sich ausreichend Zeit, um ihre Autonomie zu festigen.

Und schließlich der dritte und letzte Grund: Die Erwartungen sind nicht dieselben. Seitens der Männer wird eher Sexualität und die Übernahme des Haushalts erwartet, seitens der Frauen Unterstützung und intimer kommunikativer Austausch (Francescato, 1992). Hier handelt es sich selbstverständlich um einen traditionellen Gegensatz, der in der Paarbeziehung meist in Gestalt eines subtilen Unzufriedenheitsmanagements zu einer Lösung findet (Kaufmann, 1995). Doch je länger das Warten auf den möglichen Partner dauert, desto mehr Zuspitzung und Präzisierung erfährt dieser Gegensatz: Aus weiblicher Sicht werden auch noch die letzten verfügbaren Kandidaten zu Enttäuschungen. Hortense, 49 Jahre, hat vor kurzem beschlossen, nichts mehr zu erwarten. »Ich lasse mich nicht mehr zu irgendwelchen Abenteuern hinreißen, die doch nur enttäuschend sind. Die Männer sind uninteressant«. Unausweichlich wird abgewogen: Was könnten sie mir geben? Was könnte mir dieser oder jener Kandidat geben? Und in der Regel macht der Kandidat neben der Frau, die ihn auf die Waagschale legt, eine blasse Figur. Viele Briefe gehen detailliert auf den Mangel an Kultur und Stil bei den betreffenden Männern ein – es ist, als kämen sie direkt aus einer anderen Zeit. Nicht nur ihr Geschmack und ihre Vorlieben sind andere. Die Stärke, die sich die alleinstehende Frau erarbeitet hat, führt auch dazu, dass sie die Qualitäten eines möglichen Kandidaten relativiert. »Warum gibt es unter denen, die übrig bleiben, so wenige tolle Typen?«

Schwarzmalerei

Irgendwann kommt dann die Zeit, da die Männersuche – sofern sie nicht erfolgreich war – langsam nachlässt und schließlich ganz eingestellt oder unter »reine Phantasie« abgelegt wird. Es kommt zum Rückzug in die eigenen vier Wände und zur Deaktivierung der zweiten Hälfte des Selbst, also derjenigen, die zuvor so viel Aufregung erzeugt hat. Seltsamerweise bewirkt dieses offene Eingeständnis des Scheiterns eine innere Ruhe, die der Wiedervereinigung des Selbst zu verdanken ist: Nach dem Sturm wird der Anker gelegt (vgl. Teil 1, Kap. 2). Auch das Nachdenken über sich selbst und das Bedürfnis zu schreiben gehen zurück – nur wenige Briefe gehen näher auf diese Phase ein, weshalb es mir unmöglich ist, sie genauer zu beschreiben.

Die stille (und ein wenig resignierte) Ruhe des Ankerns bildet einen Kontrast zur instabilen Aggressivität der vorausgehenden Phase. Die Sätze, mit denen man sich nun gegen die Wüste des Männer-Kennenlernens empört und die männliche Mittelmäßigkeit an den Pranger stellt, zeichnen sich durch besondere Vehemenz aus: Hier wird wirklich schwarzgemalt. Natürlich ist die Situation nicht gerade rosig und das beschriebene Ungleichgewicht macht es tatsächlich nicht gerade leicht, einen Mann kennenzulernen. Außerdem verschlimmern mangelnde Unterstützung, das Fehlen einer Schulter zum Anlehnen und von Armen, die einen umfassen, das Warten nur noch. »Wenn ich jemanden kennenlerne, der möglicherweise der Mann meines Lebens sein könnte, neige ich schnell dazu, zu klammern. Da ist ein solcher emotionaler und sexueller Nachholbedarf, dass ich möchte, dass die Beziehung ganz schnell ganz fest wird« (Olivia). Aber dennoch ist es frappierend festzustellen, wie sehr die Beschreibung dieser frustrierenden Situation zu Verallgemeinerungen und Übertreibungen neigt. Da wird nur noch Schwarz gesehen, wo es eigentlich viele Grautöne gibt.

Ein typisches Beispiel ist die Leidenschaft in Sachen Liebe. Nichts als Wüste sei hier in Sicht. Abenteuer, Bettgeschichten ohne Zukunft, aber keine wahren, schönen und großen Leidenschaften. Doch so düster sieht das Bild in Wahrheit auch nicht aus. Das, was an Leidenschaft erlebt wird, ist nur verglichen mit dem Traumbild mittelmäßig. Tatsächlich fängt das Herz bei vielen Gelegenheiten an zu klopfen, und sei es nur in dem Augenblick, in dem man sich auf Männersuche begibt. Einige verheiratete Frauen (insgesamt sechs) haben diese exzessiven Klagen gelesen und waren schockiert und empört. Deshalb griffen sie ihrerseits zur Feder: Sie, sie allein, wüssten, was das Wort »Wüste der Leidenschaften« bedeute, und die Single-Frauen wüssten ja gar nicht, wie viel Glück sie eigentlich hätten. Mit der Bitte, nicht zitiert zu werden (die ich natürlich respektieren werde), wollten sie ihrerseits ihre geheimen Freuden und Leiden mitteilen. Ihr Beziehungsleben ist weit von den Modellen entfernt, die die Medien propagieren. Sie erleben vor allem Einsamkeit, erkaltete Gefühle in ihren Beziehungen, die Langeweile der Alltagsroutine und das Zusammenbrechen unter den Haushaltslasten. Auch sie träumen vom Prinzen, aber ihre Träume haben nicht die Substanz derer, die eines Tages noch wahr werden könnten. Denn für sie ist es zu spät: Wenn sie sich aufrichtig auf den familialen Weg eingelassen haben, ist ihr Leben tatsächlich durch diesen Horizont begrenzt. Indem sie sich die Zeit in Erinnerung rufen, als sie selbst noch solo durchs Leben gingen, versuchen sie, das damals empfundene Zittern und

Beben, den damaligen Elan noch einmal in sich aufleben zu lassen. Die Zukunft war noch offen, unvorhersehbar und voller Versprechungen. Die Briefe enden alle gleich: Sie wenden sich an die Single-Frauen mit dem Rat, sich bewusst zu werden, welches Glück sie haben, und dass sie es zu nutzen wissen sollten.

Das Leben als Paar wird nicht immer so negativ wahrgenommen. Oft füllen freundschaftliche Zärtlichkeit und Teamgeist ohne größere Probleme die Leerstellen der Leidenschaft. Die Wahrheit ist vielfältig und liegt irgendwo dazwischen: weder dieser von manchen Frauen beschriebene Horror, noch der wunderbare Traum, den sich manche alleinstehenden Frauen ausmalen. Letztere neigen zur Idealisierung von Beziehungen, was auf den Einfluss des Modells für das Privatleben und seine Inszenierungen zurückzuführen ist: Familien stellen ihr Glück zur Schau. Die Schwarzmalerei in Bezug auf ihr eigenes Beziehungs- und Liebesleben resultiert aus diesem trügerischen Schein und dem Aufdrängen des Modells; beide betonen, was diese Frauen nicht haben oder was sie glauben, weniger zu haben. Dabei vergessen sie oft (besonders unter der Last der Einsamkeit), was sie anderen vorweg haben. In Wirklichkeit schreibt sich das Single-Dasein in einen ganz speziellen Typ von Beziehungs- und Gefühlsuniversum ein, der anders ist als die Norm, jedoch nicht grundsätzlich als weniger reich beschrieben werden kann. Im Gegenteil, unter bestimmten Aspekten (der offene und lebendige Charakter des Beziehungsnetzes, der Freiraum und die Möglichkeit, die eigene Lebensgeschichte selbstbestimmt zu schreiben, das Konkretisierungspotential der Träume, das Gefühl, das mit Überraschungen einhergeht etc.) und unter bestimmten Bedingungen gibt es nichts, worum die »alleinstehende« Frau ihre Kollegin, die den Familienweg eingeschlagen hat, beneiden müsste.

Der verheiratete Mann

Trotzdem bleiben konkrete Lücken und Probleme: Ein Umfeld aus wirklich engen und regelmäßig gepflegten emotionalen Bindungen gibt es nur bedingt, und die Zahl von Kandidaten, die »tolle Typen« sind, ist gering – zumindest in der Perspektive einer festen Beziehung, nicht jedoch für ein kurzes Abenteuer. Was letzteres betrifft, scheinen sich die Männer ganz im Gegenteil in Scharen zu drängeln (das ist zumindest der Eindruck, den man aus den Briefen gewinnt), insbesondere ein ganz spezieller Mann. Wir sind nun an dem Punkt angelangt, wo es Zeit wird, über eine neue Figur zu reden, die eine nicht zu vernachlässigende Rolle im Leben von Single-Frauen spielt: der verheiratete Mann.

Traditionellerweise ist sein sexuelles Leben ausschweifender als das seiner Ehefrau. Die Single-Frau verkörpert das ideale Opfer. Nicht nur, dass sie frei ist, sie hat auch ein Bedürfnis nach Zuneigung und Berührung. Für sie ist der verheiratete Mann eine Art undefinierbares Wesen, anziehend und abstoßend zugleich. Er ist definitiv ein Mann, mit allen Tugenden und Fehlern, die das impliziert, das Adjektiv »verheiratet« führt jedoch eine Einschränkung ein: Teilzeitmann, anderweitig vergeben, ein Mann, mit dem keine wirkliche Liebesgeschichte geschrieben werden kann. Nun besteht aber genau darin das im Innersten verfolgte Ziel: in der wahren Begegnung. Was also tun mit diesem Mann, der nicht wirklich einer ist? Das Bedürfnis nach Wärme, der Wunsch, den Traum Wahrheit werden zu lassen, bringt einen dazu, das Experiment dennoch zu wagen. Dies fällt einem umso leichter, als es dem raffinierten Verehrer mehr oder weniger gelingt, zunächst mit der Maske des Prinzen aufzutreten. Damit setzt er einen Betrug in Gang, der der Frau oft nur den bitteren Tag danach beschert.

»Bei mir folgt eine jämmerliche Begegnung der nächsten« (Régine).

Mitunter entsteht jedoch wirkliche Kommunikation. Die heimliche Beziehung ist von Dauer und beruht auf einer erstaunliche Anziehungskraft zwischen zwei Partnern mit so unterschiedlichem Status. Der verheiratete Mann legt die Regeln fest, nach denen das Geheimnis bewahrt werden muss, sowie die engen Grenzen, innerhalb derer der Austausch stattzufinden hat. Sein wahres Leben, oder zumindest ein wesentlicher Teil davon, spielt sich woanders ab. Es kann jedoch auch sein, dass die alleinstehende Frau Gefallen an diesem Vertrag mit seinen wohldefinierten Grenzen findet. Sicher, der verheiratete Mann ist weit davon entfernt, der Traumprinz zu sein, und es ist keineswegs so, als mündete das ganze Leben in eine neue Geschichte. Aber diese scheinbar falsche Antwort auf den heimlichen Wunsch hat durchaus ihre Berechtigung. Eben gerade weil sie nur eine Teilantwort ist und es ihr auf diese Weise gelingt, zwischen den beiden Teilen des zwiespältigen Selbst ein Gleichgewicht zu schaffen. Die Frau lässt sich auf ein Liebes- und Beziehungsleben ein, bleibt aber zugleich sie selbst, autonom, mit der Alltagsorganisation eines Singles. »Das gibt mir eine Art emotionale und sexuelle Sicherheit. Ich weiß, dass es nur etwas Provisorisches ist. Aber es erlaubt mir, darauf zu warten, dass ein neuer Märchenprinz kommt, um mich aus der Einsamkeit zu reißen«. Für Odile handelt es sich einzig und allein um einen Minimalvertrag. Der fragliche provisorische »Prinz« ist ein »ziemlich alter Herr«, den sie seit drei Jahren regelmäßig zweimal im Monat trifft. Und der sich allein schon deshalb nicht stärker auf die Beziehung einlässt, weil sie selbst es nicht tut. Pascale trifft ihren verheirateten Mann noch seltener. Emotional ist diese Beziehung jedoch anders gefärbt. »Ich habe einen Freund, den ich einmal im Monat sehe. Er ist nicht frei, aber ich erlebe mit ihm so intensive Augenblicke wie nie zuvor«. Ganz ähnliche Gefühle stellen sich bei Carmen ein. »Immer, wenn wir uns wiedersehen, ist das sehr intensiv. Keine Abnutzung, keine Routine, Vorteile ohne die Nachteile, und im Herzen immer die Erinnerung an diese so sehr herbeigesehnten Augenblicke. Das hilft mir sehr, den Rest zu bewältigen«. Also alles perfekt? Nein. Pascale würde eigentlich »ständig diese Bestätigung brauchen. So weit voneinander entfernt zu sein, ist nicht gerade ideal«. Auch Carmen beklagt die Entfernung und die Abwesenheit. »Die Zeit mit dem Mann, den ich liebe, ist zu kurz und zu selten. Die Ferien ohne ihn sind düster. Immer dieses Warten«. Hinzu kommt die Verunsicherung durch die Merkwürdigkeit der Situation, »die Schuldgefühle, wenn ich nicht da bin, wo ich hingehöre, sondern in einem Hotel mit ihm schlafe«. Wo ist dieser andere, legitimere Platz, wo man hingehört? Warum diese Schuldgefühle? Im Gegensatz zu ihrem Partner hat die Frau doch eigentlich nichts zu verbergen. Aber der erhobene Zeigefinger deutet bereits auf sie, und die Heimlichkeit der Affäre verstärkt das Gefühl, nicht dazuzugehören. Das innere Durcheinander nimmt noch zu, wenn die Beziehung, anstatt die beiden Teile des zwiespältigen Selbst zu verbinden, die Verwirrung noch vergrößert, indem sie dem Ganzen ein weiteres, drittes Lebensschema hinzufügt: Neben dem autonomen Ich und der erträumten Beziehung gibt es dann auch noch die undefinierbaren heimlichen Rendezvous, die weder autonomes Ich noch echte Beziehung sind.

Deshalb gelingt es der alleinstehenden Frau nur selten, aus ihrer Liaison mit dem verheirateten Mann ausschließlich »die Vorteile ohne die Nachteile« zu ziehen. Wenn sie sich sehr stark auf ihr autonomes Leben eingelassen hat, gelingt es ihr manchmal. Wenn sie hingegen auf einen Märchenprinzen oder Ehemann wartet, kann der verheiratete Mann nur ein provisorischer und enttäuschender Ersatz sein. Außerdem muss sie mit ihrem Beziehungsengagement auf sehr subtile Weise umgehen.

Nun gibt es aber einige Aspekte, mit denen sehr schwer umzugehen ist. So besteht zum Beispiel eine der typischen (und höchst erstaunlichen) Eigenschaften einer solchen Liaison darin, sich innerhalb einer genau geregelten Routine abzuspielen: Rendezvous zu genau festgelegten Zeiten, gefüllt mit Aktivitäten, die sich von einem zum anderen Mal kaum unterscheiden. Wie so oft ist die Frau zwiespältig. Einerseits kommt diese Regelmäßigkeit einer ihrer heimlichen Erwartungen entgegen: durch einen stabilen Rahmen gehalten zu sein. Zugleich aber entfernt sich diese Liebesgeschichte dadurch noch mehr vom Erträumten, verliert ihre überraschende und emotionale Seite, was bis zu dem unangenehmen Gefühl führen kann, alle Nachteile des alten Ehepaars abzubekommen, ohne die Vorteile des gemeinsamen Lebens zu genießen. »Ich hatte fünf Jahre lang eine Liebschaft mit einem verheirateten Mann, mit dem ich mich frei fühlte, geliebt und wohl in meiner Haut. Aber dann kamen Gewohnheit und Routine«. Roseline entschloss sich sehr schnell, die Beziehung zu beenden. Die Enttäuschung ist oft unvermeidbar, sobald der verheiratete Mann dazu neigt, seine anfänglichen Bemühungen, dem Prinz zu ähneln, aufzugeben. Manons Liebhaber hatte die Beziehung sehr schnell auf die rein körperliche Seite reduziert. Wenn sie ihn so in Turnschuhen und Trainingsanzug kommen sah, konnte sie nicht umhin, ihn sich vorzustellen, wie er – anstelle dessen, was sie von ihm erwartete – eine Art sportliche Übung ausführte. »Ich hatte keine Lust mehr auf diese Versteckspiel-Treffen einmal pro Woche. Offiziell waren das die Abende, an denen er ins Fußballtraining ging«.

Dass es zur Routinisierung und zu einer Reduzierung auf das rein Sexuelle kommt, ist jedoch keineswegs zwingend. Eine solche Beziehung kann sich durchaus auch ihren Überraschungsaspekt und ihre starke Emotionalität bewahren und so eine wahre Liebesgeschichte bleiben, die es wert ist, erzählt zu werden. Paradoxerweise macht das die Dinge aber nicht unbedingt leichter. Die Ambiguität des Anfangs (echtes oder falsches Paar?), dieser zunächst positive Faktor, der die Teile des zwiespältigen Selbst wieder zusammenzufügen schien, wird zu einem Problem, wenn sie verschleiert, worum es wirklich geht, und einer Entscheidung im Wege steht (die Beziehung beenden oder nicht?). Das Selbst wird dann noch zwiespältiger und verliert vollends seine Entscheidungsfähigkeit, lässt sich einmal hierhin, einmal dorthin treiben. »Die beiden kleinen Stützräder hinten an meinem Fahrrad, mit denen ich lernen soll, durch's Leben zu fahren, heißen Didier. Ich kann mich einfach nicht entschließen, sie abzuschrauben. Und das trotz all der Stürze, die sie verursachen, trotz der Blessuren an meinem Herzen, der Schrammen an der Seele und der Pflaster auf der Selbstliebe. Sehr schlecht zu leben, nur um nicht allein zu leben – das ist es eigentlich wirklich nicht wert. Aber ich habe einfach noch nicht die nötige Kraft« (Évelyne).

Bleibt als einzige Möglichkeit ein Trick, der auch sehr oft angewandt wird: die einseitige Liebe. Mit größter Intensität eine Liebesgeschichte erleben, die eigentlich wenig Anlass zu solchem Überschwang gibt, weil die Tatsachen dagegen sprechen. Pascale hat sich dies sogar zur »Lebensregel« gemacht. »Ich habe beschlossen, mir das zur Lebensregel zu machen: die guten Momente in vollen Zügen genießen, sie wie ein Bonbon so lange wie möglich auskosten, und sie dann in der Hoffnung, dass sie wiederkehren, im Gedächtnis behalten«. Mit anderen Worten: Die Wirklichkeit dafür nutzen, den Träumen mehr Substanz zu verleihen. Doch auch hier lauert wieder Gefahr. Wurde dem Traum erst einmal mehr Substanz verliehen, kann es passieren, dass er Mauern um das Leben zieht. An dieser Schraube darf also nur sehr vorsichtig gedreht werden. Was Nadège nicht gelungen ist. Hier ist ihre traurige Geschichte: Obwohl sie zugibt, dass sich ihr Liebhaber (der sie vor vier Jahren verlassen hat, ohne eine Adresse zu hinterlassen) niemals wirklich auf sie eingelassen hat, weigert sie sich aufzuhören, an diesen völlig verrückten Traum zu glauben. »Ich habe mit meinen Fingerspitzen das Absolute berührt, und ich kann mich nicht dazu entschließen, mich mit weniger abzufinden. Er bleibt für mich meine große Liebe, meine große Leidenschaft«. Entschieden verweigert sie sich der Realität, und sie ist nicht bereit, sich auch nur eine einzige Sekunde lang auf andere Männer einzulassen, die auf sie zukommen wollten. Nur zwei Dinge zählen: ihre Träume und die Vorstellung von einem anderen Leben nach dem Tod, dem sie, mit 32 Jahren, schon ernsthaft entgegenblickt. »Ich koste meine Nächte aus, in denen mich meine Träume zu ihm führen. Das sind meine einzigen wahren Glücksmomente. Abgesehen davon verkrieche ich mich mit meinem Geheimnis in der Nichtigkeit. Und mit der Hoffnung auf ein anderes Leben, in dem wir uns werden lieben können. Diesmal am helllichten Tag«.

Die Träume gehen leicht mit einem durch. Weil sie im Leben von Single-Frauen eine ganz wichtige Rolle spielen. Aber auch, weil verheiratete Männer nicht immer solche Rüpel sind, wie die zuvor beschriebenen. Auch wenn sie nicht für »das Absolute« stehen können, kommt es doch vor, dass ihre Qualitäten und Aufmerksamkeiten (die ihnen umso leichter fallen, als sie sich auf einen ganz bestimmten Rahmen und eine beschränkte Zeit limitieren) das kleine Kontingent an verfügbaren Männern noch blasser erscheinen lassen. Viele Frauen hängen sich deshalb, wie Fabienne, an unmögliche Geschichten. »Seit acht Jahren lebe ich ein Leben auf der Kippe: eine ganz große Liebe mit jemandem, der nicht mehr frei ist. Und ich gehe durch die Schule einer anderen Einsamkeit: der Einsamkeit der schmerzhaften Abwesenheit, voller Zweifel und Eifersucht«.

Dritter Teil

Die Flugbahn
der Autonomie

Das vorherrschende Modell für das Privatleben drängt einen dazu, sich einen Partner zu suchen und mit ihm als Paar zu leben. Aber da ist noch eine andere, mysteriöse Kraft, die einen in die genau entgegengesetzte Richtung zieht: Könnte das Alleinleben vielleicht doch die bessere Alternative sein, um den Traum vom souveränen Individuum, vom alleinigen Herrscher über sein Schicksal voll und ganz zu verwirklichen?

Diese Kraft bringt offen gesagt sehr unterschiedliche Lebensflugbahnen hervor – das bisher Gesagte hat lediglich eine Art Durchschnittsporträt entstehen lassen. Im folgenden werden wir nun zwei höchst unterschiedliche Teiluniversen davon kennen lernen. Die Schattenseite, die tiefste Nacht bedeutet. Und die wunderliche Sonnenseite, auf der sich das Leben trotz aller Wunden Bahn bricht, in einer ungewissen Flucht nach vorne, hinein in immer lichtere Räume.

IX. Sich selbst sein

Begriffe haben eine Geschichte, die es wert wäre, erzählt zu werden. Man verwendet sie, um Fakten zur Sprache zu bringen, und ihre Definition ist einerseits stabil, unterliegt andererseits aber auch einer pausenlosen Be- und Umarbeitung. Sie müssen stabil und kollektiv anerkannt sein, weil diese Eigenschaften die Voraussetzung dafür sind, dass sie als klar wiedererkennbare (und in Wörterbücher eingeordnete) Begriffe Gestalt annehmen können. Zugleich müssen sie aber auch variabel und für unterschiedliche Verwendungsweisen geeignet sein, weil der Forscher sein Werkzeug (im Geheimen seines Laboratoriums) nach seiner je eigenen Façon und mit seinen eigenen aktuellen Zielsetzungen vor Augen gebraucht.

Der Begriff der Flugbahn

Diese beiden verschiedenen Komponenten eines Begriffes lassen sich am Beispiel der Flugbahn sehr gut veranschaulichen – einem Begriff, von dem man meinen könnte, er behalte immer die gleiche Bedeutung, während er doch auf vielfältige Weise verwendet wird. Viel von seiner Schlagkräftigkeit hat er der »balistischen Metaphorik« (Passeron, 1991, S. 205) zu verdanken: Er ist die Kraft, die das Individuum in eine Lebensgeschichte hinein lenkt, welche dann ihre Logik abspult. Wenn es jedoch darum geht, diese Kraft näher zu bestimmen, gehen die Analysen auseinander. Claude Dubar (1998) unterscheidet hier zwei grobe Richtungen. Da sind zum einen die Theorien, die der »objektiven Flugbahn« eine größere Bedeutung zumessen und sie als Aneinanderreihung von gesellschaftlichen Positionen verstehen, deren Gesetzmäßigkeiten über die Individuen hinausgehen und sie konstruieren. Dem gegenüber stehen die »subjektiven Flugbahnen«, individuelle Erzählungen auf der Grundlage autochtoner Kategorien. Dubar ruft nun zu einer Zusammenführung dieser beiden Facetten des Konzepts auf, die es ermöglichen würde, die zwei Gesichter von Identitätsprozessen in den Blick zu nehmen. Aus diesem Grund bildet er eine Synthese aus den bisherigen Erkenntnissen (Dubar, 1998).

Ich habe hier nicht denselben Ehrgeiz und werde mich statt dessen damit zufrieden geben, das begriffliche Werkzeug nach meiner eigenen Façon zu verwenden. So ist es zum Beispiel unmöglich, sich hier in wenigen Zeilen kritisch mit dem Beitrag Pierre Bourdieus auseinander zu setzen, der mit großem Einfallsreichtum, aber, wie mir scheint, auch mit einer theoretischen Intention, die eine therapeutische Funktion beinhaltet (erstarrtem Habitus mehr Spielraum zu geben), den »spezifischen Laufbahneffekt« (1992, S. 707) analysiert. Am objektiven Pol angesiedelt, definiert er biografische Verläufe als eine Folge von Verinnerlichungen des Wahrscheinlichen mit einem so klaren Verlauf, dass Jean-Claude Passeron (1991, S. 205) diesen als »zu schön für den Stoff, aus dem die gesellschaftlichen Dinge gemacht sind« bezeichnet. Die Soziologen der Chicagoer Schule hingegen tauchen in den konkreten Reichtum der Interaktionen ein, sie lassen uns diesen Stoff mit den Fingerspitzen berühren und eine ganz andere Sichtweise der Flugbahnen – häufiger »Laufbahnen« genannt (Becker 1973) – entdecken (Strauss, 1978). Das Ziel besteht darin, eine biografische Entwicklung als Kreuzung von inneren Prozessen und gesellschaftlichen Rahmenbedingungen der Erfahrung zu verstehen. »Zu den Vorteilen des Begriffs der Karriere gehört seine Doppeldeutigkeit«, welche ein Hin und Her »zwischen dem persönlichen und dem öffentlichen Bereich, zwischen dem Ich und der für dieses relevanten Gesellschaft« ermöglicht (Goffman, 1973, S. 127).

Ein so definiertes begriffliches Werkzeug passt schlecht zu der Forschung, um die es hier geht. Das Gesellschaftliche ist auf die Interaktionen beschränkt, und vor allem fehlt eine historische Dimension, die gesellschaftliche Genese der Kontexte (Terrail, 1995). Bei dem Gegenstand, der uns interessiert, spielt die Geschichte nun aber eine zentrale Rolle. Unausweichlich reißt sie die Individuen, die oft nicht wissen, wie ihnen geschieht, mit sich. Sie macht Personen zu gesellschaftlichen Erneuerern, die es gar nicht darauf angelegt haben; Personen, die auf diese Weise Geschichte machen und durch ihre Taten und Gesten den Prozess beschleunigen, der sie zu Vorreitern macht – ohne dass sie es wollten.

Der Begriff der Flugbahn, wie ich ihn hier verwenden möchte, stellt diesen historischen Vorwärtsdrang in den Mittelpunkt, bleibt zugleich aber der soziologischen Tradition des Begriffs verbunden. Damit gewinnt er eine Breite, die mit einfachen biografischen Laufbahnen nicht mehr zu vergleichen ist: Die Flugbahn der Autonomie hat einen langen Atem, der weit über Einzelexistenzen hinausreicht. Sie ist zugleich Teil des Mikroalltags einzelner Leben und Teil langfristiger historischer Prozesse.

Der ununterdrückbare Drang, sich selbst zu sein

Immer wieder kommt die gleich Frage hoch und lässt einen einfach nicht los: Warum führe ich dieses seltsame Leben? Das Beunruhigendste daran ist, dass man sich einerseits frei, ganz außerordentlich frei fühlt, zugleich aber völlig wehrlos, mitgerissen auf dieser rätselhaften biografischen Flugbahn. Worin liegt der Schlüssel für dieses Mysterium? Wer zieht die Fäden dieses Schicksals? Weder dem Spiegel noch der Wahrsagerin, weder dem Tagebuch noch den Freundinnen gelingt es jemals, eine Antwort darauf zu geben.

Und dabei liegt der Schlüssel zum Mysterium eigentlich auf der Hand. Aber er ist schwer zu erklären, wie alle einfachen Dinge. Der Schlüssel findet sich vor allem im Zusammenhang mit dem langen Prozess der Individuierung des Gesellschaftlichen, der heute in hohem Maße als Motor des Wandels in Erscheinung tritt: Das moderne Individuum will mehr und mehr Herrscher über das eigene Leben sein, sich seine eigene Wahrheit zurechtlegen, seine eigene Moral wählen und selbst verantwortlich für seine Identität sein. Natürlich ist es weit davon entfernt, so autonom zu sein, wie es meint. Doch was hier zählt, ist die kontinuierliche Erweiterung seiner Entscheidungsspielräume, und zwar in den unterschiedlichsten Bereichen. Die Entscheidung, als Paar zu leben oder nicht, ist nur *ein* Element in einem sehr viel umfassenderen Prozess.

Allerdings ein wichtiges Element. Es gibt kaum eine andere Entscheidung, die so weitreichende Folgen für die Zukunft hat. Denn sein Single-Dasein zu beenden, hat in zweierlei Hinsicht einschneidende Konsequenzen für die eigene Identität. Zunächst ist da die Veräußerung eines (mehr oder weniger großen) Teils des Selbst an die neu gebildete Einheit ›Paar‹. Ein Paar kann nur aus der Fusion eines Teils der individuellen Identitäten der beiden Partner entstehen. Wenn daraus ein ›Wir‹ wird, kann das Individuum nur noch kontrolliert und innerhalb gewisser Grenzen es selbst bleiben. Hinzu kommt, dass die familiale Integration die biografische Flugbahn auf einen anderen Kurs lenkt, der durch eine Reihe von Etappen genau festgelegt ist, welche in logischer Reihenfolge aufeinander folgen (Kaufmann, 1999). Der unvorhersehbare, wilde Strom des Lebens wird zu einem ruhigen Fluss. Aus der Perspektive des Individuums, das versucht, Herrscher über das eigene Schicksal zu bleiben, kommt dies einem doppelten Verzicht gleich: ein Teil der Identität wird kollektiviert, während sich der andere mit einem vorgegebenen Horizont konfrontiert sieht.

Das Einfachste ist natürlich, sich vom Strom eines Lebens als Paar mitziehen zu lassen, ohne sich irgendwelche Fragen zu stellen. Am besten noch in seiner Idealversion: große Liebe, Märchenprinz. Nun lässt sich der Prinz aber oft sehr viel Zeit, bis er sich zeigt, und inzwischen denkt man über die beiden Lebensalternativen, die beiden möglichen Flugbahnen, nach und vergleicht sie. Die Gedanken kreisen dann vor allem um folgendes Thema: Was könnte mich, mangels eines angemessenen Bewerbers, dazu bewegen, allein zu bleiben, was sind die Vorteile dieser Option? Die Briefe beschreiben in aller Ausführlichkeit diverse Antwortversuche, oft werden die Argumente des Für und Wider regelrecht aufgelistet. Merkwürdigerweise werden in diesen Auflistungen ständig zwei unterschiedliche Arten von Gründen vermischt: konkrete Alltagsdetails (Frühstück im Bett, unkomplizierter Haushalt etc.) und abstrakte, nicht genau bestimmbare Prinzipien (sich selbst sein, sich frei fühlen etc.).

Die Details der Alltagsorganisation stellen Motive dar, die eindeutig bezeichnet werden können und von denen genau gesagt werden kann, welche Bedeutung sie für einen haben – so als entstammten sie dem eigenen tiefsten Inneren, wohlbekannte Elemente einer strikt persönlichen Welt. »Lesen, wann immer ich will, drei Stunden im Badezimmer verbringen, mein Leben nicht dem Küchen- und Haushaltsfrondienst widmen müssen, für nichts auf der Welt würde ich das aufgeben« (Alexandra). Die abstrakten Prinzipien hingegen lassen die Frau, die sie ausspricht, Teil einer größeren Entwicklung werden, die über sie hinausgeht und sie mitreißt. »Ich wünsche mir Glück, ich möchte mein Ich zum Ausdruck bringen, ich will intensiv leben. Ich fühle mich reich und leicht, voller Elan und Energie. Warum sollte man sich selbst um die Chance bringen, intensiver zu leben?« (Alexandra). Der Vorwärtstrieb der Geschichte ist spürbar: ein ununterdrückbarer Drang, sich selbst zu sein, lenkt einen in dieses undefinierbare Schicksal. Die Tatsache, dass wir es hier mit einer Vielzahl von Zeichen zu tun haben, die schwer in Worte zu fassen sind und irgendwie diffus bleiben, spricht dafür, dass dieser Sog über das eigene Ich hinausgeht. Die Frau, die ihre Autonomie ausprobiert, hat ein vages Bewusstsein davon, Teil eines Gesamtprozesses zu sein. Übrigens sind diejenigen unter ihren Freundinnen, die diesen Seelenzustand teilen, ja der lebende Beweis dafür: Die Macht, die einen dazu bringt, solo zu bleiben, ist nicht nur eine innere Macht.

Was für eine Dynamik ist das, in die man sich hineingezogen fühlt, und wie lässt sie sich in Worte fassen? Man merkt den Briefen ihre Unzufriedenheit mit der Dürftigkeit der Antworten an – Antworten, die zwischen alltäglichen Belanglosigkeiten und vagen Allgemeinplätzen hin- und hernavigieren. Daher auch die langen Aufzählungen. Und der offensichtliche Wunsch, die zweierlei Arten von Gründen so eng wie möglich zu verzahnen, so als würde sich aus dieser Verzahnung von einerseits zu Konkretem und andererseits allzu Allgemeinem die Wahrheit, die hinter diesem Sog steckt, herausschälen. Keineswegs zufriedenstellender sind die Ausführungen, wenn es darum geht, zu sagen, ob das Single-Dasein frei gewählt oder erzwungen ist. Viele Briefe lancieren innerhalb weniger Zeilen die eine wie auch die andere These. Auch hier ist es schwierig, das, was irgendwo dazwischen liegt, zum Ausdruck zu bringen. Die Wahrheit liegt nun aber (wie in den meisten Fällen) irgendwo dazwischen. Die Autonomie übt unwiderstehlich ihre Anziehungskraft aus, und die Frau fühlt sich von einem Sog mitgerissen, der stärker als sie selbst ist. Und doch ist es sie allein, die entscheidet, und zwar indem sie sich auf persönliche und konkrete Motive beruft. Das Leben als Single ist etwas, das einerseits erlitten und andererseits gewählt wird. Hier liegt übrigens das Geheimnis der Flugbahn und das Mysterium dieser mitreißenden Kraft: Sie entsteht aus dem Aufeinandertreffen von Elementen aus dem tiefsten Inneren einzelner Menschen und gesellschaftlichen Entwicklungen, die auf einer ganz allgemeinen Ebene angesiedelt sind.

Der kollektive und dynamische Aspekt der Flugbahnen (der Sog, der einen mitreißt) ist nichts anderes als das Ergebnis der persönlichen Mikro-Entscheidungen einer unendlichen Zahl von Individuen. Dennoch ist jeder einzelne mit ihm als einer äußeren Wirklichkeit konfrontiert. Auch dann, wenn dieser einzelne so gut wie nicht darauf vorbereitet ist: Viele Singles geraten in den Sog, ohne dass die Voraussetzungen dafür erfüllt wären, dass sie ihre Autonomie auch sinnhaft erleben könnten. Übrigens besteht eine auffallende Diskrepanz zwischen der intuitiven Wahrnehmung dieser gesamtgesellschaftlichen Entwicklung und der Schwierigkeit, ihren Inhalt jenseits von Haushaltsdetails zu beschreiben. Es ist, als entfalte sich die historische Entwicklung auf der Basis des Gesellschaftlichen und bringe die Individuen dazu, sich völlig blind zu einem Teil dieses Prozesses zu machen. Babette ist von diesem Mangel an Klarheit äußerst genervt. »Und das alles für diese verdammte Unabhängigkeit. Und was mache ich nun damit? Was bedeutet sie am Ende, diese Unabhängigkeit?« Wenn sie sich solche Fragen stellt, gelingt es ihr nicht, zur wahren Bedeutung, sondern lediglich zu ein paar lächerlichen Manifestationen ihrer Unabhängigkeit vorzudringen. »Heißt das am Ende, dass ich mich für dieses Leben entscheide, um meinen Sonntag unter der Bettdecke verbringen zu können?« Und dennoch: Aus einer ganzen Reihe von Gründen, die in Worte zu fassen ihr schwer fällt, fühlt sie sich nicht bereit, von ihrer Flugbahn abzuweichen.

Witwen

Der Drang, sich selbst zu sein, ist stärker als man selbst und kann einen unaufhaltsam auf die Flugbahn eines Single-Daseins führen. Das kann jedoch innerhalb sehr unterschiedlicher Kontexte und auf sehr verschiedene Weise vonstatten gehen.

Die meisten alleinlebenden Menschen heute sind Witwen – das Erbe einer noch jungen Vergangenheit. Mit ihnen hat nach dem zweiten Weltkrieg in ganz Europa die rapide Zunahme des Alleinlebens eingesetzt. Natürlich auf eine nicht-freiwillige Weise, indem der Paarbeziehung durch den Tod eines der Partner ein abruptes Ende gesetzt wurde. Die neuen Kohorten alleinlebender Witwen zogen kaum Aufmerksamkeit auf sich: Wer hätte schließlich (angesichts der Stille und Diskretion, die die Trauer umgaben) gedacht, dass sie die Vorbotinnen einer bevorstehenden Umwälzung der privaten Lebensformen sein könnten?

Der Grund für den Wandel lag darin, dass die verschiedenen Generationen nicht mehr zusammen lebten. Beim Tod eines der beiden Ehepartner fand sich der andere allein in seiner Wohnung wieder, statt wie früher im Schoß der Familie aufgehoben zu sein. Dieses Phänomen wurde durch die unterschiedliche Lebenserwartung der Geschlechter und den üblichen Altersunterschied zwischen den beiden Partnern noch verstärkt (beide Faktoren wirken in dieselbe Richtung): Millionen alter Frauen mussten von nun an lernen, allein zu leben. Zweifellos gibt es kein besseres Beispiel für den über-individuellen Charakter bestimmter Flugbahnen. Die Macht, die eine neue häusliche Wirklichkeit durchsetzte, war eine äußere Macht: Nach dem grausamen Tod kam die Kälte der Einsamkeit. Und doch war dieser neue Zustand das Ergebnis des Handelns von Personen, die ganz konkret ihren Wunsch nach mehr Autonomie verfolgten – nicht die Witwen selbst, aber die Generation der Kinder, die versuchten, eine größere Unabhängigkeit ihrer Haushalte durchzusetzen. Viele Beobachter haben betont, dass Familienbeziehungen zu allen Zeiten eine wesentliche Rolle gespielt haben. Diese Konstanz geht jedoch einher mit einem Wandel der Formen: Die familialen Bindungen, die mit einem symbolischen Wert ausgestattet sind, sind heute vor allem auf Distanz und unter der Bedingung stark, dass jede Hausgemeinschaft im Alltag Herr im eigenen Hause bleibt. Die Betonung der Souveränität der kleinen häuslichen Gruppe ist Teil eines breiteren Prozesses, der als die Individuierung des Gesellschaftlichen beschrieben werden kann. »Eine Art kollektiver Individualismus«, der »die Seelen auf den wahren Individualismus« vorbereitet (Toqueville, 1986).

Heute hat diese erste Welle des Alleinlebens in Europa ihren Höhepunkt praktisch erreicht: Die Zahl alter Menschen, die allein leben, steigt nur noch langsam (die Zunahme, die noch stattfindet, konzentriert sich auf die höchsten Altersstufen und hängt mit der besseren Gesundheitsversorgung zusammen). Inzwischen spielen sich die Umwälzungen im wesentlichen woanders ab. Einige Entwicklungen verdienen es dennoch, dass kurz näher darauf eingegangen wird. Insbesondere die folgende: Der Anteil der Witwen an der Gesamtheit der alleinlebenden älteren Frauen geht tendenziell zurück. Das Alleinleben im hohen Alter ist tatsächlich immer weniger eine Folge des Todes eines der Ehepartner, sondern resultiert immer häufiger aus einer Trennungsentscheidung, gefolgt von der Unmöglichkeit, eine neue Beziehung einzugehen. Ein besonders schwer zu bewältigender Moment ist für das Paar die Pensionierung (Caradec, 1996). Selbst im höheren Alter steht das Alleinleben also heute in einem sehr viel direkteren Zusammenhang zum allgemeinen Autonomisierungsprozess als früher.

Die Jugend

Die zweite Welle des Alleinlebens musste sich schon sehr viel weniger diskret gebärden. Die Wogen türmten sich in den sechziger Jahren in Skandinavien auf und nahmen dann Kurs auf die Länder Südeuropas, die sie derzeit zu erreichen beginnen.

Diese zweite Welle war viel sichtbarer, weil sie mit der stürmischen Affirmation von Jugend einherging, die ihren eigenen Stil und ihre spezifische Sozialisation im Bruch zum Erwachsenenalter durchsetzte. Die offensichtlichsten Aspekte dieses Stils sind bekannt: Kleidermode, Musik etc. Schürft man jedoch etwas tiefer, schreibt sich die Besonderheit der jugendlichen Sozialisation auf einer zentralen Achse ein: der Ablehnung familialer Integration. Die Jugend hat sich zum Zwischenraum zwischen zwei Familienphasen entwickelt: der Phase, die man (in der Rolle des Kindes) in der Herkunftsfamilie verbringt, und der Phase, die man (als Ehepartner und Eltern) in der noch zu gründenden Familie verbringt. Die Werte in diesem Zwischenraum geben sich als klare Opposition zu allem, was mit der häuslichen Welt zu tun hat: Das wahre Leben findet woanders statt, offen, unbeschwert und getragen von einem Schwung, der vom Freundeskreis unterstützt wird. Ein Schwung – wohin? Schwer zu sagen. Wo man *nicht* hin will, ist dagegen völlig klar: sich nicht zu früh im Erwachsenenalter etablieren, das als definitives Ende der Identitätsentwicklung gesehen wird. Die Jugend ist die Zeit, in der die Macht, sich selbst zu erfinden, am größten ist: Die Zukunft ist noch offen. Weil man diesen Schatz intuitiv schützen will, werden Verbindlichkeiten – insbesondere familiale – hinausgezögert. Für die Suche nach dem eigenen Ich sollte man sich Zeit lassen.

Seine eigene Identität zu finden, benötigt eine lange Lehrzeit: Jugendliche ohne das nötige Rüstzeug laufen Gefahr, später unter einer »Abhängigkeit in privaten Beziehungen« zu leiden (de Singly, 1998, S. 362). Das Phänomen ist von einer ganzen Reihe von Etappen gekennzeichnet. Es beginnt damit, dass das Kind heute schon sehr früh auf die Anforderung eines Arbeitens an sich selbst ausgerichtet wird (de Singly, 1996). Es muss in der Lage sein, sich seine eigenen Orientierungspunkte zu konstruieren (indem es sich auf seinen Freundeskreis stützt, gegen die Familie), zugleich aber ein verlässliches Element der familialen Einheit bleiben. Der Prozess spitzt sich in der Pubertät zu, wenn es zu einer besonders aktiven Neuformulierung der eigenen Identität kommt: Man muss lernen, seinen Platz im Schoß der Familie zu finden, während man zugleich mit seinem in Entwicklung befindlichen Ich und seiner wachsenden Unabhängigkeit zurecht kommen muss. Tendenziell dehnt sich diese Phase relativer Autonomie immer mehr aus, weil die jungen Menschen immer früher mit diesem Arbeiten am eigenen Ich beginnen und immer später das Elternhaus verlassen. Die Aufgabenteilung ist dann die folgende: Die Familie kümmert sich um die wirtschaftlichen Dinge, während sich der Jugendliche auf sich selbst konzentriert. Denn ein zu frühes Eintauchen in das häusliche Leben würde der jugendspezifischen Sozialisation ein allzu jähes Ende bereiten: Man muss unbeschwert bleiben, um mit verschiedenen Identitätsalternativen herumexperimentieren zu können. Während man noch immer bei den Eltern wohnt, kommt es schrittweise, mit voranschreitendem Alter, zu einer immer größeren Selbständigkeit. Mit 20, 21 Jahren haben die Jugendlichen eine fast vollständige Bewegungsfreiheit erlangt und der Anteil ihrer Sozialisation, den sie mit ihren Eltern teilen, hat sich auf ein Minimum reduziert (Roussel, Bourguignon, 1979). Kurz: Sie haben Unterkunft und Verpflegung, sich zugleich aber auch den Rahmen für ihre Autonomie im wesentlichen geschaffen. Warum also ausziehen? Es gibt vielerlei Gründe dafür. Da gibt es geografische Gründe, die sich dem eigenen Willen entziehen (Studium oder Arbeit in einer anderen Stadt), vielleicht sind auch die Eltern der Situation überdrüssig, und dann ist da diese heimliche Lust, voll und ganz sich selbst zu sein – im eigenen Heim. Dieser letzte, willentliche Faktor ist bei Mädchen ausgeprägter, die stärker als Jungs von besorgten Eltern kontrolliert werden: Das Alleinleben erlaubt es ihnen, sich diesem Einfluss zu entziehen (Bozon, Villeneuve-Gokalp, 1994). Dann kommt also die Zeit des Single-Daseins.

Eine merkwürdige Erfahrung, die selten als Projekt im eigentlichen Sinne gedacht war. Eines schönen Tages findet man sich plötzlich allein in einer kleinen, noch recht bescheiden ausgestatteten Wohnung wieder. Émilienne hat das alles noch gar nicht richtig realisiert, sie steht noch regelrecht neben sich, fühlt sich ihrem neuen Leben gegenüber wie eine Fremde. Während ihres Studiums hatte sie weiterhin bei ihren Eltern gelebt. Für ihre erste Arbeitsstelle, auf der sie vor einer Woche angefangen hat, ist sie nun umgezogen. »Das ist jetzt schon der achte Abend, den ich allein vor meinem Fernseher verbringe. Es ist ein komisches Gefühl, und ich frage mich, was da mit mir passiert. Ich bin das nicht gewohnt.« Wer weiß, wie ihre Geschichte weitergehen wird? Der Eintritt ins Erwachsenendasein beginnt heute immer öfter mit einer Phase des Alleinlebens von unvorhersehbarer Dauer. Manchmal ist sie sehr kurz, manchmal sehr lang oder gar definitiv. Oft aber folgen auf diese Phase eine ganze Reihe anderer Phasen: Versuche des Zusammenlebens mit einem Partner, Rückkehr zu den Eltern, erneute Single-Phasen etc. Ob es zu kurzen oder zu langen Phasen des Alleinlebens kommt, entscheidet sich vor allem daran, wie sehr man davor zurückschreckt, sich unwiderruflich auf das Erwachsenendasein einzulassen und sich definitiv von dem Zwischenraum Jugend zu verabschieden. Denn ein Paar zu werden, ist *der* Aspekt, der der Zukunft am stärksten gewisse Grenzen setzt.

Das Alleinleben in der Jugend vollzieht sich also in Gestalt mitunter sehr kurzer, jedoch immer zahlreicherer Phasen. Bei Volkszählungen, die einen Querschnitt erheben (Zahl alleinlebender Personen zu einem gegebenen Zeitpunkt), weisen die entsprechenden Zahlen eine spektakuläre Zunahme auf. Die stärkste Zunahme des Alleinlebens ist in westlichen Industrieländern seit einigen Jahren in der Altersgruppe der 25 bis 35 Jährigen zu verzeichnen.

Frauen nach einer Trennung

Die dritte Welle – diejenige, die ihre Klientel aus Scheidungen bezieht – kann keiner bestimmten Phase im Lebenszyklus zugeordnet werden, sondern ist auf verschiedene Lebensalter verteilt. Seit ungefähr dreißig Jahren steigt die Scheidungsrate unerbittlich – in letzter Zeit hat sich die Zunahme der Scheidungen allerdings verlangsamt (was wohl damit zu tun hat, dass Eheschließungen heute oft überlegter sind). Diese vorsichtig rückläufige Entwicklung wird jedoch durch die Zahl von Trennungen nicht-verheirateter Paare mehr als aufgewogen. Insgesamt werden Beziehungen zerbrechlicher, und auf eine Trennung folgt seltener eine neue Beziehung (Toulemon, 1996).

In zwei von drei Fällen ist es die Frau, die sich für die Trennung entscheidet. Denn für sie spielt die Familie eine wichtigere Rolle als für den Mann; da sie so stark in sie eingebunden ist, hängt ihr Leben unmittelbarer davon ab. Allein oder als Paar zu leben stellt für sie eine Alternative zwischen zwei völlig verschiedenen identitären Flugbahnen dar. Die Autonomie, die ihr aus der Befreiung von ihren Familienpflichten erwächst, eröffnet ihr Unbeschwertheit und eine unvergleichliche Chance auf beruflichen Erfolg (der alleinlebende Mann hingegen hat im Vergleich zum verheirateten eher ein leichtes Handicap zu bewältigen). Zugunsten familialer Integration auf diese Möglichkeiten zu verzichten, erfordert natürlich eine Kompensation. Ohne dass das unbedingt immer so bewusst vonstatten ginge, ist die Existenz einer Alternative natürlich der Auslöser dafür, die Verbindlichkeit, die man gegenüber dem Ehepartner eingehen könnte oder eingegangen ist, kritisch unter die Lupe zu nehmen. Warum überhaupt heiraten? Nicht um jeden Preis. Sich ohne zu zögern scheiden lassen, wenn sich die Beziehung als Enttäuschung entpuppt. Damit es zum Bruch einer bestehenden Beziehung kommt, bedarf es nicht mehr unbedingt einer neuen Liebe – die Unzufriedenheit genügt. Der Fall von Charlène zeigt das sehr gut. Sie hat vier Jahre lang mit einem Mann gelebt. »Am Anfang war das wirklich eine Amour fou.« Dann spürte sie, wie ihre Liebesgeschichte in die Routine abglitt. »Unsere kleine Wohnung, unser kleines Auto, unsere kleinen Rechnungen.« Und dabei hatte sie doch Lust auf »Sorglosigkeit, Intensität, Verrücktheit«. Also zögerte sie nicht, die Beziehung zu beenden. Einfach, weil ihr Ideal darin besteht, »vor Liebe zu erbeben« und sie überhaupt kein Erbeben mehr verspürte. Die Trennung hat ihr überhaupt keine Probleme bereitet. »Ich habe entdeckt, dass ich frei bin, dass mein Leben mir gehört.« Im Gegenteil: Ihr derzeitiges Single-Dasein bedeutet für sie Glück in vollen Zügen. Dabei plant sie aber keineswegs, dauerhaft allein zu bleiben. »Ich warte auf *die* Begegnung.« Die Single-Phase ist hier einfach nur ein Werkzeug für das Management der eigenen identitären Flugbahn: eine Weile allein sein, um jemanden zu finden, der eine bessere Begleitung für einen ist.

Selbstverständlich ist eine Trennung nicht immer so einfach. Ihre finanziellen und psychologischen Folgen können verheerend sein, vor allem für Frauen. Dabei gilt die folgende Regel: Je stärker die vorherige Situation von fehlender Autonomie und von Abhängigkeit geprägt war, umso problematischer ist die Zeit nach der Trennung. Da ist zunächst die finanzielle Abhängigkeit: Hat sich eine Frau allzu ausschließlich für die Familie eingesetzt, keine oder nur eine geringfügige Erwerbstätigkeit ausgeübt, dann wird sie im Fall einer Scheidung teuer für diese Entscheidung bezahlen (de Singly, 1987; Cardia-Vonèche, Bastard, 1991). Dann die beziehungsmäßige Abhängigkeit: Ist eine Frau zu sehr in ein enges, geschlossenes und hauptsächlich familiales Beziehungsnetz eingebunden, läuft sie Gefahr, sich später kein neues Beziehungsnetz schaffen zu können und sich in ihrer Einsamkeit zu vergraben (Kaufmann, 1994b). Außerdem die Abhängigkeit im Hinblick auf die eigene Identität: Eine Frau, die von ihrem Partner mehr erwartet hat als von sich selbst, versinkt nach einer Trennung in Depressionen (Francescato, 1992). Und schließlich die soziale Abhängigkeit: Eine Frau aus einfachem Milieu, bei der all diese Abhängigkeiten kulminieren, stürzt nach der Trennung in Armut (Martin, 1997).

Und dennoch: Ist die Frau diejenige, die ausschlaggebend für die Trennung war (anders ist das natürlich im Fall derer, die eine Trennung ungewollt erleiden), ist da immer auch ein Gefühl von Befreiung. »Als mein Leben als alleinstehende Frau begann, war das, trotz aller Sorgen, das Paradies« (Gisèle) – so sehr das Paradies, dass der Gedanke an eine neue Beziehung erst einmal gar nicht aufkommt: Man richtet sich glücklich im Single-Dasein ein. Manon, die nach einer erst kurz zurückliegenden Trennung noch ganz neu in dieser Situation ist, erklärt ihre neuen Werte sogar zum Lebensprogramm: »Ich könnte niemals wieder einem Typen vertrauen. Ich bin wirklich fest davon überzeugt, dass es besser ist, allein zu leben«. Zweifellos nur eine provisorische Erklärung (alles, wovon sie träumt, ist die Liebe). Ob und wann wieder über eine neue Beziehung nachgedacht wird, ist übrigens stark von der biografischen Flugbahn abhängig: Je stärker eine Frau vor der Trennung in familiale Aktivitäten eingebunden war, um so länger dauert es, bis sie wieder daran denkt, eine neue Beziehung einzugehen (Villeneuve-Gokalp, 1991). Sie benötigt eine Art persönliche Atempause. Genau an diesem Punkt befindet sich Manon gerade.

Das Leben als Single spielt sich in Phasen ab. Nur wenige Frauen halten langfristig an ihrer Abneigung gegenüber einer Beziehung fest. Marie-Laure jedoch ist eine davon. »Ich habe nur selten eine ganze Nacht mit einem Mann verbracht, überhaupt kein Wochenende und auch keine Ferien. Ich liebe es, mich abends in meiner Höhle wiederzufinden. Ich dusche, schminke mich ab, und mein Abend gehört mir«. In den meisten Fällen bringt ab und zu irgendein gewöhnlicher Prinz den Alltag für eine gewisse Zeit durcheinander. Das Hin und Her zwischen verschiedenen Phasen folgt jedoch im Laufe des Lebenszyklus einer typischen Entwicklungskurve: Die Phasen des Alleinseins werden immer länger (Festy, 1990). Am Anfang vollzieht sich der Wechsel zwischen Single-Dasein und Beziehung schnell und flexibel. Später, wenn bereits Kinder aus erster Ehe die Aufmerksamkeit fordern, geht die materielle und gefühlsmäßige Verfügbarkeit zurück. Und dann, so ab 50 oder 55, kommt die Zeit, in der der Kreis möglicher Kandidaten sehr schnell schrumpft: Die Solo-Phasen werden nicht nur länger, sondern neigen dazu, definitiv zu werden.

Die Veranlagung

Der Drang, sich selbst zu sein, bringt eine steigende Zahl von Individuen dazu, Phasen des Alleinlebens auszuprobieren, und mittlerweile machen die meisten auf diese Weise ihre ersten Schritte ins Erwachsenendasein. Es ist wie ein unwiderstehlicher und unerklärlicher Sog, der mehr ist als individueller Wille. Manche Menschen werden jedoch eher mitgerissen als andere und richten sich dauerhaft im Single-Dasein ein (während andere der Single-Phase sehr schnell wieder ein Ende setzen). Welche Menschen sind das? Und warum?

Diese Frage erlaubt es, noch einmal die Komplexität identitärer Flugbahnen zu betonen: Hier fließen interne und externe, subjektive und objektive, individuelle und gesellschaftliche Faktoren zusammen. Der historische Prozess ist unerbittlich: Er bewirkt, dass immer neue Individuen von der Dynamik der Autonomie mitgerissen werden. Doch zugleich zieht er aus eben diesen ständigen Neuzugängen auch seine Kraft: Weil einige mitgerissen werden, werden es auch andere. Jeder gerät aus ganz speziellen Gründen in den Sog, und diese Gründe könnte man auch auflisten. Ein solches Unternehmen würde jedoch das Risiko bergen, sich von Interpretationsfehlern irreführen zu lassen. Denn die scheinbaren Gründe sind oft nur Vorwände; das Missverhältnis zwischen dem ursprünglichen Motiv (das oft völlig unbedeutend ist) und den biografischen Folgen (die oft einschneidend sind) ist enorm. Oft genügt schon ein kleines Sandkorn, um eine günstige Ausgangssituation für eine Single-Phase zu schaffen.

Dennoch sind wohl einige Beispiele nötig, um die Vielfalt der Motive zu illustrieren. Sie werden bewusst in ungeordneter Reihenfolge präsentiert. So kann einen zum Beispiel die Tatsache, dass man allzu viel Gefallen am Studium findet (etwa eine unmäßige Liebe zur französischen Sprache und Literatur oder zur Mathematik), oder eine allzu brillante berufliche Karriere so lange von der Partnersuche ablenken, bis die Zahl möglicher Kandidaten so reduziert ist, dass es schwierig wird, einen passenden Partner zu finden. Oder irgendwelche Haushaltsticks, die zunächst ohne Konsequenzen blieben, werden zum Ausgangspunkt einer perversen Verkettung: Je länger man alleine lebt, umso mehr verstärken sie sich, und je mehr sie sich verstärken, umso unvorstellbarer wird es, noch einmal mit jemandem zusammen zu leben. Das, was man im Volksmund unter »Junggesellen-Macken« versteht, ist oft eher das Ergebnis einer bestimmten Flugbahn, als dass es Veranlagung wäre. Und schließlich fördert ein allzu früher Eintritt ins Sexualleben die Entstehung eines speziellen Beziehungsstils, der später zu einer Vielzahl von Partnern (Bazon, 1993) und damit unausweichlich auch zu einer Vielzahl von Phasen des Alleinlebens führt. Letzteres trifft jedoch häufiger auf Männer zu. Dasselbe gilt für die Tendenz, den Akt der Eroberung in einem solchen Maße überzubewerten, dass dieser eigentlich der Adoleszenz zuzurechnende Aspekt auch noch im Erwachsenenleben eine zentrale Rolle spielt. Mit zunehmendem Alter kommt es dann zu bitterer Enttäuschung – einer Enttäuschung, die umso bitterer ist, als die Vorstellungen in den Köpfen der Betreffenden an die Jugend gefesselt bleiben.

Um diese verschiedenen Situationen auf den Punkt zu bringen, hat der Volksmund schon lange eine Typologie entwickelt: der unverbesserliche Verführer, die manische alte Jungfer, der verklemmte Schüchterne, der verbitterte Asoziale, der berechnende Egoist etc. Kurz: Charakterzüge werden für ausschlaggebend erklärt. Tatsächlich spielen Charakterzüge durchaus eine mehr oder weniger wichtige Rolle. Aber es gilt zu verstehen, dass diese psychologischen Faktoren niemals allein entscheiden; nur in bestimmten Kontexten werden sie zu Gründen für das Alleinleben. Das heißt, es gibt eine gewisse Veranlagung, aber die reicht nicht aus (Vexliard, nach Mucchielli, 1998). Manchmal spielen auch ausschließlich der Zufall und der Kontext eine Rolle. Schauen wir uns die traurige Geschichte Gabrielles an. Sie schäumt über vor Leben und dem Wunsch, Beziehungen zu knüpfen, sie ergreift immer neue Initiativen und knüpft neue Kontakte. Nun hat es sie aber leider an einen starren und reservierten Ort verschlagen, an dem ihr Stil missfällt: zu originell, zu warmherzig. Woanders wäre sie eine Königin; hier ist sie ein Nichts.

Die Charakterzüge, die eine gewisse Veranlagung zum Alleinleben darstellen, sind untereinander nicht kohärent, lassen sich aber zwei entgegengesetzten Polen zuordnen. Schüchternheit, die Angst vor anderen und vor dem Leben, Rückzug, Abhängigkeit und ein schwach ausgeprägtes Selbstbewusstsein (das häufig mit einem Mangel an sozialen und kulturellen Ressourcen verknüpft ist) führen dazu, dass es einem schwer fällt, mit anderen in Beziehung zu treten und sich zu behaupten; es ist nicht so, dass man nicht will – man *kann* nicht. Umgekehrt lassen einen ein starker Charakter, große Pläne, ein ausgeprägtes Selbstbewusstsein (das durch ein hohes Niveau an Ressourcen gefördert wird) eher zögern, bevor man sich auf ein Leben zu zweit einlässt; man kann, aber man *will* nicht. Seltsamerweise führen also im Rahmen dieser Problematik des Man-selbst-Seins sowohl ein Zuwenig als auch ein Zuviel zum selben Ergebnis (wenn auch auf unterschiedlichen Wegen): zum Single-Dasein.

Angela gehört eindeutig zur Kategorie des Zuviel. Das sagt sie selbst: »Ich habe zu viel Charakter«. Sie kann sich nicht vorstellen, einen Teil dieses brodelnden inneren Lebens zu opfern, ein Kompromiss ist unvorstellbar. Sie hat Lust, weiterhin allein im Leben voranzukommen, um voll und ganz sie selbst zu sein. Doch einer ganz so starken Überzeugung von sich selbst bedarf es gar nicht unbedingt. Françoise äußert sich zurückhaltender, scharfsichtig, aber fragend zu dem, was hinter ihrem Wunsch, weiterhin Single zu bleiben, steckt. »Vielleicht will ich mich im Grunde meines Herzens gar nicht voll und ganz auf jemanden einlassen«. Und ein klein wenig von der inneren Energie, die zur Autonomie drängt, genügt, um beträchtliche Konsequenzen nach sich zu ziehen. Denn selbst wenn der innere Drang, sich selbst zu sein, gar nicht so stark ist, fügt er sich doch harmonisch in einen tiefgreifenden gesellschaftlichen Prozess ein.

Der Sog

Der Sog, der einen dazu bringt, sein Single-Dasein fortzuführen, entspringt zugleich dem eigenen tiefsten Inneren und einem unbestimmbaren gesellschaftlichen Drängen. Es ist, als käme er aus dem Nichts. »Diese Suche nach dem Unmöglichen, die uns in Atem hält, verleiht uns manchmal Flügel und verhindert düstere Unbeweglichkeit« (Carmen). Ein Sog, der einen ruckweise, im Rhythmus des zwiespältigen Lebens, vorwärtstreibt. »Warten, hoffen, glauben, ganz nah an den Traum herankommen, der einem dann doch entwischt, ein wenig innehalten und dann die Suche wieder aufnehmen. Das ist ein niemals endender Drahtseilakt, der uns weitergehen lässt« (Carmen).

Manche Aspekte sind aber auch klarer benennbar. Besonders, wenn die Flugbahn der Autonomie mit einer Verweigerung beginnt: der Verweigerung gegenüber *dem* Modell für das Privatleben. »All ihr Pärchen, die ihr in euren Gewohnheiten erstarrt seid – mir graust vor euch« (Virginia); »Leben bedeutet nicht, sich in einen festen Rahmen pressen zu lassen. Es bedeutet, tun und lassen zu können, was ich will, mit wem ich will und wann ich will« (Hélène). Eine Fluchtdynamik, die nach einer Trennung natürlich noch ausgeprägter ist. »Endlich lebe ich das Leben, das zu mir passt. Ich fühle mich frei, habe keinerlei Verpflichtungen, muss mich nicht mit Hausarbeit abplagen« (Jeannine). Das gilt auch dann, wenn dem Einstieg in das Alleinleben nicht unbedingt ein – wie auch immer gearteter – unerträglicher Zustand vorausging. »Nach 25 Ehejahren habe ich es gewagt, das behagliche Nest zu verlassen. Und das in den Augen der anderen ohne einen einzigen ernstzunehmenden Grund. Einzig und allein, um ich selbst zu sein, voll und ganz ich« (Hortense).

Ein anderer seitens der Frauen relativ klar benennbarer Aspekt betrifft die Frage der Gleichberechtigung. Denn die größte Ungerechtigkeit liegt (eher als in der Aufteilung der Hausarbeit oder im Zugang zu verantwortlichen politischen Positionen) in der Frage der Selbstverwirklichung: Die persönliche Identitätskonstruktion ist in hohem Maße durch das familiale Kollektiv vermittelt. Carmen ist sich voll und ganz bewusst, dass sie eine historisch neue Möglichkeit lebt. »Was einem diese Freiheit bietet und eröffnet, ist überwältigend. Türen, die wir Frauen (vollzeit belastet durch Ehemänner und Kinder) nie zu öffnen gewagt haben«. An diesem Punkt besteht übrigens ein beträchtlicher Unterschied zwischen männlichen und weiblichen Flugbahnen der Autonomie. Bei Frauen ist viel häufiger als bei Männern der zutiefst empfundene Wunsch, sie selbst zu sein, das Motiv für ihr Alleinleben – angefangen bei finanzieller Unabhängigkeit. Jedoch ohne deshalb auf Liebe zu verzichten. »Das wäre der absolute Traum: geliebt zu werden, ohne in Abhängigkeit zu geraten« (Carmen).

Im Vergleich zu den Familienpflichten ist das Single-Dasein keineswegs die pure Freiheit; es spielt sich im Rahmen einer genau definierten Position ab (die im zweiten Kapitel beschrieben worden ist). Die Abweichung vom vorherrschenden Modell für das Privatleben bringt einen Hang zu Reflexivität mit sich. Die Distanz zur Institution Familie erfordert weniger Disziplin, mindert die Last des Alltags und setzt an ihre Stelle (im Guten wie im Schlechten) einen offeneren und unbeschwerteren Lebensstil. Die Tatsache, dass das Beziehungsnetz eher aufgegliedert und individuell kontrolliert ist, mindert den sozialen Druck (Burt, 1992). All diese Elemente sind einer ganz bestimmten Eigenschaft förderlich: der Kreativität. Deshalb wird man auch nicht erstaunt sein festzustellen, dass sehr viele Künstler und Schriftsteller, darunter auch die größten unter ihnen, Singles waren. Anthony Storr (1988) hat analysiert, dass freigewählte Einsamkeit einen entscheidenden Faktor für die Vertiefung der inneren Welt darstellt, welche eine Voraussetzung für kreatives Schaffen ist. Norbert Elias (1991b) nimmt Mozart als Beispiel. Mozart wurde in seiner Kindheit um das Zusammensein mit gleichaltrigen Freunden gebracht, und diese Isolation führte dazu, dass er seine Imaginationskraft entwickelte – ein persönlicher Zug, der ihn sein ganzes Leben lang begleiten sollte. »In seiner Persönlichkeitsstruktur aber war er jemand, der am liebsten seinen eigenen Phantasien nachgehen wollte« (S. 43). Er verweigerte sich den Normalisierungsangeboten, die ihm unterbreitet wurden (Auftragskomponist eines Schutzherrn zu werden) und hielt an seiner Vorstellung von Musik und von seinem gesellschaftlichen Platz fest: dem eines Autors, der direkt von einem Publikum entlohnt wird, dem sein Werk gefällt. Damit beschleunigte er sein privates Unglück und sein gesellschaftliches Scheitern, setzte aber in musikalischer Hinsicht seine ganze kreative Kraft frei und reformierte die Rolle des Künstlers in der Gesellschaft.

Nun kann natürlich nicht jeder Mozart sein. Die Einsamkeit bringt nicht immer so grandiose Ergebnisse hervor. Genau da liegt das Problem: Sie schafft für Millionen von Menschen die idealen Voraussetzungen für Kreativität, ohne jedoch zugleich die konkreten Möglichkeiten bereit zu stellen, diese Kreativität substantiell mit Inhalt zu füllen. Im Gegenteil: Singles weisen oft auf die Diskrepanz zwischen dem Potential hin, das sie vage in sich spüren, und der Dürftigkeit der konkreten Umsetzung, der Leere ihrer Existenz. So, als ob die schöpferische Maschine leer liefe und lediglich noch größere geistige Erschöpfung produzieren würde. Daher auch der undefinierbare Charakter des Sogs, dieser »Suche nach dem Unmöglichen« (Carmen), die niemals ans Ziel kommt. Es sieht nun ganz so aus, als sei diese Frage der Kreativität für die Flugbahn der Autonomie absolut zentral, als sei sie es, die diesem Leben eindeutig seinen Sinn verleiht. Dies zeigen verschiedene Lebensgeschichten, die Erika Flahault (1996) analysiert hat. Natürlich gilt das nur unter der Bedingung, dass Kreativität und der Begriff des Werkes in einem sehr breiten Sinne verstanden werden: Man kann auf tausenderlei Weise kreativ sein (medialer Erfolg ist dafür nicht erforderlich) und – in Stein oder Stoff, Texten oder Zeichnungen, Köpfen oder Herzen – eine originelle Spur hinterlassen. Könnte nicht auch eine schöne Liebesgeschichte als ein Werk betrachtet werden? Schließlich scheint es paradox, nur tote, zum Roman verarbeitete oder verfilmte Visionen als Werke zu kategorisieren.

Das Problem ist die Diskrepanz. Man kann durchaus davon ausgehen, dass die individuelle Kreativität – der individuellen Definition der eigenen Identität folgend, mit der sie eng verknüpft ist – historisch immer größer geworden ist. Doch die Dynamik des Alleinlebens entwickelt sich mit einer Geschwindigkeit, die weit über die Zunahme individueller Kreativität hinausgeht. Da ist zum einen ein großer Teil der Alleinlebenden, die sich in einem für sie unglücklichen und ungewollten Leben wiederfinden. Und dann sind da diejenigen, die ihre Unabhängigkeit zwar positiver erleben, denen es aber dennoch nicht gelingt, den Potentialen, die in ihnen stecken, wirklich Ausdruck zu verleihen. Hierin liegt ein wichtiger Charakterzug der Flugbahn der Autonomie: Über die kleine Gruppe von Freiwilligen hinaus, die es verstehen, in vollen Zügen von dem zu profitieren, was ihnen dieses Leben bietet, wird eine große Zahl von Individuen wider Willen mitgezogen.

Das kleinere von zwei Übeln

Die Kraft, die einen in ihren Sog zieht, bleibt weitgehend undefinierbar; die Argumente, die für das Alleinleben angeführt werden, beschränken sich auf einige angenehme Alltagsdetails. Warum also weiterhin dieses Leben führen? Es fällt den Singles schwer, Gründe dafür anzugeben. Erst wenn man das eigene mit einem Leben in einer Beziehung vergleicht, wird das Ganze ein wenig klarer. Das erklärt, warum das Familienleben permanent beobachtet und bewertet wird: Die Risse in der anderen Alternative geben einem Sicherheit und liefern (ex negativo) Argumente, die das Single-Dasein selbst nicht zu liefern imstande ist. Das Denken bewegt sich hier erneut in widersprüchlichen Bahnen. Denn in geheimen Träumen tritt das Familienleben oft auch in seiner idealisierten Variante auf. Um das Bedürfnis nach echten Argumenten zu stillen, die die eigene identitäre Wahl bestätigen, wird jedoch den Schwächen des Familienlebens nachgespürt, sie werden gepflegt und aufgebauscht.

»Schon den Gedanken an ein geregeltes Beziehungsleben finde ich zum Davonlaufen« (Joanna). Die offensichtlichste Schwäche wurde hier bereits angesprochen: ein zu enger Sozialisationsrahmen, der das Ende von Erfindungsgeist und Jugend markiert. Es ist nicht so sehr die Familie als solche, die abgelehnt wird, sondern eine bestimmte Daseinsform, »in einer Streichholzschachtel zu leben« (Joanna), in erstickender Normalität zu verschwinden. »Wenn ich meine Freundinnen anschaue, die Hausfrauen und Mütter sind, dann beneide ich sie wirklich nicht. Bei den Paaren um mich herum findet man dieses immer gleiche Schema, das einen erschaudern lässt: beschauliches Ausgehen, Fernsehabend, Streitereien. Das ist so armselig, so klein. Also ganz ehrlich, wenn es das ist, worum es geht...« (Olivia). Wenn es *das* ist, worum es geht, dann doch lieber die kleinen Leiden des Single-Daseins.

Bleibt nur noch zu hoffen, dass man den seltenen Vogel ergattert, der einen nicht in den Käfig sperrt: einen wahren Prinzen eben, mit dem man eine andere, freie und offene Beziehung leben kann. Das ist nun aber eine weitere Schwäche des Familienlebens: »Man muss einfach ganz offen sagen, dass uns die Männer nicht gewachsen sind« (Babette). Angéla ist genervt. Was gibt es angesichts dieser »Angeber«, »Machos«, »gequälten Künstler« und anderer »infantiler Männer« denn »Natürlicheres, als auf diese Mittelmäßigkeit zu verzichten und lieber allein zu bleiben?« Laurence ist da etwas vorsichtiger, oder genauer gesagt, sie *wurde* etwas vorsichtiger. Denn mit 35 Jahren ist sie heute (weit mehr als früher) bereit, Kompromisse einzugehen, um den »passenden Mann« zu finden. Sie verabredet sich in letzter Zeit immer öfter und versucht jedes Mal, sich ganz konkret ein künftiges gemeinsames Leben mit dem neuen Kandidaten vorzustellen. Die Strafe folgt auf den Fuß, und es ist immer dieselbe: »Ich bin nicht gegen eine Beziehung, aber es ist einfach nie der passende Mann, ich kann mir das mit ihm einfach nicht richtig vorstellen«. Woher kommt diese (wirkliche oder angenommene) männliche Mittelmäßigkeit? Einige Gründe wurden ja bereits angeführt: Der gesellschaftliche Unterschied (alleinstehende Männer und Frauen besetzen keine übereinstimmenden Positionen) und der Unterschied in den Erwartungen (Männer haben nicht die gleiche Vorstellung von Beziehung). Aus diesen Gründen sagt Hortense: »Männer sind uninteressant«. Hier gilt es jedoch, noch einen Aspekt anzusprechen, der die Informationsquellen der alleinstehenden Frauen betrifft: Aufgrund der Position, die sie besetzen, laufen ihnen nämlich eher problematische Exemplare über den Weg. Natürlich begegnen sie auch Männern, die auf den ersten Blick wahren Prinzen ähneln, aber schon bald müssen sie erleben, wie aus den Prinzen Frösche werden. Außerdem begegnen sie auch vielen verheirateten Männern, die in aller Ausführlichkeit von den Leiden und Schrecken ihres Ehelebens und des Lebens in einer Beziehung im allgemeinen berichten. Diese Ausgangssituation gibt den Single-Frauen Anlass zu zweierlei Vermutungen: zum einen die einer geheimen dunklen Seite des Beziehungslebens und zum anderen die Vermutung einer weit verbreiteten männlichen Untreue (denn sie sind die ersten, die diese feststellen). Es kann ihnen sogar passieren, dass sie, wie beispielsweise Olivia, die Avancen des Ehemannes einer Freundin abwehren müssen. »Das ist widerwärtig und lässt einen wirklich Abscheu vor Beziehungen empfinden. Dass es um mich herum keine harmonischen Beziehungen gibt, spielt für mein Single-Dasein eine große Rolle«. Und schließlich, um dem Ganzen die Krone aufzusetzen, zögern ehemalige, inzwischen verheiratete Freundinnen, die sich vage des Gruppenverrats schuldig fühlen, nicht, dadurch Vergebung zu erlangen, dass sie jede kleine Schwierigkeit und Schwäche ihres Beziehungslebens in aller Ausführlichkeit hervorheben. Aus all diesen übereinstimmenden Informationen entsteht bei alleinstehenden Frauen oft ein kohärentes und sehr finsteres Gesamtbild – umso finsterer, als das selektive Ohr, das sie sammelt, auf der Suche nach Argumenten ist, die die Entscheidung für das Alleinleben legitimieren.

»Also ganz ehrlich, wenn es *das* ist, worum es geht...«, hatte Olivia ihren Satz begonnen. Ingrid scheint ihn zuende zu bringen: »Auf die Gefahr hin, zu zweit unglücklich zu sein, bin ich lieber allein unglücklich«. Die Entscheidung für das Solo-Sein fällt nur selten ganz entschlossen und voller Begeisterung. Aber es genügt, es mit der anderen Alternative für das Privatleben zu vergleichen, und schon treten durch den Kontrast die positiven Aspekte hervor. »Ein Leben zu zweit? Ein einziger Kampf. Alleinleben? Ein köstlicher Kampf!« (Geneviève). Das häufigste Motiv für das Alleinleben beruht also auf einer Verweigerung; die Entscheidung äußert sich – sofern es überhaupt eine Entscheidung gibt – über die Schwachpunkte der Alternative. »Dem klassischen Schema zu entsprechen, passt nicht zu mir; man muss also lernen, mit seiner Andersartigkeit zurecht zu kommen«. Wie viele andere hat Évelyne diese seltsame Lebensflugbahn zunächst als defizitär erlebt. Dann hat sie Schritt für Schritt gelernt, die innere Logik dieses Lebens kennenzulernen; die Autonomie, die Selbstverwirklichung. »Heute lerne ich, die Einsamkeit (die früher so beängstigend war) zu bezähmen, ich (die ich mich früher kaum für mich selbst interessiert habe) lerne, mich selbst zu entdecken. Ich habe ja auch keine andere Wahl: Ich habe nur mich selbst als Gegenüber«.

Je mehr Zeit als Single vergeht, umso schwieriger wird es, aus dieser Flugbahn wieder auszusteigen. »Ich bin zu sehr auf den Geschmack der Freiheit gekommen« (Laurence). Das gilt besonders für Frauen jenseits eines gewissen Alters aufgrund der kleiner werdenden Zahl möglicher Partner. Aber auch aufgrund von Gewohnheiten, die sich einschleichen und die umso schwieriger zu ändern sind, als sie zum Fundament der eigenen Identität gehören (Kaufmann, 1999). Und schließlich aufgrund eines Schneeballeffekts der Ansprüche. Denn die Wahrnehmung der Alternative geschieht durch die Brille der aktuellen Situation, und wenn sich das Single-Dasein langsam einspielt, treten die Schwachpunkte des Familienlebens nur noch deutlicher hervor. »Die Gefahr besteht darin: Wenn man zu gerne allein ist, wird man immer anspruchsvoller« (Angéla). »Die Fähigkeit, allein zurecht zu kommen, bewirkt, dass man schrecklich anspruchsvoll wird: Ich bin einfach nicht bereit, für nichts und wieder nichts auf mein geregeltes Leben zu verzichten« (Olivia). Eine Frau, die sich in ihrer Flugbahn der Autonomie gut eingerichtet hat, wird tendenziell ganz konkret abwägen, was ihr dieser oder jener Mann, dem sie begegnet ist, bringen könnte. Und in der Tat wird diese Bilanz nicht selten in Gestalt einer zweispaltigen Liste gezogen. Auf der Minus-Seite ist sie oft ziemlich lang und auf der Plus-Seite gibt es nur selten positive Überraschungen. »Ich habe bereits eine vollständige Liste dessen, was ich zu verlieren habe, erstellt, und sie ist verdammt lang: meine Freiheit, meine kleinen Verrücktheiten, meinen ganz persönlichen Saustall, meine Schreib-Träume. Ich schreie, wenn man mir auf die Füße tritt. Um das alles aufzugeben, müsste er also ein gigantisch großes ›Plus‹ mitbringen. Die traurigen Anwärter, die sich vorstellen, schaffen es nun aber, innerhalb weniger Minuten durchzufallen. Natürlich wäre dieser hier durchaus in der Lage, mein Auto zu reparieren, ein anderer ist nett und jener schön wie ein junger Gott (aber strohdumm). Aber trotzdem ist man jedesmal meilenweit von einem Ausgleich zwischen Plus und Minus entfernt. Irgendwie glaube ich immer noch daran, dass es irgendwann dazu kommen könnte, aber ich bin jedesmal so weit davon entfernt, dass ich anfange mich zu fragen, ob Er tatsächlich eines Tages noch kommen wird« (Yasmine).

Zwei verschiedenen Flugbahnen, zwei verschiedene Identitäten

Entgegen dem gesunden Menschenverstand (der an die Substantialität des Seins glauben möchte) muss man sich die folgende Wahrheit bewusst machen: Das Individuum ist eine offene Struktur, die sich in fortwährender Reformulierung befindet. Mit dem Einstieg in eine bestimmte Flugbahn ändert sich nicht nur das Dekor des Lebens, sondern sie macht wirklich und zutiefst jemand anderen aus einem. Das ist besonders dann der Fall, wenn es zwei verschiedene Alternativen in Gestalt völlig unterschiedlicher Flugbahnen gibt. Aus verschiedenen Gründen trifft das vor allem auf Frauen zu, die solo durchs Leben gehen.

Denn sie sind Frauen in einer Gesellschaft, die ihnen zwei widersprüchliche identitäre Aufträge erteilt: »echte« Frauen zu bleiben und zugleich den Männern ebenbürtig zu sein. Gleichberechtigung kann nur über finanzielle Unabhängigkeit und damit über Berufstätigkeit erlangt werden. Doch familiales Engagement mindert die Möglichkeiten einer Berufstätigkeit, und zwar mit einem deutlichen Sprung, wenn aus zwei Kindern drei werden. Für dieses Problem gibt es keine einfache Lösung. Trotz zahlreicher Versuche, hier neue Lösungswege zu finden, führten die verschiedenen Maßnahmen zur Vereinbarkeit von Familienleben und Erwerbstätigkeit nur zu sehr begrenzten Resultaten (Fagnani, 1998). Frauen fühlen sich deshalb zerrissen zwischen zwei Identitätspolen und dazu verdammt, pausenlos neue Entscheidungen zu treffen und Kompromissstrategien zu entwickeln (Commaille, 1992).

Aber was hier ganz besonders ins Gewicht fällt, ist die Tatsache, dass sie *Single*-Frauen sind . Die verheiratete Frau ergreift jeden Tag anlässlich Tausender von alltäglichen Entscheidungen (Zeit für sich selbst oder für die Familie?) Optionen in die eine oder in die andere Richtung und versucht dabei, diese kleinen Variationen in eine einheitliche und kohärente Flugbahn zu integrieren. Die alleinstehende Frau hingegen sieht sich zwei völlig unterschiedlichen Flugbahnen gegenüber, die in beinahe jedem Punkt einen Gegensatz bilden, zwei Stilen (häusliche Verankerung versus Öffnung und Fliehkraft), zwei Leben, zwei verschiedenen Persönlichkeiten entsprechen. *Hingabe* oder *Autonomie*.

Die erste Flugbahn ist die der Hingabe und hat ihren Ursprung im traditionellen Konstruktionsmuster weiblicher Identität. Sie zeichnet das Bild einer einfachen und starken Figur: Die Frau ist diejenige, die es versteht, über sich selbst hinauszuwachsen, indem sie sich aus Liebe für die familiale Gruppe aufopfert, für die sie die unersetzliche treibende Kraft ist, die Haushaltsfee. Ihre Identität ist durch diese Liebe und diese Funktion bestimmt; ihre Individualität basiert auf der Gesamtheit dessen, was sie erschafft.

Die zweite Flugbahn, die der Autonomie, treibt einen hingegen ins Unbekannte, und es ist kaum absehbar, wohin sie führt. Sie entwirft eine undeutliche, aber unwiderstehlich anziehende Figur: Die Frau ist diejenige, die sich von einem uralten Sockel löst, um allein ihre eigenen Vorstellungen von Leben zu entwickeln. Ihre Identität folgt der Spur ihrer Reflexivität und ihrer Träume. Das ist eine so einschneidende Revolution, dass nur wenige es wagen, ihr ins Gesicht zu blicken; die weibliche Autonomie schreitet tastend voran.

X. Warten

Dinosaurier der Liebe und galoppierende Pferde

Im letzten Kapitel habe ich darauf hingewiesen, dass es paradoxerweise an zwei entgegengesetzten Polen der persönlichen Identitätsfindung zum Einstieg in die Flugbahn der Autonomie kommen kann. Unsicherheit und soziale Abhängigkeit wirken sich negativ auf die Fähigkeit aus, eine Beziehung aufzubauen (es mangelt nicht am Willen, sondern an den Möglichkeiten), Initiativgeist und ein allzu starkes Selbstbewusstsein lassen einen eher davor zurückschrecken, sich auf eine Beziehung einzulassen (es mangelt nicht an den Möglichkeiten, sondern am Willen). Aber auch das Ergebnis ist nicht dasselbe: Die Flugbahn der Autonomie nimmt je nach Ausgangspunkt einen unterschiedlichen Verlauf.

Im zweiten Teil dieses Buches wurde ein erstes, allgemeines Porträt alleinlebender Frauen gezeichnet. Wir haben ihre innere Zerrissenheit gesehen, ihre ständigen Zweifel, ihr Hin- und Hergerissensein zwischen Lachen und Weinen, Licht und Schatten. Diese zwei Seiten der Medaille erleben alle, die sich auf der Flugbahn der Autonomie befinden, aber die jeweiligen Anteile der einen und der anderen Seite sind unterschiedlich. Eine zerbrechliche Identität führt dazu, dass sich die Waage eher auf die Seite der Tränen neigt; je mehr die Definition des eigenen Ich in die eigenen Hände genommen wird, umso mehr können daraus Energie und positive Repräsentationen des Alleinlebens entwickelt werden. Ohne allzu schematisch oder mechanistisch zu sein, kann man wohl sagen, dass der Zusammenhang mit den Ressourcen, die einer Person zur Verfügung stehen, offensichtlich ist; die Armen erleben ihr Alleinsein eher negativ, die Reichen eher positiv. Nun sind die Singles aber nicht gleichmäßig auf der gesellschaftlichen Skala verteilt; Durchschnittszahlen sind irreführend: Insgesamt gesehen haben Ein-Personen-Haushalte ein Einkommensniveau, das mit dem anderer Haushalte durchaus vergleichbar ist. Doch dieser Durchschnittswert resultiert aus der Addition zweier gegensätzlicher Untergruppen; die Singles sind entweder ärmer oder reicher als der Durchschnitt der Haushalte.

Das Porträt, das im zweiten Teil dieses Buches gezeichnet wurde, verliert durch diese neue Unterscheidung in keinster Weise an Substanz. Alleinlebende Frauen weisen aufgrund ihrer spezifischen gesellschaftliche Position eine Reihe von Eigenschaften auf, die ihnen allen gemeinsam sind: Die zur Kälte werdende Wärme des Bettes oder die Inanspruchnahme der Dienste von Wahrsagerinnen sind Dinge, die sich bei alleinstehenden Frauen aller gesellschaftlichen Milieus finden lassen. Jede Ebene der Gesellschaftsanalyse bringt ein ganz spezifisches und komplementäres Wissen hervor (Desjeux 1996; Lahire 1998). Nachdem wir zunächst einen allgemeinen Blick auf das Gesamte geworfen haben, der ein transversales Porträt entstehen ließ, werden wir im folgenden die Verschiedenheit der beiden genannten Untergruppen berücksichtigen, was uns zur Analyse zweier höchst unterschiedlicher Welten führen wird.

Da sind zum Beispiel die sozialen Beziehungen. Singles wider Willen befinden sich in der Regel innerhalb einer recht typischen Beziehungsstruktur: eng, lokal, stabil und nach außen hin geschlossen. Sie gehen wenig aus und sind auf der Suche nach Beziehungen, die ihnen Unterstützung und Schutz bieten können, um von diesem familialen Außen getragen und konstruiert zu werden. Freiwillige Singles hingegen unterhalten aktiv ein breites, offenes und wechselndes Beziehungsnetz. Sie knüpfen mit Leichtigkeit neue Kontakte und brechen ohne zu zögern andere ab. Sie beherrschen und verändern dieses Netz, ohne davon abhängig zu sein; sie genügen sich selbst. Ausgehend von diesen beiden Positionen, die die Frage der Identität und die der sozialen Beziehungen auf genau gegensätzliche Weise miteinander verbinden (soziale Beziehungen als Grundlage der Identität versus soziale Beziehungen als schlichtes Instrument), können zwei gegensätzliche psychologische Typen definiert werden. Donata Francescato (1992) hat ihnen einen poetischen Namen gegeben: »Dinosaurier der Liebe« und »galoppierende Pferde«. Die »Dinosaurier der Liebe« sind nichts ohne ihr soziales Umfeld, es macht aus ihnen das, was sie sind; sie erwarten alles vom anderen, dem sie sich voll und ganz ausliefern. Als ihr Mann sie verlassen hatte, glaubte Odile zunächst, sie könne ohne ihn nicht weiterleben. »Niemals war ich so unglücklich wie in jenen Jahren. Die Einsamkeit erlernen, sie erleiden, sie hassen – unerträglich! Das war ein echtes Martyrium. Erst die Verzweiflung und der Schmerz um diese große Liebe, die sich einfach aus dem Staub gemacht hat, und dann diese schwindelerregende Leere!«. Für »Dinosaurier der Liebe« bricht nach einer Trennung ein Teil ihrer Welt zusammen. Sie bleiben dieselben, sind aber kleiner; mit gebeugtem Kopf konzentrieren sie sich auf das, was ihnen bleibt, und flüchten sich in den Gedanken an die verlorene Liebe. Die »galoppierenden Pferde« hingegen folgen weiter ihrem rasanten Lauf, getrieben von ihren eigenen Hufen und nötigenfalls auch Hindernisse niederreißend, immer tausend neuen Projekten hinterherjagend. Wir werden uns im nächsten Kapitel diesen erstaunlichen Lauf etwas genauer ansehen. Zunächst aber wollen wir in die düsteren Tiefen der Welt der »Dinosaurier« hinabtauchen.

Sich nach Liebe verzehren

Warum *Dinosaurier*? Weil sie von einem holistischen Eingebundensein träumen, das ziemlich weit von den Entwicklungen der Moderne entfernt ist, die auf eine immer größere individuelle Autonomie zulaufen. Und warum Dinosaurier *der Liebe*? Weil ihre ganze holistische Suche auf dieses Gefühl ausgerichtet ist. Sie, die Liebe, ist es, die über den Gang des Lebens zu entscheiden hat. Ohne den geringsten Zweifel. Ohne Berechnung. Mühelos. Die Vorstellung, die die Dinosaurier der Liebe von diesem Gefühl haben, ist archaisch; die Liebe ist absolut, sie bringt das Heil. Sie fällt vom Himmel und schlägt ein wie ein Blitz. Man muss also einfach nur warten. Warten! Wie gut kennen sie das, sie warten immer. Sie warten auf Unterstützung und Schutz durch ein familiales Umfeld. Und die, die an diese vom Himmel fallende Liebe glauben, warten auch besonders sehnlich auf das Erscheinen des unwahrscheinlichen Märchenprinzen. Je größer der Glaube, umso mehr wird das Warten zur Grundhaltung, die sie noch mehr in ihrer Einsamkeit abkapselt. Denn wir haben es hier mit folgendem Paradox zu tun: Die radikale Wartehaltung macht eine Begegnung mit einem potentiellen Partner nur noch unwahrscheinlicher, weil die Voraussetzungen dafür nicht geschaffen werden. Maggy ergreift im Hinblick auf Männer nicht die geringste Initiative, weil sie sich weigert, in das Spiel des Schicksals einzugreifen: Allein das Schicksal soll für sie entscheiden. »Wir alle sind für ein Schicksal bestimmt, und wenn wir der Liebe begegnen sollen, dann wird es auch eines Tages geschehen, auch ohne es selbst herbeigeführt zu haben«.

Sie ist erst 25 Jahre alt und hat die Zukunft noch vor sich; sie hat noch genug Zeit, ihre Meinung zu ändern; man muss den jungen Mädchen diese Zeit der Träume lassen. Das Problem ist im übrigen nicht das Träumen an sich, sondern die Konfrontation mit der Realität. Denn Traum und Wirklichkeit klaffen auseinander, und die Lösung kann nur in einer vorsichtigen Annäherung bestehen, die es mit Fingerspitzengefühl zu bewerkstelligen gilt. Das ist genau derselbe Prozess wie bei der Suche nach der ersten Arbeitsstelle. Hier ist es das eigene hohe Ausbildungsniveau, das zum Träumen verleitet, doch dann lässt einen die harte Begegnung mit der Arbeitswelt unsanft auf die Erde zurückfallen. Es geht nicht darum, allzu schnell auf den Traum zu verzichten: ein unterqualifizierter Posten könnte einen auf eine unangemessen niedrige berufliche Flugbahn bringen. Aber um ohne Schwierigkeiten in der Arbeitswelt Fuß zu fassen, man muss auch lernen, seine ursprünglichen Ansprüche zu mäßigen. Und ebenso gilt es, in der Welt der gewöhnlichen Liebe Fuß zu fassen, ohne allzu schnell seine Träume aufzugeben, aber auch ohne allzu treuherzig daran zu glauben. Schauen wir uns das Beispiel von Judith und Ingrid an. Entspräche das Alleinleben wirklich ihrem Wunsch, dann wäre eigentlich alles bestens; doch ihr Streben ist eindeutig auf eine Beziehung ausgerichtet. Nun ist aber ihre Konzeption von der großen Liebe allzu idealistisch und ihr Umgang mit der Kluft zwischen Traum und Wirklichkeit alles andere als ihrem eigentlichen Ziel zuträglich. »Die Männer um mich herum sind total konventionell. Und wenn sowieso keine echte Liebesgeschichte in Aussicht ist, gehe ich lieber erst gar kein Risiko ein«. Müsste Judith mit ihren 42 Jahren ihre Ansprüche nicht überprüfen und gegebenenfalls senken? Und vor allem: Müsste sie nicht gerade ein paar Risiken eingehen, statt nur passiv zu warten? »*Er* muss es sein, *Er, Er, Er* und sonst niemand!«. Ist Ingrid – arbeitslos, hilflos und mit dem dringenden Bedürfnis nach Unterstützung – wirklich in der Situation, in der man mit seinem Schicksal pokert?

Ein defizitäres Leben

Auf geradezu mechanische Weise erfüllt das Warten die Gegenwart mit Leere. Das Ich, das in der parallelen Traumwelt lebt, in welche sich die Frau hineinwünscht, wird mehr und mehr zum wahren Ich. Und zugleich wird das Ich aus Fleisch und Blut nur noch als provisorische Notlösung erlebt: Das Leben verliert seinen Sinn und seine Substanz. Annabelle verweigert sich den positiven Seiten, die das Single-Dasein zu bieten hat (und das, obwohl sie sie durchaus wahrnimmt). »Weil das nur eine Zwischenetappe bleiben darf. Ich habe zutiefst Angst, eines Tages auf mein Leben zurückzublicken und nichts zu sehen: nur die Leere und das Nichts«. Die Idealisierung der Liebe verschärft die bereits eingenommene Wartehaltung noch zusätzlich, indem sie ihr ein Gesicht verleiht; der völlig überzogene Traum vom Märchenprinzen schwächt die Antriebskraft der konkreten, bereits geschwächten Identität. Dabei handelt es sich um einen graduellen Prozess. Ein gemäßigtes und vorübergehendes Warten (das sehr häufig vorkommt) ist unproblematisch – was wäre schließlich ein Leben ohne Träume? Wenn das Warten jedoch systematisch übertrieben wird und mit der Verleugnung der Realität einhergeht, gleiten die Betroffenen in einen Abgrund düsterster Einsamkeit hinab. Das kann bis zur Zerstörung der Persönlichkeit reichen. »Das Warten macht mich kaputt« (Maria).

Dieses absolute Warten ist untrennbar verknüpft mit der Vorstellung, die eigene Identität sei defizitär – eine Vorstellung, die von geringen Ressourcen begünstigt wird: Die Gegenwart ist voll des Mangels. Besonders ausgeprägt ist diese Haltung in einfachen Milieus, wo der Zugang zu einer gewissen Normalität die notwendige Voraussetzung für die Entwicklung einer positiven Identität ist (Schwartz, 1990). »Keinen Job, keinen

Mann, keine Kinder – da fragt sich doch jeder: Was bleibt dann noch?« (Flora). Die Norm für das Privatleben (»Mann, Kind, Haus«) drängt sich dann mit all ihrer zerstörerischen Macht in den Vordergrund und betont die negativen Seiten des konkret Existenten umso mehr. Und manchmal verlieren dann selbst die fundamentalsten Ankerpunkte des Alltagslebens ihre Konturen, kommen einem jeder Rhythmus und jede Alltagsdisziplin abhanden. »Je weniger ich tu, umso weniger gelingt es mir, auch nur irgendwas zu tun. Manchmal, wenn ich um 12 Uhr mittags noch im Bett liege, habe ich das Gefühl, ein Nichts zu sein, ohne Bedeutung für mich selbst oder für sonst irgend jemanden, nicht mehr zu existieren. Was bin ich denn schon, ich, die niemand anblickt, die keiner erwartet? Nicht mal im Stande, aufzustehen!« (Betty).

»Mann, Kind, Haus« – der Traum wird zur Obsession. Ab einem bestimmten Punkt kann es einem dann (fälschlicherweise) so vorkommen, als sei die Radikalisierung des Wartens eigentlich der bequemste Weg. Es ist, als gäbe es zwei völlig voneinander losgelöste Leben: das gegenwärtige Leiden und ein anderes Leben, das ganz plötzlich beginnen kann, einzig durch die Hand des Schicksals. Man muss einfach nur warten. Dahinter verbirgt sich das Ideal der Identitätsveräußerung: sich voll und ganz in die Zuständigkeit eines anderen begeben, selbst den kleinsten Anflug von Selbständigkeit und individueller Verantwortung verjagen und schließlich zur Ruhe kommen, indem man in der »Anonymität der Normalität« verschwindet (Flahaut, 1996, S. 299). »Ich träume davon, dass dieser Alptraum endlich zuende geht und ich jemanden finde, auf den ich mich verlassen kann und der sich um mich kümmert. Es wäre so wundervoll, wenn jemand zu mir sagen würde: ›Mach dies! Mach das!‹ Betty möchte nur eins: gehorsam sein« (Betty).

Ein allzu systematisches Warten bewirkt, dass man in der Leere der Gegenwart versinkt. Das Warten begleitet dann jeden Augenblick, auch die kleinsten Details des Alltags. Schauen wir uns die Geschichte von Raphaëlle und ihren Kondomen an. Der Anfang hört sich eigentlich ganz gut an: Sie ergreift die Initiative, wenn es darum geht, jemanden kennen zu lernen, sie geht häufig aus und hat alles Nötige in ihrer Handtasche. Doch leider hört es an diesem Punkt mit ihren Bemühungen auch schon wieder auf. Denn danach wartet sie und nie passiert etwas. Die Kondompackung nimmt langsam eine grausame Dimension an, wird zum Kristallisationspunkt des Scheiterns und zum Symbol des Mangels. Allein schon ihr Anblick, ihre sperrige Nutzlosigkeit, ruft ihr inzwischen aufs Heftigste die »schmerzhafte Leere« in Erinnerung. Raphaëlle gerät Schritt für Schritt immer tiefer in eine Logik des Wartens. »Die Kondompackung ist immer dabei, ich gehe niemals aus, ohne dass sie in meiner Handtasche wäre. Und dann dieses Warten, immer dieses Warten. Und die Enttäuschung, die schmerzhafte Leere, dieses Gefühl der Unvollständigkeit«.

Zum Sich-Bemühen verurteilt

»Die Leute lernen sich heute nicht mehr kennen. Ob Männer oder Frauen, niemand weiß mehr so recht, wie er oder sie es anstellen soll« (Bérangère). »Und dabei gebe ich mir doch so viel Mühe, aber ich finde einfach keinen Typen für mich« (Ida). Kontakte zu knüpfen und eine Beziehung zu beginnen, erfordert heute eine besondere Kompetenz, die man leichter zu entwickeln imstande ist, wenn man über soziale und kulturelle Ressourcen verfügt. Das erklärt auch, warum Armut mehr und mehr durch eine enge Begrenztheit des Beziehungsnetzes gekennzeichnet ist: Die Herrschenden sind diejenigen, die über eine dicke Brieftasche, bis oben hin gefüllt mit sozialen Beziehungen, verfügen (Héran, 1988). Kontakte zu knüpfen und eine Beziehung zu beginnen erfordert aber auch Anstrengungen, besonders im Fall von Singles. »Wenn man allein ist, muss man um einiges mehr Einsatz bringen, um in den Genuss eines sozialen Lebens zu kommen. Man muss die Initiative ergreifen« (Amélie).

Sich niemals auf dem Erreichten ausruhen, sich immer wieder neu überwinden, neue Initiativen ergreifen – auch in dieser Hinsicht ist das Single-Dasein das genaue Gegenteil familialer Integration, die Ruhe und Regelmäßigkeit verspricht. Das Single-Dasein ist ein Leben im Stakkato, in ständiger Bewegung: drinnen-draußen, entspannen-bemühen. Ein Bemühen, das oft nur um seiner selbst willen stattfindet, ohne klare Veränderungsperspektive, einfach nur, um zu spüren, wie sich innerlich etwas bewegt. Denn, wie Claudia so schön sagt, man kann schon mit dem Bemühen allein »sein Leben ausfüllen«: »Es ist grauenhaft, jeden Abend vor dem Fernseher zu essen und sein Leben damit zu verbringen, mit Freundinnen ins Restaurant zu gehen, Club-Med-Reisen zu unternehmen und bei Mama und Papa seine Abende abzusitzen«. »Man muss die Komödie des Glücks mitspielen und niemals aufhören, aktiv zu sein. Ich denke oft an diese Filme, die auf einem Gletscher spielen und in denen der Held nicht einschlafen darf, weil er sonst erfriert. Man muss sich ständig wach halten«, fügt Élodie hinzu (die »schrecklich allein« und arbeitslos ist), obwohl sie spürt, wie die bissige Kälte sie zu überwältigen droht. »Sich ständig wach halten«, um »sein Leben auszufüllen«.

Drinnen-draußen ist nicht dasselbe wie Entspannen-bemühen; dennoch ist es hilfreich, kurz näher auf ihre subtilen Querverbindungen einzugehen. Wir haben gesehen, dass die intensivste Erholung im Drinnen stattfindet, und da sogar noch im Drinnen des Drinnen, in den regressivsten, intimsten Refugien (Bett, Badezimmer). Das stärkste Sich-Bemühen hingegen richtet sich auf das Draußen: sich zwingen auszugehen, um zu versuchen, neue Beziehungen zu knüpfen. Eine schnelle deskriptive Analyse (die im Groben auch nicht falsch wäre) könnte also das Drinnen mit Sich-Entspannen und das Draußen mit Sich-Bemühen gleichsetzen. Schaut man sich den Mechanismus der Prozesse, die hier am Werk sind, jedoch etwas genauer an, stellt man fest, dass das Offensichtlichste nicht unbedingt die am stärksten strukturierende Wirkung hat. Man sollte auf Details und subtile Widersprüche achten, die imstande sind, eine andere Wirklichkeit zu enthüllen (Kaufmann, 1999a).

Die Behaglichkeit der Gewohnheiten

Berücksichtigt man ein weiteres, schwer erkennbares Element, nämlich die langfristigen Folgen des Bemühens, wird unsere Spontananalyse noch einmal auf den Kopf gestellt. Denn Bemühungen im Drinnen und Bemühungen im Draußen haben eine vollkommen andere Bedeutung. Schauen wir uns zunächst die letzteren ein wenig genauer an. Entweder sie sind auf das über allem stehende, aber äußerst schwer erreichbare Ziel gerichtet (endlich dem Märchenprinzen zu begegnen) und deshalb meist zum Scheitern verurteilt, oder es geht darum, mit ihrer Hilfe das Leben auszufüllen. Hierfür greift man in der Regel auf die Unterstützung der Freundinnen zurück, was aber aufgrund des Freundinnen-Verrats nur für eine gewisse Zeit funktioniert. In beiden Fällen handelt es sich also um vorübergehende Aktivitäten, die schnell durch andere ersetzt werden und in Bezug auf das, was den Alltag künftig strukturieren wird, nur wenige Spuren hinterlassen. Ganz anderes gilt für die Bemühungen im Drinnen, obwohl diese doch auf den ersten Blick viel unspektakulärer sind. Gewöhnlich richten sich diese Bemühungen darauf, der allzu starken Tendenz zum Sich-Gehenlassen und zur Regression entgegenzuwirken (welche, wenn sie systematisch verfolgt wird, zur Zersetzung der Persönlichkeit führt), indem man sich dazu zwingt, wenigstens ein Minimum an Alltagsdisziplin aufrecht zu erhalten, besonders in Sachen Haushalt. Mit anderen Worten: Es geht darum, Exzesse der häuslichen Revolte zu vermeiden, einer Revolte, die zugleich aber für die Betonung der positiven Seiten des Single-Daseins unverzichtbar ist. An diesem Punkt stoßen wir also erneut auf eine Zwiespältigkeit dieses Lebens: Der Stellenwert, der dem Haushalt eingeräumt wird, bewegt sich pausenlos innerhalb dieses Spannungsfelds. Angesichts dessen, dass die Freude an der Revolte auch problematisch werden kann, indem sie allzu viel »Leichtigkeit« oder Fliehkraft ins Leben bringt, kann häusliche Disziplin ein Mittel dafür sein, das Leben zu stabilisieren und auszufüllen. Eine alleinlebende Frau, die sich selbst zu diesem ganz speziellen Aspekt dieser Flugbahn verpflichtet (die häusliche Disziplin zu wahren), kann (endlich!) zu einer Art Gleichgewicht und Frieden finden: Dank des Sich-Einfügens in starke Routinen, die der Existenz Stabilität verleihen, lässt sie das Hin- und Hergezerre des zwiespältigen Lebens endlich hinter sich. Fast so, wie es eine Familie tut. Nur ohne Familie, allein durch die Kraft der Dinge und die unhinterfragbare Wiederholung quasi heiliger Gesten.

So erklären sich auch die berühmten Ticks von Alleinstehenden. Natürlich haben sie ihren Ursprung in bestimmten Charakterzügen, aber dass sie dann wirklich zur Ausprägung gelangen, liegt daran, dass sie ein Verteidigungsmechanismus sind, der mit der gesellschaftlichen Position der Singles zusammenhängt: In bestimmten Kontexten ist eine Straffung der häuslichen Zwänge der einzige Weg zur Stabilisierung der Identität, die einzige Rettungsboje im feindlichen Ozean. Daher kommt auch dieses Gefühl der Erleichterung und sogar der Behaglichkeit, das sich manchmal angesichts des häuslichen Eingesperrtseins einstellt, wenn die Hoffnung auf die Begegnung mit dem

Märchenprinzen und auf ein ganz anderes Leben definitiv aufgegeben wurden. »Es gab eine Zeit, da war ich ganz anders
drauf, ich ging wirklich auf dem Zahnfleisch, mein Kopf drohte
zu zerspringen, jeder Tag war ein Drama und ich hoffte verzweifelt auf die Begegnung mit dem Märchenprinzen. Doch
dann habe ich mich daran gewöhnt, habe mein kleines Leben,
meine Gewohnheiten organisiert und so etwas wie eine innere
Weisheit entdeckt. Alles zu seiner Zeit und an seinem Ort«
(Yvonne).

Die Behaglichkeit der Gewohnheiten erlaubt es einem, endlich zur Ruhe und zu einem gewissen Gleichgewicht zu finden.
Aber der Preis dafür ist hoch: Die Weisheit wird mit einem
Rückzug aus der Gesellschaft bezahlt, einem Rückzug in die
kleine, isolierte Welt des Zuhauses. Es ist im übrigen genau dieser Rückzug, der vor allem für das Behaglichkeitsgefühl verantwortlich ist, denn der »erhobene Zeigefinger« hat nun keinen
Zugriff mehr. Die öffentliche Niederlage schafft die Voraussetzungen für den privaten Sieg. Die Strategie der Dinosaurier der
Liebe ist immer dieselbe: Sie hängen sich an das Errungene.
Wenn sich ihre Welt aufgrund eines Schicksalsschlags (Trennung, Tod) weiter verkleinert, verdoppeln sie ihren Einsatz für
das, was ihnen noch bleibt. Deshalb finden sie sich oft in einer
Situation des intensiven Face-to-Face mit den häuslichen Dingen wieder, die ihnen als einzige geblieben sind (manchmal
kommt noch ein Haustier dazu).

Die Ruhe und Ausgeglichenheit, zu der die Persönlichkeit
auf diesem Weg findet, wurzelt in dem Sich-Einfügen in die
häuslichen Zwänge und in einem völligen Einswerden mit der
Welt des Zuhauses. Schluss mit den Abenteuern im Draußen
und den verrückten Erwartungen. Denn sie würden das ethische Gebäude zerstören, das für die Stabilität der Person verantwortlich ist. Schluss also mit dieser ermüdenden Zwiespältigkeit des Lebens, was aber auch heißt: vergessen die damit

verknüpften Hoffnungen. Die Lektion heißt, auf kein anderes Leben mehr zu warten, um endlich eins zu werden mit der eigenen Gegenwart.

Aber wie soll das gelingen, nicht mehr zu träumen, wenn man allein ist und Fernsehen und Zeitschriften pausenlos nur Liebesgeschichten erzählen? Da ist etwas, das ist stärker als man selbst, und der Märchenprinz kommt zurück, um in den Köpfen herumzuspuken. Dann, und erst dann, kommt es wirklich zur Katastrophe. Im Zuge der Tumulte des zwiespältigen Lebens, die einen dazu bringen, auszugehen und »sich ständig wach zu halten«, richtet der Märchenprinz nur einen begrenzten Schaden an. Manchmal ist er sogar Auslöser für wirkliche Begegnungen oder verleiht einem die Energie, mit den Schwierigkeiten des Lebens fertig zu werden. Wenn sich hingegen die ganze persönliche Welt in dieses kleine, einsame Zuhause zurückgezogen hat, bedeutet immer noch auf ihn zu warten, ein als defizitär empfundenes Leben zu führen, das der konkreten Existenz jede Substanz entzieht. Das Warten allein löst so lange keine Dramen aus, wie das Leben offen und aktiv bleibt. Und ebenso gibt es auch mit dem vollständigen Rückzug keine Probleme, solange sich das Leben auf den gegenwärtigen Horizont zu beschränken vermag. Aber in der Kombination führen das Warten und der Rückzug unausweichlich zu einem schrecklichen Absturz in die finsterste Einsamkeit.

Finstere Einsamkeit

Die finsterste Einsamkeit ist mit einem Blick auf das Leben verknüpft, der die eigene Existenz als rundum defizitär begreift. »Die Leere, das Nichts, das Nirgendwo, das Niemand – das sind die Zutaten meines Lebens«. Salomé zieht spontan eine Parallele zu ihren »Freundinnen von früher«, die »fast alle einen Typen haben oder sogar verheiratet sind, Kinder im Kopf haben«. Dass sie selbst weder Kinder noch einen Ehemann, ja nicht einmal einen »Typen« hat, ist der Grund dafür, dass da nichts anderes ist als »Leere«, »Nichts« und »Niemand«. Das Leben lediglich aus einer Perspektive des Mangels wahrzunehmen, ist die Folge einer radikalen, passiven Wartehaltung, einer Vorstellung von Zukunft als reinem Schicksal. Wenn der Märchenprinz eines Tages tatsächlich kommen sollte, um einen aus diesem unerträglichen, leblosen Leben zu befreien, dann liegt das daran, dass »es irgendwo geschrieben steht« (Salomé). Wir haben es hier mit einer fatalistischen Wahrnehmung des Lebens zu tun, die häufig auch auf die gegenwärtige Situation ausstrahlt. »Meine Einsamkeit ist einfach da, sie ist eine Krankheit, die mich gepackt hat« (Adrienne). Diese Philosophie des Seins verfängt sich somit in einem Manichäismus: das Nichts, die Einsamkeit als Krankheit, oder der Prinz – die Befreiung. Doch wenn von letzterem zu viel erwartet und er zu sehr idealisiert wird, wird er unerreichbar, was wiederum dazu führt, dass sich die Leere noch verstärkt und die »Krankheit« nur noch schlimmer wird.

Zweifellos bleibt von dem Verlust der Selbstachtung, der aus diesen Abstiegen in die Hölle resultiert, auch das rein organische Funktionieren nicht unberührt. »Das hat einschneidende Folgen: Ich werde einfach nicht mehr damit fertig. Es gelingt mir so gut wie nicht mehr, mich selbst zu lieben. Ich fühle mich wie in einer Sackgasse, am Ende« (Dorothée). Salomé erlebt das wie eine »Kluft in meinem Gehirn«. Laut Personalausweis ist sie erst 21 Jahre alt, aber sie fühlt sich »alt und verbraucht«. Als wohnte sie nicht mehr in ihrem Körper und ihre Identität wäre zu etwas Ungewissem und Flüchtigem geworden. Sie ist nicht nur »alt« und nicht nur »nichts«, sondern dieses Nichts ist auch noch »nirgendwo«. Nicht wenige Briefe haben ernsthaft die Möglichkeit eines Selbstmordes erwogen.

Die Kombination von exzessivem Warten und einsamem Rückzug in die eigene Wohnung kann zu einer völligen Sinnentleerung des Lebens führen. Aber oft bietet die Wohnung auch ein Minimum an Schutz – selbst dann, wenn Haushaltszwänge kaum spürbar sind und somit auch kaum eine Stütze für die Identität bieten. Zum schlimmsten Zusammenbruch kommt es jedoch jenseits dieses Prozesses häuslichen Selbsteinschlusses, nämlich dann, wenn einer Person ihre sämtlichen Handlungsräume abhanden kommen: keine Wohnung, keine Familie, keine Arbeit. »Zwischen zwei Vertretungsjobs mit völlig ungewisser Zukunft zu Mama und Papa zurückziehen und den Tag damit verbringen, allein vor den Stellenanzeigen zu hocken, das ist vielleicht ein Spaß!« (Dorothée)

Die Einsamkeit, die einen aushöhlt und diese innere Leere schafft, hat selten rein beziehungsmäßige Gründe; der Mechanismus der zerstörerischen Isolation hat sozialen Charakter. Der erste Schock ist häufig, vor allem bei Männern, der Verlust des Arbeitsplatzes. Dann bleibt nur noch ein einziger Schutzraum: der Rückzug in die Familie – vor allem im Fall von Frauen. Wenn das eine und das andere wegfallen, führt der Weg häufig auf eine negative Flugbahn, ein (oft sehr weitgehendes) Abgleiten in die gesellschaftliche Desintegration, ein Herausfallen aus allen gesellschaftlichen Bezügen. Der Verlust der letzten schützenden Bezüge ist heute zu einem der Hauptmerkmale von Exklusion geworden. »Nicht mehr auf die Menschen zählen zu können, die einem eigentlich am nächsten stehen, ist eine der Ausdrucksformen der großen Armut von heute: das ist die Armut des bindungs- und obdachlosen Menschen, der weder über finanzielle Mittel noch über eine Familie verfügt« (Commaille, Martin, 1998, S. 99). Solchen negativen Flugbahnen entsprechen Lebensgeschichten, in denen Armut und Einsamkeit aufs Engste verknüpft sind. Ingrids Geschichte ist ein Beispiel dafür. In ihrer Jugend dachte sie noch, eine ganz normale Zukunft würde sie erwarten. »Ich hatte Freunde und ich erinnere mich sogar, dass wir gelacht haben«. Doch dann musste sie von einem Job zum nächsten immer neue Misserfolge einstecken und verlor ihr Selbstvertrauen, bis sie sich schließlich völlig desillusioniert mit der Arbeitslosigkeit abfand. Da sie sich keine Wohnung leisten kann, ist sie gezwungen, bei ihren Eltern zu leben, und da ihr Vater schwer krank ist, verbringt sie inzwischen einen Großteil ihrer Zeit mit seiner Pflege. »Ich habe nichts. Ich habe ein Dach (Ingrid schrieb: Dich) über dem Kopf, aber keine Selbständigkeit und keine wirkliche Rückzugsmöglichkeit. Ich achte nicht auf meine Ernährung. Magersucht. Seit einem Jahr habe ich meine Tage nicht mehr bekommen. Ich habe auf vieles die Lust verloren«. Sie bezahlt einen hohen Preis für die negative Seite des Alleinlebens, ohne im Gegenzug in den Genuss der anderen Seite der Medaille zu kommen: der Autonomie. Sie ist sich der Ungerechtigkeit dieser Lücke durchaus bewusst. Und ihre traurige Geschichte erlaubt es uns, besser zu verstehen, warum der häusliche Rückzug nicht der schlechteste Ausweg ist, wenn zumindest noch Brocken von Selbständigkeit übrig bleiben. Das Schlimmste ist, sich rückhaltlos für andere aufzuopfern und als Person völlig dahinter zu verschwinden, während man gleichzeitig unter der Einsamkeit leidet. »In meinem Leben gab es nur dunkle Zeiten: eine unglückliche Kindheit, einen Beruf, der mich den letzten Nerv gekostet hat, ein nichtexistentes Privatleben. Ich habe das Gefühl, immer nur für die anderen da gewesen zu sein und mich selbst vernachlässigt zu haben. Ich spüre, wie mich eine große Leere erfasst« (Donatienne).

Abgesehen vom häuslichen Rückzug und dem perversen Räderwerk der Exklusion gibt es noch einen dritten Typus von negativer Flugbahn, wenn es nämlich (aus tausend verschiedenen Gründen) ganz plötzlich zur Tragödie kommt. Aus heiterem Himmel, obwohl weder das soziale Umfeld noch die beziehungsmäßigen Gewohnheiten dafür anfällig zu sein schienen. Marie-Lines Geschichte ist unter diesem Gesichtspunkt exemplarisch. »Ich lebte bereits seit elf Jahren mit dem Mann meines Lebens. Klar, wir waren niemals sehr verliebt gewesen, aber wir waren einfach sehr gute Kumpel, brauchten uns gegenseitig, bildeten die perfekte Symbiose, eine feste Einheit. Und dann stand er plötzlich vor mir, er, mein schöner Mann«. Das erste Mal in ihrem Leben erlebt sie diese wahnsinnige Leidenschaft. Sie konsultiert einen Psychoanalytiker, der ihr rät, ihrem Begehren freien Lauf zu lassen. Mit blutendem Herzen beschließt sie, systematisch diese Familie, die doch eigentlich so gut funktioniert, zu zerstören und sich dem zu stellen, was auf sie zukommt: »es gab so viele schwere Momente: seinen Schmerz und den Schmerz meiner Töchter zu sehen, meine Eltern über die bevorstehende Veränderung zu informieren...«. Unerschütterlich geht sie den Weg dieses Drehbuchs der Liebe, das ihr die Augen für das öffnet, was ihr in ihrem bisherigen Leben gefehlt hat. Doch unglücklicherweise zeigt sich der Märchenprinz, nachdem er sie verführt hat, plötzlich von einer ganz anderen Seite, distanziert und nicht verfügbar. Urplötzlich findet sie sich alleine wieder, ohne wirklich zu verstehen, warum, und noch dazu »mit einer katastrophalen beruflichen Bilanz«. »Ich bin allein, orientierungslos, ohne einen Pfennig, und so melancholisch, so traurig. Das Leben ist kein Geschenk«. Da sie der Verlust ihrer Liebe immer noch so umtreibt, ist sie nicht im Stande, wieder an ihr früheres Leben anzuknüpfen. »Ich habe große Angst, es nicht mehr zu schaffen, geliebt zu werden, bevor ich alt bin«. Nun träumt sie vom Prinzen, sperrt sich ein in eine Strategie des Wartens. Von welchem Prinzen träumt sie? Manchmal von einem schönen, nicht greifbaren Anonymen. Manchmal von »dem Mann, den ich liebe« und dessen Foto sie spät abends vor dem Schlafengehen anschaut, während sie das Pendel nach ihrer Zukunft befragt.

Negativer Individualismus

Seine Geschichte der »Die Metamorphosen der sozialen Frage« (2000) schreibt Robert Castel, könne als »die Geschichte des Aufstiegs des Individualismus, der Schwierigkeiten und Risiken, als Individuum zu existieren« gelesen werden Auf der Vorderbühne ist ein siegessicheres Individuum zu sehen, das Herr über seine Unternehmungen ist, dahinter jedoch verbirgt sich eine zweite, parallele Gestalt, bei der »die völlige Unabhängigkeit des Individuums mit der totalen Haltlosigkeit einhergeht (S. 404). Für das, was Robert Castel den »negativen Individualismus« nennt und als verschiedene Formen von Mangel durchdekliniert werden kann, ist der Vagabund der paradigmatische Vertreter. Er definiert sich durch das »Fehlen eines Platzes, das ihn jenseits der Kulissen der gesellschaftlichen Beziehungen plazierte« (ebd.). »Schlichtweg ein Individuum«, aber allem »schutzlos ausgesetzt«: »Die Vagabunden sind die unnütze Last der Erde« (ebd.).

Im Zuge der Metamorphose, die sich Ende des 18. Jahrhunderts vollzieht, greift der Individualismus, siegreich wie er war, auf die gesamte Gesellschaft über, wodurch er die Fratze des negativen Individualismus bekommt, anhand der Forderung, »daß die mittellosen Individuen als autonome Individuen handeln« (ebd.). Im Bann dieser Entwicklung, jedoch ohne die Mittel, sie zu beherrschen, haben die »Unnützen der Welt« (Geremek, 1976) keine andere Perspektive, als in der Anomie zu versinken, während sie sich gleichzeitig weiterhin als Teil der Autonomisierungsdynamik fühlen.

Für das Alleinleben als besondere Ausdrucksform des Individualismus kann genau derselbe Prozess beobachtet werden. Diejenigen, die wider Willen allein leben, fühlen sich ohne ihr Zutun auf eine Flugbahn gezogen, die eigentlich nur am anderen Pol, dem der positiven Autonomie, mit Sinn ausgestattet ist. Ihre Desintegration, ihre Nutzlosigkeit in der Welt und die Definition ihres Lebens als eine Aneinanderreihung verschiedener Formen des Mangels treiben sie in eine Anomie hinein, die sich in Handlungsunfähigkeit, einem schwachen Selbstwertgefühl und diesem unerträglichen Gefühl von Leere niederschlägt, das so oft in den Briefen angesprochen wurde.

Und doch, selbst in den tiefsten Tiefen des Lebens, selbst wenn sich Dorothée »in der Sackgasse, am Ende« und Salomé »alt und verbraucht« fühlt und wenn Ingrid sich in die Magersucht abgleiten lässt, erleben auch sie immer wieder kleine, nicht zu unterdrückende Funken eines Strebens nach Autonomie, die trotz allem deutlich machen, dass sie Teil eines historischen Prozesses sind. Auch der negative Individualismus trägt auf seine Weise und mit all seinem Leid (zumindest ein wenig) zu dieser neuen Sehnsucht danach bei, selbst zu sagen und zu bestimmen, wer man ist. Erinnern wir uns beispielsweise daran, dass Ingrid mitten in ihrer tagtäglich gelebten Tragödie von einem autonomeren Leben träumt: wenigstens eine »Ecke« für sich haben. Oder hören wir uns Chloé an, die sehr deprimiert ist, weil sie gerade ihre letzte Freundin an die Ehe verloren hat (»jetzt habe ich wirklich niemanden mehr«), sich in einer immer leereren Einsamkeit vergräbt (»am schlimmsten ist, dass ich weiß, dass es nicht wieder in Ordnung kommen wird«), und die dennoch einen Funken Trost findet. »Dieser Verlust lehrt mich, die Unabhängigkeit zu schätzen und nur auf mich selbst zu zählen«.

XI. Auf der Suche
nach Selbstsicherheit

Die Fluchttherapie

Zwar ist auch das Familienleben im Alltag oft alles andere als leicht, aber es wirkt identitätsstabilisierend (Kaufmann, 1999b). Das Leben als Single hingegen zeichnet sich dadurch aus, dass man es im Alltag zwar nur mit sich selbst, aber mit einer äußerst komplexen Identität zu tun hat. Unter der Bedingung, dass man den Gedanken an ein anderes mögliches Leben völlig aufgibt, liefert einem der Rückzug auf die Behaglichkeit der Gewohnheiten die ersehnte Ruhe – das Ende der Zwiespältigkeit des Lebens. Gelingt dies jedoch nicht, ist es ganz im Gegenteil nötig, ein ständiges Hin und Her zwischen Draußen und Drinnen aufrecht zu erhalten, das zu einem geradezu fluchtartigen Ausgehdrang werden kann. In welcher Gestalt auch immer sie auftreten, handelt es sich stets um Fluchten eines Teils des Ichs mit dem Ziel, den anderen Teil wiederzufinden. Das Leben richtet sich – instabil, wie es ist – in diesem permanenten Hin und Her häuslich ein.

Der häufigste Fall ist, dass es der Drinnen-Identität nicht mehr gelingt, sich auf positive und kohärente Weise zu konstruieren; dann kommt es zu Unbehagen und einem kritischen Blick auf sich selbst. »Wenn man zuhause eingesperrt bleibt, langweilt man sich und die Stimmung sinkt ins Bodenlose. Um diese Einsamkeit zu vergessen, hilft nur eins: aktiv werden, in Bewegung bleiben« (Maggy). Die Flucht hat also eine direkte therapeutische Funktion, sie erlaubt es, die Selbstzweifel zu beseitigen und das innere Gleichgewicht wiederherzustellen.

»Es packt mich manchmal ganz plötzlich und völlig unerwartet, wenn es in meinem Kopf mal wieder nicht richtig tickt. Und schon geht's los, ich zieh mir meine Sieben-Meilen-Stiefel an und Paris gehört mir!«. Wie durch Zauberhand verwandelt sich Virginia plötzlich in eine andere. Und doch erfordert die therapeutische Flucht zumindest ein Minimum an Energie und Willenskraft. An diesem Abend beispielsweise hat Sabine nicht die nötige Energie. »Heute abend habe ich keine Lust, das gewohnte Spiel zu spielen. Ich werde nicht ins Kino oder zu sonst einer Veranstaltung gehen, ich werde auch nicht mit meinen Single-Freundinnen Komplimente austauschen, ich werde nicht versuchen, Männer zu verführen, die nur Irrlichter sind. Heute abend bleib ich mit mir selbst allein«. Die Müdigkeit ist zu groß, die Lust auf Entspannung zu stark, da wird sogar das Unbehagen angesichts des Face-to-Face mit sich selbst sekundär. Und doch lehrt einen die Erfahrung Tag für Tag aufs Neue, dass es sich lohnt, diese Energie aufzubringen, um sich zumindest eine gewisse Zeit lang mit einer positiveren Identität zu erleben. Trotz der Müdigkeit und Anstrengung, die das bedeuten kann, muss man sich dazu »zwingen«. »Selbst wenn einen die Freundinnen drängen, muss man sich manchmal noch einen ganz schönen Ruck geben, um auszugehen,« (Frédérique). »Ich spüre genau, dass ich das nur tue, um meine Einsamkeit zu verschleiern, aber ich zwinge mich dazu auszugehen. Ich habe ein ziemlich unruhiges Leben« (Gwenaëlle). Sich zwingen: Diese ethische Überzeugung schreibt sich Schritt für Schritt als mentales Schema ein, das zum Regulator des Handelns wird. »Lust hin oder her, man muss sich einfach zwingen, man muss sich zum Ausgehen zwingen, das ist Pflicht« (Albertine). Und schließlich wird dies zu einer Mindestanforderung, in der die Persönlichkeit ihr Fundament hat: Man muss ausgehen wie man essen, aufstehen, sich anziehen oder arbeiten muss. Oft gerät dabei sogar der therapeutische Effekt zugunsten der reinen Wiederholung einer Gewohnheit in Vergessenheit. Die Entwicklung verläuft folgendermaßen: Zunächst geht man aus, um sich besser zu fühlen (direkte Beschwichtigung des Unbehagens). Dann geht man aus, um auszugehen (Transformation des therapeutischen Effekts in einen Verhaltenscode). Und schließlich geht man aus, weil man ausgehen muss (kategorisches Muss). Nathalie hat oft nicht mehr die nötige Energie. Aber die ethische Evidenz des Ausgehens, die sie mittlerweile als kategorisches Muss inkorporiert hat, verschärft ihren kritischen Blick auf sich selbst. »Ich hasse mich, wenn ich allein vor dem Fernseher hocke«. Und Frédérique erledigt das Ausgehen, als handele es sich um eine unangenehme Verpflichtung: Die Befriedigung besteht allein in der Pflichterfüllung. »Oft schläft man auch nach einem weniger gelungenen Abend trotzdem befriedigt ein, weil man sich sagen kann: Ich hab's geschafft«.

Die mehr oder weniger zwanghaften Ausgeh-Aktionen und die plötzlichen Fluchten aus der eigenen Wohnung (wenn sich das Ich bei sich nicht wohlfühlt) können vielfältige Formen annehmen. Hat der Tatendrang ein bestimmtes Ziel im Blick (und soll nicht nur ein inneres Unbehagen besänftigen), kann er sich auch auf positive Weise aufbauen und Auslöser für eine wirkliche Lust am Ausgehen sein: dann ist es weder Flucht noch Pflichtprogramm. »Das Ausgehen bringt mir meine kleinen Freuden. Ich tue, was mir gerade einfällt, und fühle mich frei« (Babette). Doch meistens hat der Ausgehdrang einen negativen Ursprung, steckt eine Unsicherheit, ein Identitätsproblem dahinter. Monique hat es mit einer Art undramatischem, aber zwanghaftem Reflex zu tun. »Sobald die Stimmung sinkt, gehe ich Klamotten kaufen«. Salomés Ich geht weit gewaltsamer mit ihr durch. »Ich versuche, mich ganz alleine mit einem Schuss von diesem und jenem glücklich zu machen. Mal eine Überdosis Ausgehen mit Trinken und Rauchen, mal eine Überdosis Arbeit. Vor einiger Zeit habe ich nun Nachtspaziergänge auf dem

Land entdeckt«. Diese Vielfalt der Gründe und Modalitäten ist jedoch sekundär. Was auch immer der Ausgangspunkt für den Tatendrang sein mag, wichtig ist, dass das Ausgehen ein entscheidendes Element für die Stärkung aktiver Autonomie-Flugbahnen darstellt. Denn es löst – meistens wider Willen – eine Kette von Mechanismen aus, die darauf hinwirken, die Logik des Single-Daseins weiter zu bestärken. Auf die einzelnen Etappen dieses Prozesses werden wir im folgenden näher eingehen.

Die Panzer-Logik

Die Erfahrung lehrt einen nicht nur, dass man sich zum Ausgehen zwingen sollte. Sie lehrt einen auch, dass der therapeutische Effekt nur unter einer Bedingung wirksam wird: Die Frau, die ausgeht, muss draußen eine andere werden. Sie darf auf keinen Fall ihre Zweifel und ihr Unbehagen zeigen, sondern muss statt dessen ausgeglichen, strahlend, positiv sein. Und sie muss es verstehen, das zur Schau zu stellen. »Eine Sache habe ich gelernt: Um einen Mann zu behalten, muss man ihm die glückliche Frau vorspielen, strahlend und selbstsicher. Sonst hauen sie sofort wieder ab, sie mögen keine Heulsusen« (Brigitte). »Wenn ich mich ganz ungeschminkt zeige, mimosenhaft, uninteressant und traurig, dann sehe ich, wie die anderen peinlich berührt flüchten. Also zieh ich meine Maske auf, spiele die Flippige und mische eine Prise Ironie und Zynismus hinein. Solange sie das zum Lachen bringt, lädt man mich auch ein, ruft mich an ...« (Salomé)

Das Hauptziel des Ausgehens besteht darin, Menschen zu treffen; Freunde, die Busenfreundinnen und vielleicht einen Mann. Die Wärme des Eingebundenseins in ein Beziehungsnetz zu spüren, unter dem Blick der anderen zu existieren. Nun hassen aber die fraglichen anderen den Geruch von Tragik und Problemen. Deshalb muss sich die alleinstehende Frau (die doch eigentlich das Bedürfnis hat, über ihre Probleme zu sprechen) alle Mühe geben, sich nur von ihrer angenehmsten Seite zu zeigen und den Anschein zu geben, sie sei glücklich.

Dafür muss sie einfach nur die eine Hälfte ihrer Existenz vertuschen und lediglich die positive Seite des zwiespältigen Lebens übrig lassen: Ihre Lüge besteht nur darin, nicht die volle Wahrheit zu sagen. Doch das Gefühl des Gespaltenseins ist dann besonders intensiv, eine Art Karikatur des gewohnten Zwiespalts. Dieses nur im besten Licht und mit allen seinen Trümpfen präsentierte Ich ist einem selbst irgendwie fremd. Daher auch das Gefühl, wirklich zu lügen – ein Gefühl, das durch einige kleine echte Lügen noch verstärkt wird. »Ich lüge, ich erfinde Freunde, zu denen ich später gehen muss, das wiegt jeden in Sicherheit. Ich spiele wirklich Theater« (Roseline). »Warum die Aufrichtige spielen, wenn Geständnisse nur zu peinlichem Berührtsein und schließlich zu noch größerer Einsamkeit führen?« (Dorothée). Katja beobachtet dieses andere Ich, das sie zur Schau stellt, voller Erstaunen und weiß nicht mehr so recht, ob sie sich in diesem Schein noch wiedererkennen soll. »Man sagt mir: Du bist toll, du hast unheimlich Power. Es ist ein komisches Gefühl, das zu hören«. Das Gefühl des Gespaltenseins verschärft sich noch mehr, wenn Freunde oder die Familie sich stärker als erwünscht auf dieses Spiel mit dem Schein einlassen. Marie-Christine, die nur von Ehe und Kind träumt, fühlt sich wie gefangen in einer Falle, die sie sich selbst gestellt hat. »Wenn die wüssten, wie sehr ich mich zusammenreißen muss, um nicht zu explodieren, wenn meine Familie mich freundlich darin bestärkt, mir keinen Ehemann aufzuhalsen!«.

Sie würde gerne zu einer integrierteren und aufrichtigeren Selbstpräsentation zurückfinden: Der Anschein, den sie von sich gibt, ist für sie wirklich eine trügerische Maske, eine Lüge.

Die von ihr verwendeten Begriffe »Maske« und »Lüge« finden sich häufig in den Briefen der Frauen, deren Träume sich auf die Norm für das Privatleben richten (»Mann, Kind, Haus«) und die ihr Leben als defizitär empfinden. »Ich spiele die Flippige«, sagt Salomé, die von Zynismus spricht und ihre Maskierung als einen Schwindel empfindet. Wird das Single-Dasein hingegen auf positivere Weise bewältigt, wird die Maske nicht als Lüge empfunden, sondern als Teil des zwiespältigen Ichs. Dann wird auch die Funktion der Maske deutlicher: Sie ist zum Schutz da. Statt von einer Maske zu sprechen, findet Adeline das passendere Wort: »Ich habe mir einen Panzer gebastelt«.

Obwohl dieser Schutzmechanismus auf ein intimes und persönliches Ziel ausgerichtet ist (die eigene Identität zu stärken), funktioniert er über die beziehungsmäßige Ebene; die Stärkung des Selbstbewusstseins geschieht über das Spiegelbild im Blick der anderen. Die Konstruktion von Identität resultiert aus einem ständigen Abgleichen der »Identität-für-sich-selbst« und der »Identität-für-die-anderen«, denn die Vorstellung, die man selbst von seinem Leben hat, und die Wahrnehmungen, die das Umfeld von einem hat, klaffen auseinander (Dubar, 1991, S. 116). Innerhalb dieses komplexen und wechselhaften Abgleichungsprozesses hat die »Identität-für-sich-selbst« keineswegs die Oberhand, sondern spielt für die Definition von Identität keine größere und keine geringere Rolle als der Blick der anderen (bzw. manchmal eine größere und manchmal eine geringere). Der Panzer befindet sich ebenso wie das kleine innere Kino im Zentrum des Prozesses der Ich-Konstruktion.

Das Prinzip ist ganz einfach: Die alleinstehende Frau zeigt sich von der positiven Seite ihres zwiespältigen Lebens. Das Umfeld, das Dramen hasst, verlangt von ihr nur, dass sie dieses »Identitätsangebot« (Dubar, 1991, S. 117) annimmt. Und wenn dieses kleine Tauschgeschäft dann zur Dauerlösung und durch Wiederholung zur Gewohnheit wird, bekommt die positive

Identität innerhalb dieses Interaktionsnetzes immer mehr Fleisch an die Knochen. »Ich tue also so, als ob, und anscheinend mache ich das wirklich gut, denn meine Kollegen erzählen mir ständig, dass ich so ausgeglichen bin, mich so wohl in meiner Haut fühle und keine Probleme habe« (Marie-Christine). Für Marie-Christine ist das eine Lüge. Sie ist überzeugt, dass »die wahre Marie-Christine« völlig anders ist, traurig und hilflos. Die Logik des Panzers zeigt ihre Effekte tatsächlich nur graduell, und in ihrer Situation spürt Marie-Christine diese Effekte kaum. Wird das Single-Dasein nur als etwas erlebt, was man mangels Besserem über sich ergehen lassen muss, erscheint der Panzer in der Verzweiflung der finstersten Einsamkeit nur noch als Lüge, als trügerische Maske. Der Mechanismus der Identitätsstärkung ist noch nicht in Gang gekommen. Er zeigt erst dann seine Wirkung, wenn einem das Bild, das man von sich nach außen trägt, auch selbst als möglicher Teil einer aus verschiedenen Teilen zusammengesetzten Identität erscheint und nicht als reine Lüge. Die Logik des Panzers, die dann positive Effekte entfalten kann, beginnt also im Schmerz und im Leiden, sie setzt zunächst an einer noch stärkeren Spaltung der Persönlichkeit an: Die Maske ist nicht mehr ausschließlich Fassade, sondern enthält kleine Krümel eines Teils des vielteiligen Ichs. Eines so vielteiligen und beweglichen Ichs, dass die Identität, die man in den Augen der anderen hat und die in Interaktionen bestärkt wird, schrittweise zum wichtigsten Identifikationsbezugspunkt werden kann. Indem der Panzer dem Umfeld wiederholt und unmissverständlich entgegentritt, wird er durch einen Ansteckungseffekt zum einenden Pol des Ichs. Was zu Beginn nur Illusion, die Erfindung eines Scheins zum eigenen Schutz war, transformiert sich auf diese Weise nicht nur zu *einem* authentischen Teil des Ichs, sondern sogar zum *authentischsten* Teil schlechthin, unter dessen Eindruck der Rest versucht, sich zu arrangieren.

Ob es zu diesem Hinübergleiten in die positive Logik des Panzers kommt, hängt von vielen verschiedenen Faktoren ab: dem Eigengewicht der Interaktionen, der Bedeutung, die soziale Beziehungen für die Identitätsdefinition haben, etc. Einige dieser Faktoren spielen eine sehr konkrete Rolle, besonders die ganz körperlichen Aspekte des Arbeitens an sich selbst. Theater zu spielen setzt nämlich voraus, dass die Maske perfekt ist. »Man muss die Lücken stopfen und die Schreckgespenster kaschieren«.(Katia). Was einen ständigen psychologischen (sich bemühen, glücklich und nicht innerlich zerrissen zu wirken) und physischen (sich bemühen, fit und entspannt, idealerweise auch unwiderstehlich schön und berstend vor Energie zu wirken) Kraftaufwand erfordert. »Schaut man auf das Äußere, ziehe ich bewundernde Blicke auf mich. Schaut man auf das Innere, ist es ein Gewaltakt« (Marcelline). Ein Gewaltakt, der aber Früchte trägt. Dank des Panzereffekts werden die aktivsten unter den Single-Frauen tatsächlich strahlender, schöner und stärker. Für ihre Körperpflege und ihre Selbstinszenierung (Friseur, Kosmetik, Kleidung, Fitness) geben sie mehr Geld aus und verwenden sie mehr Zeit als der Durchschnitt der Frauen. »Für mich heißt die Lösung: mich schön und begehrenswert fühlen« (Olivia). Die Logik des Panzers transformiert die Identität nicht nur auf der ideellen Ebene (ausgehend vom positivsten Pol, den man nach außen zu sehen gibt, zu innerer Einheit finden), sondern auch ganz konkret, was sich in physischen Veränderungen und einer Neustrukturierung des Lebensrhythmus und der persönlichen Aktivitäten niederschlägt. Marcelline hat sich nach dreißig Jahren Ehe scheiden lassen und ist nicht daran gewöhnt, für sich selbst zu denken und zu handeln. Es erfordert von ihr eine Arbeit innerer Neuorganisation, die sich nun an dem Bild orientiert, das sie nach außen von sich vermitteln möchte. »Sich um sich selbst zu kümmern, ist keine einfache Sache, meine Erziehung hat mich darauf nicht vorbereitet. Ich drängle und schubse mich ständig selbst«. »Wenn Frauen in einer Beziehung leben, geraten sie aus der Form und verschwinden hinter ihren Töpfen und Kindern. Alleinstehende Frauen erkennt man auf den ersten Blick, sie sind fesch. Wir sind dazu verdammt, schön zu sein« (Babette).

Das Paradox des schönen Scheins

Ist dieser Mechanismus der Untermauerung und Stärkung der Identität erst einmal in Gang, wird es schwierig, daraus wieder auszusteigen. Denn er drängt einen, ob man will oder nicht, auf die Flugbahn einer immer radikaleren Autonomie. Der kritische Moment hängt mit etwas zusammen, was man das Paradox des schönen Scheins nennen könnte. Ich möchte an dieser Stelle noch einmal kurz die vorausgehenden Passagen dieses Buches in Erinnerung rufen. Gehen wir von einer Frau aus, die sich in ihrem Single-Dasein, statt einfach nur zu »warten«, um Selbstsicherheit bemüht, um so den Alltag positiv erleben zu können. Diese Selbstsicherheit kommt dadurch zustande, dass sie regelmäßig ausgeht und dabei ein Bild von sich selbst nach außen trägt, das ihr Selbstwertgefühl hebt und zu ihrer öffentlichen Identität wird. Sobald dieser Panzer gut sitzt, wird er zum wichtigsten Identifikationspol, alles scheint bestens zu laufen. Innerhalb dieser Dynamik fühlt sich die Single-Frau weniger zerrissen, selbst dann noch, wenn sie im »Drinnen« ist. Das positive Bild verhilft ihr zu beruflichem Erfolg. Sie vergrößert ihren Freundeskreis. Die Familie ist froh, dass es ihr (wenn sie schon nicht heiratet) wenigstens gut geht. Und offen gesagt ziehen selbst die Busenfreundinnen, die natürlich auch die Schattenseite aktzeptieren, diese helle Seite vor, die auch ein positiveres Licht auf ihre eigene Situation wirft.

Also was? Sollte in diesem idyllischen Panorama etwa noch

etwas fehlen? Ja, um genau zu sein: ein einziges Wesen, aber ein höchst wichtiges – der Mann. Die autonome Frau (an dieser Stelle wird es möglich, sie so zu nennen) wirkt so schön, so stark, so selbstsicher, dass sie beeindruckt und einschüchtert. Das ist das Paradox des schönen Scheins: Wird nach außen ein allzu positives Bild vermittelt, mindert dies (vor allem, wenn es mit beruflichem Erfolg einhergeht) die Chancen auf die so sehr herbeigesehnte Begegnung (die doch oft der Grund für all diese Arbeit an sich selbst gewesen ist). »Ich habe einen verantwortungsvollen Posten, um den mich viele beneiden, ich lege einen sehr bestimmten, fast etwas männlichen Charakter an den Tag, und außerdem findet man mich sehr hübsch. Aber offen gesagt gereichen mir diese Trümpfe nicht immer zum Vorteil: Die Männer sind oft sehr beeindruckt, um nicht zu sagen eingeschüchtert« (Bérangère). »Es gibt Jungs, die haben mir gesagt, ich mache ihnen Angst« (Charlène). Marlène geht in ihrer Analyse sogar noch weiter: »Ich spüre genau, dass ich eine Anziehungskraft auf sie ausübe und sie zugleich abschrecke«. In der Tat übt eine so freie und strahlende autonome Frau Anziehungskraft aus. Aber dieser Anziehungskraft wirkt eine entgegengesetzte Kraft entgegen: Sie wirkt unerreichbar. In den Briefen tauchen immer wieder die gleichen Worte auf: »Schranken« und »Kälte«. »Wirke ich vielleicht zu kalt, weil ich Angst habe, die anderen könnten sehen, wie es in mir drin aussieht?« (Charlène). »Ich habe irgendwie etwas Unnahbares, fast Eisiges an mir, obwohl das Feuer der Sehnsucht in mir brennt. Ich müsste lernen, die Schranken fallen zu lassen« (Jeanne).

Doch wie soll man das machen? Eine Falle ohne Ausweg. »Es scheint, dass ich nach außen unnahbar wirke. Ich selbst empfinde das als Schüchternheit. Aber deshalb werde ich natürlich nicht mit einem Schild herumlaufen, auf dem ›schüchtern‹ steht!!« (Annie). Den Blick auf seine eigene Zerbrechlichkeit zuzulassen, ist in der Tat eine delikate Angelegenheit, denn die Logik des Panzers könnte dadurch untergraben werden. Die einzige Gegenwehr besteht darin, nichts zu übertreiben, aber das ist schwierig und reicht oft nicht aus.

Den eigenen Weg gehen

Angetrieben von dem positiven Bild, das sie von sich nach außen tragen, konstruieren sich die »galoppierenden Pferde« unbewusst ein biografisches Universum, in dessen Mittelpunkt die Selbstsicherheit steht und das seine Kohärenz aus ihr bezieht. Das Einzige, was mit zunehmender Selbstsicherheit immer schwieriger wird, ist das Eingehen einer Beziehung.

Die Single-Frau nimmt die identitäre Kohärenz, die besonders aktive Flugbahnen der Autonomie auszeichnet, intuitiv wahr: Wenn sie noch mehr »Gas geben« würde, könnte sie die Zwiespältigkeit ihrer Existenz endlich überwinden. Aber da sind zugleich unendlich viele unsichtbare Fesseln, die diesen Vorwärtsdrang bremsen. Denn schließlich: Wohin würde das führen? Keinerlei klare Perspektive kristallisiert sich heraus. Im Gegenteil. Alle möglichen Vorgaben rufen einem immer wieder die Norm für das Privatleben in Erinnerung. Der Vorwärtskurs hingegen würde einen ins Unbekannte lenken, in die genau entgegengesetzte Richtung: weder Mann noch Kind noch Haus am Horizont, sondern nur das absolute Ich.

Diese radikale Vision macht Angst. Viele autonome Frauen versuchen deshalb, einen Kompromiss zu finden. Die Flugbahn der Autonomie mit der ihr eigenen Logik zu akzeptieren (und die Aussicht auf eine Beziehung in den Wind zu schreiben), ermöglicht ein besseres Leben. Eine *übertriebene* Selbstsicherheit würde einen indessen in ungewisse Abenteuer hineinsteuern lassen. Die Lösung liegt in einem subtilen Gleichgewicht:

Mittel und Wege finden, um die Logik der Autonomie zu verfolgen, zugleich aber auch nicht alle Brücken abzubrechen, die einen mit einer traditionelleren Identität und der »normalen« Gesellschaft verbinden. Hierfür können verschiedene Tricks angewandt werden.

DIE KLAMMER. Die Logik der Autonomie wird intensiv gelebt, man stellt sie sich aber als vorübergehende Phase vor – ein häufiger Fall in der Jugend. »Ich fühl mich wohl in meiner Haut, ein solches Leben in Freiheit ist toll, und was meine beruflich Zukunft betrifft, sind die Aussichten bestens. Deshalb habe ich beschlossen, mein Gefühlsleben im Moment erst mal auf Eis zu legen. Wenn ich dann einen Job und eine Wohnung habe, mach' ich mich dran, ›meinen‹ Mann zu finden« (Delphine, 28 Jahre). »An dem Tag, an dem ich den Mann meines Lebens treffe, wird mein Berufsleben nur noch zweitrangig sein. Das Gleichgewicht wird sich ganz von selbst einstellen« (Annabelle, 25 Jahre).

DIE PFLEGE EINER GUT KONTROLLIERTEN INNEREN GESPALTENHEIT. »Ich habe zwei Leben. Draußen bin ich die Super-Tussi, die nichts aufhalten kann – es ist herrlich, Superwoman zu sein, um nichts auf der Welt würde ich auf die Erde zurückfallen wollen. Aber dann gibt es da noch den geheimen Garten, in dem ich ein kleines Mädchen bin, das vom Märchenprinzen träumt« (Babette).

EIN BEGRENZTES SICH-EINLASSEN AUF DIE LOGIK DER AUTONOMIE: Sich selbst sein, aber in aller Ruhe, ohne es allzu sehr zu zeigen oder herauszukehren. Ein häufiger Fall im reiferen Alter und eine Haltung, die zwischen radikaler Selbstsicherheit und dem Rückzug auf die Behaglichkeit der Gewohnheiten angesiedelt ist. Eine kurzatmige Autonomie. »Ich habe mir angewöhnt, mich zu akzeptieren, wie ich bin, und mein kleines Leben zu organisieren. Ich bin härter geworden und habe gelernt, mich nur auf mich selbst zu verlassen; das lässt nicht viel Raum für einen möglichen Begleiter« (Olivia). Eine fatalistische Autonomie. »Ich erwarte nichts mehr, von niemandem, ich weiß, dass ich nur auf mich selbst zählen kann. Was soll's, das ist meine Geschichte. Man muss die Leute nehmen, wie sie sind, sie für das lieben, was sie sind, ohne sich zu viele Illusionen zu machen, dann ist man nachher auch nicht enttäuscht« (Aurore).

Die provisorische, begrenzte oder kontrollierte Autonomie hinterlässt indessen einen Geschmack von Defizit. Die Möglichkeit einer pointierteren Selbstsicherheit ist zumindest intuitiv immer präsent, die Flugbahn drängt einen vorwärts. Es ist, als gäbe es einen virtuellen Sozialisationsrahmen, der schon dafür bereitsteht, den neuen biografischen Fortgang aufzufangen; es genügt, die Dinge einfach laufen zu lassen. Diese Versuchung ist umso größer, als es der Identität gelingt, zu ihrer Einheit zurückzufinden, sobald man sich auf aktivere Flugbahnen einlässt; der virtuelle Sozialisationsrahmen ist kohärenter als das gegenwärtige Leben. Es gibt also eine Kraft, die einen zu diesem starken und klaren Ideal zieht. Eine andere hält einen zurück: die Norm für das Privatleben. Wenn die Selbstsicherheit dann immer klarere Formen annimmt, erscheint sie mehr und mehr als zutiefst revolutionär, ja subversiv – genau das ist es aber auch, was einen davor zurückschrecken lässt, diesen Weg entschlossen weiterzugehen. Revolutionär ist sie beispielsweise im Hinblick auf die Gleichberechtigung der Geschlechter. Während die Gleichberechtigung innerhalb des familialen Modells nach wie vor schwer zu verwirklichen ist (Kaufmann, 1995), gelingt das dank der Autonomie plötzlich mit Leichtigkeit. Revolutionär ist die weibliche Selbstsicherheit auch im Hinblick auf die Grundstrukturen der Gesellschaft. Die Frau und ihre häusliche Herrschaft (die Aufopferung) bilden noch immer die Grundlage der Familie, welche ihrerseits nach wie vor ein zentrales Grundelement der Gesellschaft ist.

Das simple Ersetzen der Werte der Aufopferung durch die Werte der Autonomie könnte das gesamte Gebäude zum Einsturz bringen. Die Zunahme weiblichen Alleinlebens birgt, vor allem in ihren besonders bewussten und gewollten Formen, bereits die Saat unvorstellbarer Umwälzungen in sich.

Die innere Entwicklungslogik der Flugbahnen ist schwer zu beschreiben, weil sie aus zwei gegensätzlichen Entwicklungen resultiert. Oft findet man in einem Lebenslauf zunächst Phasen des Single-Daseins, die sehr bewusst gelebt werden, bevor es dann zu einem Umschwung (oder zur Paarbildung) kommt. Die Möglichkeit einer radikalen Autonomie wäre somit lediglich eine jugendliche Illusion gewesen, bevor dann alles wieder in den vorgezeichneten Bahnen verläuft. Doch historisch gesehen treten diese Phasen des Alleinlebens tendenziell zu einem immer späteren Zeitpunkt im Lebenslauf auf, sind zahlreicher und bewusster geworden: Die familiale Ordnung wird mehr und mehr auf den Kopf gestellt. Daraus entstehen – und das ist ein neues Phänomen – umgedrehte Lebensläufe: ein Leben, das in aller Ruhe innerhalb der familialen Ordnung oder in Erwartung des Märchenprinzen begonnen hat, entwickelt sich Schritt für Schritt auf eine bewusste Autonomie zu. »Eine Zeit lang habe ich nur gewartet und gar nicht richtig gelebt. Doch dann habe ich die Freiheit entdeckt, die Möglichkeit, mich zu entscheiden. Das Alleinsein ist eine Chance, wirklich zu leben, nachzudenken und zu wachsen« (Karen).

Damit ist der Weg geebnet, um immer neue Stufen dieser merkwürdigen weiblichen Flugbahn zu erklimmen, innerhalb derer das Ich zum Zentrum der Welt wird. Die autonome Frau, diese »Ehe-Abtrünnige«, die es sich zum Ziel macht, sich selbst »als Subjekt zu konstruieren«, engagiert sich, wie Erika Flahault (1996) bemerkt hat, oft auf sehr persönliche Weise für ihr Studium, für intellektuelle Berufe oder für eine kreative, künstlerische Tätigkeit; ihre Begleiter sind die Werke, an denen sie gerade arbeitet. »Ich sage mir, dass ich mich glücklich schätzen kann, dem häuslichen Terror eines netten kleinen Lebens mit einem netten kleinen Ehemann in einem netten kleinen Haus entgangen zu sein; das ist der Tod in kleinen Scheiben. Ich hatte schon immer diese Träume von Freiheit, vom Schreiben, vom Kino. Ok, die ganze Sache ist vielleicht noch nicht besonders toll in Gang gekommen, aber mein Leben ist aufregend und ich würde es für nichts auf der Welt ändern. Endlose Diskussionen mit meinen Freunden, in denen ich die Welt neu erschaffe, Nächte voller Begegnungen und immer wieder ein neuer Morgen voller Versprechungen: Was werde ich heute anpacken, um etwas wirklich Gutes zustande zu bringen? Ich habe eine unendliche Lust auf Zukunft« (Cécile). Marlène hat keine solchen schriftstellerischen oder filmischen Projekte. Dennoch befindet sie sich nicht weniger im Reich der radikalen Autonomie. Sie ist rundum glücklich, materiell unabhängig (selbst die Klempnerei birgt für sie keine Geheimnisse) und hat einen verantwortungsvollen Posten, für den sie sich engagiert. Außerdem hat sie einen großen Freundeskreis und ein intensives Vereinsleben. Als Präsidentin des (männlichen) Fussballvereins ist sie zu einer echten Lokalgröße geworden. Und was ist mit Männern? Sie ist zu aktiv und zu selbstsicher, als dass man sich in ihrem Leben häuslich einrichten könnte: »Mehr als 48 Stunden halte ich es nie mit einem aus«. Und dies umso mehr, als sie sehr anspruchsvoll ist. »Wenn ich also mit jemandem leben soll, dann muss er schon ein wirkliches Plus haben. Naja, und das ist nicht gerade einfach! Aber ich weigere mich, mich mit Mittelmäßigkeit abzufinden. Alles oder nichts, ich möchte meine Träume leben«.

Autonomie mit Begleitung

Eine so extreme Position wird nur selten mit solcher Bestimmtheit vertreten. Selbst eindeutig bejahte Flugbahnen der Autonomie stolpern über die Männerfrage – es ist zu hart, sich ein ganzes Leben ohne Partner vorzustellen. Wie so oft gilt es also auch hier, zu einem Kompromiss zu finden. Mangels einer festen Beziehung, die auch relativ unwahrscheinlich wird, sobald man sich auf dem Vorwärtskurs der Autonomie befindet, bemühen sich viele autonome Frauen, Regeln für eine »limitierte Partnerschaft« abzustecken. Weder Paar noch einsames Single-Dasein. 8 % der Frauen zwischen 20 und 50 Jahren sagen von sich, dass sie eine Liebesbeziehung unterhalten, ohne wirklich eine Partnerschaft zu führen, und diese Zahl ist steigend (De Guibert, Léridon, Toulemon, Villeneuve-Gokalp, 1994).

Dahinter stecken unterschiedliche Arrangements, die aber alle darauf beruhen, dass man sich nur teilweise einlässt und die Beziehung auf bestimmte Räume und Zeiten beschränkt bleibt, jenseits derer das Single-Dasein beibehalten wird: ein perforiertes Paar. Eine der Spielarten dieses Beziehungsmodus, das Leben in getrennten Wohnungen, ist für Jeanine (geschieden und vom Leben zu zweit enttäuscht) ihr Traum und ihr Projekt. »Schließlich steht nirgendwo geschrieben, dass man zusammen leben muss. Als ich verheiratet war, habe ich das als einengend und oft auch frustrierend empfunden. Wäre es nicht ideal, einen Liebhaber zu haben, aber jeder lebt in seiner eigenen Wohnung und man teilt nur das Beste?«. Gabrielle, ebenfalls geschieden, ist weniger auf der Suche nach Sex als nach Zärtlichkeit und Austausch, Unterstützung und einem offenen Ohr. Aber eine feste Beziehung wäre ihr, selbst ohne gemeinsame Wohnung (also eine wirkliche Beziehung, bei der aber jeder der beiden Partner in der eigenen Wohnung wohnt), zu einengend. Deshalb versucht sie, sich eine neue Art von Beziehung vorzustellen, die flexibler ist, beständig, aber harmloser, eine Art besserer Freundschaft. »Ich habe keine Lust auf solche Durchgangstypen für eine Nacht mit wildem und gefährlichem Sex. Und ich habe keine Lust auf einen Ehemann. Nein, eine zeitweise, angenehme, zärtliche, liebevolle Präsenz würde mir genügen. Jemand, mit dem ich mich austauschen, reden, leben könnte«. Gisèle strebt zu anderen Horizonten und entwickelt auf andere Weise ihre Beziehung auf Distanz. Da sie viel mit ihren Kindern beschäftigt ist, spürt sie weniger dieses Bedürfnis nach Wärme. Stattdessen ist sie heute, mit 45, immer noch dieselbe exaltierte Liebhaberin wie mit 18 und stürzt sich ständig in neue Geschichten. »Ich hatte immer eine oder sogar zwei Affären am Laufen. Es ist herrlich, mit über 40 noch verliebt zu sein«. Ihre zwei Leben trennt sie klar voneinander. »Niemals unter meinem Dach«: In das Haus, in dem ihre Kinder leben, kommt ihr kein Märchenprinz. Sie haben sich immer woanders getroffen, wie in einem fernen, verzauberten Land.

Dahinter steckt der Gedanke, Autonomie und Selbständigkeit intensiv zu leben, sich gleichzeitig aber ein kleines Stückchen Paar zu bewahren. Auf den ersten Blick scheint diese Flugbahn der Selbstsicherheit somit weniger radikal zu sein. Schaut man sich die Folgen dieser Autonomie mit Begleitung jedoch etwas genauer an, stellt man fest, dass sie genauso revolutionär sind. Denn die Konzession, die an die Beziehung gemacht wird, wird aufgewogen durch den subversiven Charakter eines neuen Beziehungsmodells, das nicht auf Stabilität gründet. Auch nicht darauf, sich ein Territorium zu teilen. Nicht einmal auf einem vollständigen und exklusiven Sich-Einlassen. Ein Gefühls- und Beziehungsleben »à la carte« (Saint-Laurent, 1993, S. 158), in höchstem Maße innovativ, »ein lebendes Laboratorium, in dem jeder mit dem partiellen Alleinsein experimentiert« (S. 159). Das vorherrschende Modell für das Privatleben (Mann, Kind,

Haus) gerät so lange nicht unter direkten Beschuss, wie sich selbst die radikalsten Flugbahnen des Single-Daseins völlig außerhalb, weit entfernt von diesem Modell bewegen. Die Autonomie mit Begleitung hingegen trifft es mitten ins Herz, indem sie ganz konkret eine direkt umsetzbare Alternative vorschlägt.

Wer einen Blick in die Zukunft der Gesellschaft tun will, kommt nicht umhin, sich die Bettgeheimnisse dieses Vagabundierens irgendwo zwischen Liebe und Freundschaft genauer anzusehen. Denn vielleicht entscheidet sich hier ein wichtiges Datum unserer Zukunft, und diejenigen, die diese Autonomie mit Begleitung leben, sind – ohne es zu wissen – Erfinder der Zukunft.

Schlussfolgerung

Wenn wir Statistiken zur Haushaltszusammensetzung analysieren, gelangen wir zu der unumstößlichen Feststellung: Das Alleinleben nimmt immer mehr zu. Und auch die gesellschaftliche Position von Menschen, die solo durchs Leben gehen, ist im Wandel. Während sie früher an den Rand der Gesellschaft gedrängt wurden, findet man sie heute mitten im Zentrum der gesellschaftlichen Teilsegmente, die über das größte innovative Potential verfügen: die Großstädte, die Jugend, Milieus mit hohem Bildungsstand. Und doch bleibt die Logik, die hinter dieser Entwicklung steckt, unerkannt, und es ist kaum jemandem bewusst, was hier eigentlich wirklich geschieht – nicht einmal den Singles selbst (was in gewisser Weise paradox ist).

Der Grund dafür ist, dass diese Logik zu unerhört, zu subversiv ist. Solange die Zunahme alleinlebender Personen nur auf deskriptive, anekdotische oder gar moralisierende Weise thematisiert wird, bleibt der revolutionäre Charakter des Phänomens unter Kontrolle und die Akteure sind sich des historischen Prozesses, Teil dessen sie sind, überhaupt nicht bewusst. Arbeitet man hingegen die hinter dieser Entwicklung steckende Logik heraus, ändert das die Perspektive von Grund auf und wirft auch ein ganz neues Licht auf die derzeitigen Debatten um die Familie.

Diese Debatten werden von ideologischen Positionen behindert (Martin, 1996) und immer wieder auf unhinterfragbare mentale Kategorien reduziert, wodurch der Fortschritt des Wissens gebremst wird. »Es ist wirklich schwierig, die soziologische ›Denaturalisierung‹ der Familie in aller Konsequenz zu betreiben« (de Queiroz, 1997, S. 122). Und oft sind diese Debatten von der trügerischen (sich auf Umfragen berufenden) Illusion beherrscht, die Familie bilde heute trotz der Destabilisierung ihrer Strukturen nach wie vor einen zentralen Wert und die Hauptachse privater Sozialisation. In Wahrheit klammert sich die Gesellschaft nur deshalb so sehr an die Familie, weil diese dabei ist, ihre Rolle als Dreh- und Angelpunkt (zugunsten des Individuums) zu verlieren. Und sie klammert sich umso mehr an sie, je manifester diese Verschiebung wird. Daher dieser täuschende Eindruck: Die Intensivierung ist nur ein Verteidigungs-, um nicht zu sagen Verkrampfungsmechanismus angesichts von etwas, das wie ein chaotisches Abenteuer erscheint.

Die Familie befindet sich heute am Scheideweg. Nehmen wir zunächst nur die Paarbeziehung. Sie gründet heute auf einem unlösbaren Widerspruch. Denn das »Ideal der Authentizität, das den Kern der individualistischen Kultur bildet, erlegt dem einzelnen vor allem die Pflicht auf, im Einklang mit sich selbst zu sein. Sich seinen eigenen Wünschen entsprechend zu verhalten, wird zu einer unumgänglichen Verpflichtung und macht die Frage nach dem Anderen eminent schwierig« (Chalvon-Demersay, 1996, S. 87). Was die Familie insgesamt betrifft, scheinen die Umwälzungen, die wir derzeit erleben, solchen Perspektiven Recht zu geben, die auf unsere kollektive Unfähigkeit verweisen, für jeden die symbolische Ordnung der Verwandtschaft wiederherzustellen. Irène Théry glaubt trotz allem daran, dass diese Sisyphos-Arbeit möglich ist. Dennoch zieht auch sie den Schluss, dass die derzeitigen Spannungen »sozusagen das Undenkbare der Institution Familie erschließen [...]. Die Folgen sind einschneidend. Dies ist der Beginn der Ungewissheit« (1996, S. 23).

Natürlich liegt die Familie nicht im Sterben – weit gefehlt. Sie hat es im Gegenteil verstanden, sich selbst zu revolutionieren, um ein möglichst starkes Bündnis mit dem Streben nach

Autonomie eingehen zu können, so dass sie heute »im Zentrum der individualisierten Identitätskonstruktion« steht (de Singly, 1996, S. 14). François de Singly betont, wie und wie sehr die nahen Verwandten (der Ehepartner, die Eltern) heute zu Enthüllern des Ichs werden, selbst des innersten Ichs. Doch so tiefgreifend und real diese familiale Neuformulierung auch sein mag, sie reicht nicht aus, um das gesamte Autonomiepotential eines Individuums zum Ausdruck zu bringen; die Selbstbehauptungen eines auf radikalere Weise individualisierten Ichs äußern sich auf allen möglichen Gebieten. Die neue Rücksicht auf die Autonomie im Innern der Familie ist nur ein einzelner Aspekt eines größeren Prozesses, der weit über sie hinausgeht und ihr in manchen Fällen auch entgegenläuft.

An diesem Punkt treffen tendenziell zwei Entwicklungslinien aufeinander. Außerhalb der Familie führt der nicht zu bremsende Aufschwung des Alleinlebens zur Erfindung neuer, flexiblerer Formen begrenzter Partnerschaft. Und im Inneren der Familie liegt die Betonung immer stärker auf dem Individuum: dem Partner zuhören (de Singly, 1996), seine persönlichen Bereiche respektieren (das gilt auch für betagte Paare; Caradec, 1996) und einen Erziehungsstil pflegen, der in erster Linie auf das Erlernen von Selbständigkeit ausgerichtet ist (de Singly, 1996). Sogar die Art und Weise, der Toten zu gedenken, hat persönlichere Formen angenommen (Déchaux, 1997). Diese beiden Entwicklungen fließen in einer einzigen Zielrichtung zusammen: die emotionalen Bindungen eines Individuums, das sein Schicksal nun selbst in die Hand nimmt, auf eine neue Weise zu knüpfen und zu strukturieren. Paare, die nicht zusammen wohnen, befinden sich beispielsweise am Schnittpunkt dieser beiden Entwicklungen; man könnte sie sowohl als Teil des neuen Innen als auch als Teil des neuen Außen, also eher als Individuen mit Begleitung oder als Paare auf Distanz begreifen. Natürlich lässt sich die Familie nicht auf emotionale Bindungen reduzieren. Sie steht auch für die Tatsache, Teil einer langen Abstammungslinie zu sein; sie steht für ein privates Solidaritätssystem und ist eine Institution, die ein moralisches Engagement begründet. Doch dieses umfassende Konglomerat mit beträchtlichem historischem Gewicht (weshalb Verschiebungen nur sehr langsam vonstatten gehen können) hat sich selbst auf den Weg zu diesem rätselhaften und einzigen Ziel begeben, von dem niemand eine genaue Vorstellung hat.

Charakteristisch für diesen Prozess ist, dass er eher mit den Füßen als im Kopf voranschreitet: In den gesellschaftlichen Tatsachen setzen sich neue Praktiken durch, noch ehe geklärt wäre, was sie zu bedeuten haben. Die Norm für das Privatleben hinkt hinterher und entwickelt sich nur langsam weiter. »Mann, Haus, Kind« – der Slogan mag, vereinfacht gesagt, derselbe geblieben sein, aber es gilt, genau hinzusehen, was dahinter steckt: Der rechtmäßige Ehemann, dem man auf Gedeih und Verderb ausgeliefert ist, macht dem Gefährten, dem Freund und Liebhaber Platz, dem bevorzugten Partner aus dem Kreis derer, die einem nahe stehen. Das Haus hat eher noch an Bedeutung gewonnen, dies jedoch verstärkt unter dem Vorzeichen rein persönlicher Bindungen. Bleibt das Kind, das von nun an den höchsten Wert darstellt. Es ist eindeutig das Kind, das eine schnellere Neuformulierung der Norm verhindert. Oft ist es das Kind, für das ein Ehemann-Papa und ein Haus gesucht wird, das ein wirkliches Familienheim sein soll (die drei Begriffe verstärken sich gegenseitig). Die Erfindung eines neuen Typs von Partnerschaft, der der individuellen Autonomie mehr Platz einräumt, stolpert über die Kinderfrage; die traditionelle Definition der Norm findet sich hier bestätigt.

Und dennoch nimmt die Zahl der Alleinlebenden unbeirrt weiter zu, angestachelt durch ein weiteres entscheidendes Element: die Verschiebung der Position der Frau in der Gesellschaft (EPHIESIA, 1995). Die Frau ist kein Individuum wie die anderen (Mossuz-Lavau, de Kevasdoué, 1997). Ihr historischer Ausgangspunkt ist eine Rolle (die Hingabe), die aus ihr die treibende Kraft der Familie und der privaten Ordnung machte (Héritier, 1996), während der Mann bereits damit beschäftigt war, seine Autonomie, insbesondere im öffentlichen Raum, zu verwirklichen (Lefaucheur, Schwartz, 1995; Bihr, Pfefferkorn, 1996). Da die weibliche Dynamik der Stärkung des eigenen Ichs (die Forderung nach Gleichberechtigung ist nur ein Aspekt davon) also einen sehr viel weiteren Weg zurückzulegen hat und zugleich die Gesellschaftsorganisation in ihren Grundlagen in Frage stellt, ist sie vergleichsweise einschneidender und subversiver als die des Mannes (Duby, Perrot, 1990-1992). Zumal diese Entwicklung sehr schnell verläuft und von jedem Staat unterstützt werden muss, der sich einen modernen Anstrich geben will (Schultheis, 1991).

Eine gemäßigte Stärkung der weiblichen Identität muss dank staatlicher Unterstützung und einer internen häuslichen Reform also nicht zwingend mit familialer Hingabe und Engagement kollidieren. Aber eine radikalere Form der Selbstbehauptung entwickelt unausweichlich eine gesellschaftliche Logik, die mit »Familialismus« (Commaille, 1992) nicht mehr kompatibel ist, eine subversive Logik. Frauen, die entschlossen den Weg der Autonomie gehen (indem sie ihre Identität ohne männlichen Retter positiv erleben und das nach außen hin zeigen oder indem sie neue Formen limitierter Partnerschaft erfinden), stellen die schlimmste revolutionäre Saat dar.

Dabei wären diese Frauen ziemlich überrascht, das zu hören, so sehr haben sie das Gefühl, sich irgendwie außerhalb der Welt zu befinden. Beispielsweise nehmen viele Briefe einen selbstkritischen Ton an, um sich dafür zu entschuldigen, dass sie ihrem kleinen Leben eine solche Bedeutung zumessen – sie können sich nicht vorstellen, dass sie gerade dabei sind, Berge zu unterhöhlen. Die Zunahme des Alleinlebens vollzieht sich im wesentlichen mangels Alternative und meist höchst tränenreich. Selbst die aktivsten unter den selbständigen Frauen gehen ihren Weg, ohne sich ihrer Sache wirklich sicher zu sein. Sie sind im Auge des Zyklons der Individualisierung, ohne das wirklich zu wollen oder wirklich zu verstehen, welcher Wind sie hier davonträgt. Als unfreiwillige Avantgarde zahlen sie die Zeche für eine Übergangsphase, die noch keine neuen Orientierungspunkte für das Privatleben hervorgebracht hat (und auch noch weit davon entfernt ist). Sie sind also dazu verurteilt, in dem Hin und Her dieses instabilen Zwischen-zwei-Stühlen-Sitzens zu leben, und die meisten von ihnen leben – stigmatisiert vom »erhobenen Zeigefinger«, zusammengekauert in ihren regressiven Refugien und getröstet allenfalls von ihren Freundinnen – eher schlecht als recht damit. Hoffnungsloses Warten führt in die tiefste Nacht der Einsamkeit. Fluchttherapie und Logik des Panzers – die Flucht nach vorne ist der einzige Weg, um diese merkwürdige Existenz positiver zu erleben.

Doch je weiter die autonome Frau auf diesem Weg geht (womit sie auch andere in den Sog hineinzieht und damit den Gesamtprozess verstärkt und verbreitet), umso weniger kann sie genau erkennen, wohin ihre Schritte sie eigentlich führen.

Epilog

Und wenn ich mich nun im Märchenprinzen getäuscht habe? Die Geschichte kann doch so nicht enden!

Wird man mir denn glauben? Ich hatte weder vorgesehen, dass daraus eine richtige Geschichte würde noch dass diese Geschichte ein richtiges Ende haben würde. Und schon gar kein Happy End wie im Märchen. Ich habe Märchen immer gehasst. Als kleiner Junge erfüllten sie mich immer mit einem gewissen Unbehagen. Ich brauchte festen Boden unter den Füßen, eindeutige Wahrheiten; mein Leben war sowieso schon zu sehr in Unordnung, um ihm noch mehr Nebulöses hinzuzufügen.

Ich will damit nur sagen, dass ich mich mit großen Vorbehalten auf diese Sache mit dem Märchenprinzen eingelassen habe, und auch mit einem sehr negativen Apriori gegenüber dieser Figur (es gelingt dem Soziologen eben nur selten, vollständig in kalte Neutralität hineinzuschlüpfen). Doch die Logik meiner Forschung ließ mir fast keine andere Wahl; die Briefe kamen immer und immer wieder auf diesen lächerlichen Archaismus zu sprechen (der Soziologe ist eben auch ehrlich gegenüber seinem Material, auch wenn es ihm gegen den Strich geht). Am Anfang lief eigentlich alles ganz gut: Obgleich er einen übertrieben wichtigen Platz einzunehmen schien, bestätigte der Märchenprinz all das Schlechte, das ich von ihm dachte. Er war weit, so weit von der Realität entfernt. Wenn man mir vom weißen Pferd erzählte, wusste ich natürlich, dass das nur eine Metapher war. Und sogar eine Metapher als literarische Form. Denn natürlich wusste ich auch, dass der Prinz in den wirklichen Träumen sehr viel modernere Gesichter hat. Und dennoch war er weit von der Realität entfernt, ganz anders als die Männer aus Fleisch und Blut, mit denen man sich auseinandersetzen muss, wenn man die Hoffnung auf ein Leben zu zweit haben will. So marschierte ich gemächlich in meiner Forschung voran, sammelte Tragödien des Wartens und Zusammenbrüche in finsterster Einsamkeit. Und immer war Er daran schuld; ich goss immer neues Wasser auf meine Mühlen.

Und dann, Schritt für Schritt, musste ich mich den Tatsachen beugen, noch einmal zu meinen Notizen zurückkehren und diese Lebensgeschichten, die ich bereits zu verstehen glaubte, noch einmal unter einem neuen Blickwinkel betrachten, mich (trotz meiner Abneigung und zum ersten Mal) in die Lektüre von »Aschenputtel« und anderen Märchen versenken, um mein Material zu vervollständigen. Da tauchte ein anderer Prinz auf – oder vielleicht war es doch derselbe, ebenso unwirklich – und spielte eine ganz andere, unerwartete Rolle in meiner Geschichte. Denn unter meiner Feder entstand neben der Analyse des Alleinlebens gut und gern eine richtige Geschichte. Schlimmer noch! Ein Märchen. Ein modernes Märchen (»Die Single-Frau und der Märchenprinz«), das zu dem unausweichlichen Happy End führte. Aber nicht zu *dem* Happy End, das alle erwarten (»Und sie heirateten und hatten viele Kinder«). Das Ende *dieses* Märchens lässt sich nicht in drei Zeilen erzählen, sondern man muss noch einmal in die Analyse hinabtauchen, um diesen glücklicheren Ausgang der Geschichte erkennen zu können.

Die Verbindung, die die autonome Frau und der Märchenprinz eingehen, scheint widernatürlich: Sie leben in zwei völlig gegensätzlichen Welten. *Sie* in der Welt des Konkreten, *er* in der der Träume. *Sie* ist in hohem Maße in die aktuellen Entwicklungen ihrer Zeit eingebunden und versucht (alleine), ihre Zukunft zu meistern, indem sie Entscheidungen trifft, auswählt, sich ein Gesamturteil bildet – auch in Sachen Liebe. *Er* hingegen wartet immer noch mit seinen mittelalterlichen Vorzügen auf und bietet ihr an, brav auf die schicksalshafte Begegnung zu warten, sich gedankenlos von der Liebe treiben und mitreißen zu lassen.

Doch dieses Buch hat uns gezeigt, wie sehr Traum und Wirklichkeit ineinanderfließen können. Was die Kluft zwischen der autonomen Frau und dem Märchenprinzen betrifft, lehrt uns die Analyse von Paarbeziehungen, dass sie nicht nur aus Homogamie und der Vereinigung mit dem uns Ähnlichen bestehen, sondern umgekehrt ohne Komplementarität und das Zusammenspiel von Unterschieden oder gar Gegensätzen nicht auskommen. Jede Beziehungsgeschichte ist eine ganz spezielle (und oft sehr komplexe) Mischung aus diesen beiden Aspekten. Manchmal neigt sich die Waage mehr zur Seite der Gemeinsamkeiten, manchmal mehr zu der der Gegensätze. Die Verbindung zwischen autonomer Frau und Märchenprinz ist somit letztlich nichts anderes als eine extreme Variante (Gegensatz) eines ganz normalen Beziehungsgefüges.

Eine Variante, die jedoch einiges Nachdenken erfordert, um sie zu verstehen. Kehren wir noch einmal für einen Moment zur höfischen Liebe zurück, denn sie kann uns einige Schlüssel zum Verstehen liefern. Für die Frage, die uns interessiert, scheint es mir wichtig, zwei Dinge im Hinterkopf zu behalten. Zunächst folgendes: Im ritterlichen Ideal sind Heldentaten und die Liebe aufs Engste miteinander verknüpft. Die höfische Liebe ist eine Einladung, kreativ zu werden und über sich selbst hinauszuwachsen. Das geht so weit, dass man sich fragen kann, was denn nun das Wichtigere ist: die Heldentaten oder die Liebe. Und dann ist da noch dieses zweite Element: Die »Ritterschaft der Liebe« ist eine »ideale Gesellschaft«, »losgelöst von der Welt der Lebenden«, und in ihr »nimmt alles in Vollkommenheit und Harmonie Gestalt an, um das Handeln der Menschheit anzuleiten« (Markale, 1987, S. 65).

Die Liebe, diese extrem komplexe Wirklichkeit, hat noch lange nicht alle ihre Geheimnisse preisgegeben. Zum einen ist sie (und darüber denken wir nur selten nach) ein Prozess der Veränderung von Identität. In ganz normalen Zeiten ist die Identität so sehr an das Gewicht des Alltags gebunden, dass sie sich nur langsam und in Grenzen verändern kann (Kaufmann, 1999b). Im Strudel der Verliebtheit hingegen kommt es zu einem plötzlichen Ausstieg aus dem alten Ich, gefolgt von einem Moment der Unsicherheit und des Schwankens in identitärer Unbestimmtheit, wenn die Gefühle auf ihrem Höhepunkt sind. Und sie sind genau aus diesem Grund auf dem Höhepunkt: weil die Identität am Schwanken ist.

Die Flugbahnen der Autonomie haben mit dieser Identitätsposition merkwürdigerweise viel gemeinsam. Auch sie bedeuten ein Hochgefühl und eine ständige Spannung, die auf eine Neuformulierung des Ichs abzielt. Aus diesem Grund sind diese Flugbahnen auch von großer Emotionalität gekennzeichnet: geheime Freuden und Tränen. Die Gefühlsregungen mögen weniger intensiv sein als in der Verliebtheit, sind sind aber von größerer Dauer. Während das leidenschaftliche Verliebtsein nur eine gewisse Zeit andauert, um dann von der emotionalen Ruhe der neuen Identität abgelöst zu werden, die sich in der Familie gemütlich eingerichtet hat, gibt das offene Ich der Flugbahn der Autonomie der Reflexivität und Emotionalität auch langfristig immer wieder neue Nahrung.

Hier treffen wir auf den Prinzen. Wie in der idealen Gesellschaft der Ritterlichkeit der Liebe ist der wahre Prinz zu schön, zu perfekt, als dass man ihm wirklich in der Gesellschaft der Lebenden begegnen könnte, und deshalb ist er das ideale Instrument, um das Hochgefühl aufrecht zu erhalten. Die beiden Regungen – Liebe und Autonomie – fließen hier in eins, verbinden sich zu einem einzigen Prozess des Hinauswachsens über das eigene Ich. Die Liebe wird zu einem Werkzeug des Vollbringens von Heldentaten, was wiederum der Flugbahn der Autonomie ihre Dynamik verleiht. Deshalb muss dieses Werkzeug auch sehr klug und vorsichtig eingesetzt werden. Vor allem muss der Prinz einer ganz bestimmten Figur entsprechen: Er muss jemand sein, der einem sehr nah ist und zugleich auf Distanz bleibt, virtuell, ein Mitglied der idealen Gesellschaft, jenseits der Lebenden. Die Frau muss an ihn glauben können, ohne wirklich konkret an ihn zu glauben, eine Art Denken, das immer parallel neben dem Handeln herläuft. Ein allzu vollständiger Glaube an ihn würde nämlich die Wartehaltung bestärken, welche die Zwiegespaltenheit des Lebens verschärft und zum negativen Pol dieser Flugbahn führt.

Kurz gesagt: Der Prinz ist kein bedingungsloser Verbündeter auf der Flugbahn der Autonomie. Seine Rolle ist eher neutral: Er verstärkt die bestehenden Sozialisationskontexte. Doch bei richtigem Einsatz stützt er bei der Single-Frau die Dynamik der Autonomie. Auf die gleiche Weise kann er auch die familiale Sozialisation der verheirateten Frau festigen. In diesem Fall ist er nicht mehr der Verbündete, der einem dabei hilft, in der aufreibenden und mühsamen Arbeit der offenen Identitätskonstruktion über sich selbst hinauszuwachsen, sondern er ist die Figur, die einen über die anderen Leben hinwegtröstet, die man nicht gehabt hat, und die Langeweile angesichts einer allzu stabilisierten Identität verjagt. »Nach zwanzig Jahren ist da nichts mehr zu machen – Abnutzung, Monotonie. Zwanzig Jahre dieselben Gesten, mit derselben Person, im selben Bett ... Zum Glück kann man noch träumen! ER reitet auf seinem weißen Pferd mit mir davon. Ich kann mich einfach nicht damit abfinden, nie mehr diesen Augenblick der Begegnung zu erleben, dieses Zittern, das einen erfasst, wenn man sich zum ersten Mal in die Augen blickt, die ersten Zärtlichkeiten austauscht. Aber ich bin eine treue Frau. Also gebe ich mich mit meinen Träumen voller verrückter Sehnsüchte zufrieden. Das ist mein anderes

Leben, mit meinen heißblütigen Liebhabern und meinem Märchenprinzen« (Maïté).

Genauso wie die autonome Frau muss es also auch die verheiratete Frau schaffen, ihre Träume voll und ganz zu leben, (eine Zeitlang) daran zu glauben, als wären sie Wirklichkeit, und sie zugleich (den Rest der Zeit) klar von der wahren Wirklichkeit zu trennen wissen. Dies ist ein umso komplexeres und subtileres Unterfangen, als sich der Traum manchmal sogar mit einigen (sorgfältig ausgewählten) Brocken Wirklichkeit vermischen kann. Nicht in der Erwartung, dass die wahre Liebe sich plötzlich in Gestalt eines Prinzen konkretisiert, der vom Himmel in die Gewöhnlichkeit der Gesellschaft der Lebenden hinabsteigt, sondern umgekehrt durch eine Arbeit an sich selbst, die vom Konkreten ausgeht. Wenn sich die »Autonomie mit Begleitung« unter positiven Bedingungen abspielt, bietet sie in der Tat immer wieder (wenn auch oft nur winzig kleine) Gelegenheiten, die Flügel der Verliebtheit anzulegen. »Wenn das mit Thibaud nicht hält, was soll's, ich habe trotzdem die besten Seiten der Liebe erlebt. Glück, das sind diese kleinen Stückchen guter Augenblicke, seien sie friedvoll oder heißblütig, aber immer in kleinen Stücken« (Karen). Ein wirkliches Davonfliegen (im Unterschied zum nur erträumten Prinzen), das aber nicht in die stabilisierte familiale Identität abgleitet (im Unterschied zur Begegnung mit dem »Mann meines Lebens«). Damit scheinen also alle Voraussetzungen für ein dauerhaftes Hochgefühl erfüllt zu sein, das vom Träumen in Schwung gehalten wird, zugleich aber im Konkreten verankert ist. Die einzige Schwierigkeit besteht darin, dass dieses Konkrete nicht so leicht zu haben und auch oft nicht so strahlend ist, als dass es Anlass zum Träumen geben würde. Nicht alles ist Gold, was glänzt. Hier eröffnet sich erneut eine Sichtweise, die der höfischen Definition der Liebe sehr nahe kommt: Das Gefühl ist Ergebnis einer Arbeit an sich selbst. Wieder, immer noch, Arbeit an sich selbst. Die Dynamik der Autonomie verstärkt die Autonomie, in allen Bereichen, und diese Flugbahn führt zur Erfindung eines neuen Codes der Liebe.

Das Wort »Fee« kommt vom lateinischen *fatum*: In den Märchen sind sie die Hand des Schicksals. Aschenputtel gibt sich damit zufrieden zu warten. Die Feen sind es, die ihr die Türen zum Glück öffnen. Das moderne Aschenputtel zögert. Es trägt noch viel vom alten Aschenputtel in sich. Aber zugleich schält sich ein neues Aschenputtel heraus, das nicht mehr bereit ist, die Herrschaft über sein Leben irgendjemand anderem zu überlassen, und das sich entschlossen auf die Flugbahn der Autonomie einlässt. Der Epilog des klassischen Märchens muss hier also ausbleiben, eben weil die Zukunft offen bleibt, was die Voraussetzung dafür ist, dass die Arbeit an sich selbst Früchte trägt.

Aschenputtel gibt sich nicht mehr mit dem Warten zufrieden. Ihr Blick ist nicht mehr auf das Schloss fixiert. Nur aus eigener Kraft wird sie Prinzessin, und auf einem Weg, der viele Abenteuer für sie bereit hält – andere als Liebesabenteuer. Und von Zeit zu Zeit (genauso, wie sich in der alten Geschichte der Prinz von einer armen Dienerin verzaubern lässt) gelingt es einem einfachen, schönen Mann, der des Weges kommt, ihre Gunst zu erringen.

Zur Methode

Die einzelnen Etappen

Es ist jetzt acht Jahre her, dass ich damit begonnen habe, über das Thema des Alleinlebens zu arbeiten. Damals geschah das im Auftrag der Europäischen Kommission, die einen Überblick über die Entwicklung der Einpersonenhaushalte gewinnen und die Frage der Einsamkeit in Europa besser verstehen wollte. Zu diesem Zweck habe ich auf der Grundlage von 280 historischen, demografischen, soziologischen und psychologischen Forschungsarbeiten eine Synthese erstellt (Kaufmann, 1993).

Der Forscher, der mit einer solchen Art von Aufgabe konfrontiert ist, hat methodologisch zwei Möglichkeiten. Entweder er führt entlang eines Hauptargumentationsstranges verschiedene Untersuchungen durch. Das muss zwingend bedeuten, dass er eine Reihe von einschneidenden Entscheidungen trifft, denn das Organisationsprinzip für sein Vorgehen kann immer nur seine eigene Fragestellung sein: Er verwendet sein Material (auch das theoretische) dafür, seine Fragestellung auf einer zweiten Ebene zu bearbeiten und ausgehend davon theoretische Rückschlüsse zu ziehen. Die zweite Möglichkeit besteht darin, dass er einer dokumentarisch-deskriptiven Logik folgt, zunächst seine Daten ordnet und zuspitzt sowie dann auf der Grundlage dieser thematischen und problembezogenen Sortierungen Synthesen bildet. Ich persönlich habe immer die Vorgehensweise anhand eines Argumentationsstranges vorgezogen und es anderen überlassen (die daran mehr Gefallen finden und die darin größere Kompetenzen vorweisen als ich), die Daten systematisch zu ordnen und zu präsentieren. Im Fall der vorliegenden Untersuchung waren dem von mir bevorzugten Vorgehen jedoch gewisse Grenzen gesetzt. Das lag zum einen daran, dass ich den Auftrag hatte, eine Zusammenfassung der vorliegenden Daten zu erstellen. Aber es lag auch und vor allem daran, dass das verfügbare Material ein Bremsklotz für die Weiterentwicklung der Fragestellung war. Denn sie zeichnete sich durch ein ziemlich bemerkenswertes Durcheinander unterschiedlicher Definitionen und eine geradezu autistische Abgeschlossenheit der verschiedenen Disziplinen im Hinblick auf die Wissensproduktion aus. Jeder hatte in seiner kleinen Ecke seine ganz spezifische kleine Vorstellung zu dieser Frage – aber tausend kleine Entwürfe machen noch lange keinen großen. Diese Ausgangssituation machte es somit zwingend notwendig, zunächst einige grundlegende Klärungen und Sortierungen vorzunehmen, um anschließend auf einer soliden Basis mit der Arbeit beginnen zu können.

Parallel zu dieser Sichtung und Gesamtschau der höchst unterschiedlichen bestehenden Arbeiten zum Thema wurde auf der Grundlage von EUROSTAT-Statistiken eine Untersuchung von Haushaltsbudgets durchgeführt (Kaufmann, 1993). Diese Analyse fand in hohem Maße Eingang in das »Porträt« des Solo-Seins, das im zweiten Teil dieses Buches entworfen wurde. Leser, die detailliertere Informationen oder europäische Vergleiche wünschen, können den Forschungsbericht zu Rate ziehen. Auch wurden zu diesem Thema mehrere Artikel in wissenschaftlichen Zeitschriften veröffentlicht. Die entsprechenden bibliografischen Hinweise findet man in der Literaturliste (Kaufmann, 1994a; 1994b; 1994c; 1994d; 1995b; 1995c).

Eigentlich hätte ich auch einfach diese verschiedenen Texte zu einem Buch, einer Art Dokumentationsmappe, zusammenfassen können, und das habe ich auch durchaus eine Zeitlang in Erwägung gezogen. Doch da fehlte etwas. Es fehlte, wenn ich das so sagen darf, das Herz des Buches. Es fällt mir sehr schwer, wirklich motiviert an einem Buch ohne echten Argumentationsfaden und ohne Innenansicht der zu behandelnden Frage zu arbeiten. Und ich hatte weder das eine noch das andere. Diese Ansammlung von Gelehrsamkeiten erschien mir irgendwie trocken und unverbunden. Also verschwand sie erst einmal für ein Jahr in der Schublade und wartete ...

Doch das Warten sollte nicht allzu lange dauern. Aufgrund der Vielzahl loser Fäden, die bei diesem Thema in alle möglichen interessanten Richtungen führten, konnte ich mich nicht zu einer qualitativen Untersuchung gleichen Typs entschließen, wie ich sie sonst immer durchgeführt habe. Die Blockade löste sich auf ganz unerwartete Weise: Die Zeitschrift *Marie-Claire* hatte das Zeugnis einer alleinstehenden Frau veröffentlicht und daraufhin die unglaubliche Menge von 300 Briefen erhalten. Man bat mich, die Briefe zu analysieren, um die Antwort aus wissenschaftlicher Perspektive zu untermauern. Was für ein dichtes, in seiner Aufrichtigkeit bewegendes und in seiner Tiefe überraschendes Material! Ein Material, das das für mich entscheidende Element enthielt. Die Tatsache, dass das Thema in diesen Briefen auf sehr eindrückliche und zugleich konzentrierte Weise behandelt wurde, gab mir den Impuls, der noch gefehlt hatte, und zugleich eine klarere Perspektive, um die herum ich meine Daten gruppieren konnte. Die Forschung konnte aufs Neue beginnen.

Die Briefe

Von den 300 Briefen, die bei *Marie-Claire* eintrafen, wurden 200 nur gelesen und einer ersten, schnellen Analyse unterzogen; nur 91 wurden archiviert. Auf verschiedenen Wegen (persönliche Beziehungen, Kleinanzeigen) konnten weitere 63

Briefe gesammelt werden. Das machte insgesamt 154 Briefe (125 davon werden im Text direkt zitiert und sind in der unten angehängten Liste aufgeführt). Ungefähr 50 Briefe wurden aus verschiedenen Gründen aus dem Untersuchungskorpus herausgenommen: etwa weil sie nicht wirklich zum Thema beitrugen, zu kurz oder bar jeden Inhalts waren und vor allem weil sie um vertrauliche Behandlung baten (es wurde kein einziger Brief zitiert, in dem diese Bitte geäußert oder auf den persönlichen Charakter der Post hingewiesen wurde). Dennoch sind all diese Briefe auf anonyme Weise in mein allgemeines Wissen zu dieser Fragestellung eingeflossen.

Die 154 Briefe, die schließlich für die Untersuchung zurückbehalten wurden, bilden keine repräsentative Stichprobe. Was die gesellschaftliche Position der Schreiberinnen betrifft, weisen sie allerdings eine recht gute Verteilung auf. Zu betonen ist hier vor allem, dass die Schriftlichkeit in keiner Weise hemmend auf die Beteiligung von Frauen aus einfachen Milieus gewirkt hat (viele Briefe zeigen im Gegenteil deutlich, dass das Schreiben große Schwierigkeiten bereitet hat, die Lust, sich zu äußern, aber stärker war). Dennoch ist eine leichte Überrepräsentation von Frauen mit Hochschulabschluss zu verzeichnen (Lehrerinnen, leitende Angestellte), was nicht weiter überraschend ist. Viel größer ist die Nicht-Repräsentativität in Bezug auf ein anderes Kriterium: das Alter. Die maximale Altersspanne bewegt sich zwischen 18 und 53 Jahren. Die Frage, die zunächst aufgeworfen worden war (die Suche nach einem möglichen Lebenspartner) hat nur eine ganz bestimmte Altersgruppe zum Antworten angeregt; ältere alleinstehende Frauen fühlten sich davon nicht angesprochen. Zusätzlich verstärkt wurde diese Überrepräsentation durch die Tatsache, dass das Single-Leben im jungen und mittleren Alter Anlass zu einem hohen Grad von Selbstreflexivität gibt, die sich darin niederschlägt, dass das Schreiben außerordentlich beliebt ist. Die Fokussierung auf

274

diese begrenzte Gruppe stellt jedoch überhaupt kein Problem dar, denn unser Thema war ja nicht das Alleinleben im Allgemeinen sondern genau der Übergangsmoment, in dem der reflexive Prozess im Zusammenhang mit der Möglichkeit einer Liebesbeziehung am intensivsten ist.

Die Arbeit mit Briefen und anderen persönlichen Dokumenten (u.a. in schriflicher Form niedergelegten Lebensgeschichten) ist in der Soziologie nichts Neues, sondern hat eine lange Geschichte (Thomas, Znaniecki, 1959). Sie gab schon immer Anlass zu lebhaften Methodendebatten, besonders zum Problem der Repräsentativität und Verallgemeinerbarkeit der Ergebnisse (Tripier, 1998). Dieses Problem kann jedoch (wie es auch in dieser Untersuchung geschehen ist) durch die Kreuzung mit anderen Datenquellen gelöst werden. Forscher, die schon einmal ein solches Material in Händen hielten, waren oft beeindruckt von dessen Qualität und Aussagekraft, von der Feinheit der Detailerklärungen und von seiner Fähigkeit, mentale und gesellschaftliche Mechanismen von innen heraus verständlich zu machen. William Thomas und Florian Znaniecki bezeichnen es deshalb ohne zu zögern als »das perfekte soziologische Material« (1959, S. 46).

Doch natürlich wird eine solche Qualität nicht immer erreicht. Die Art und Weise, wie das Material gesammelt wird, muss kontrolliert vonstatten gehen, und Voraussetzung ist außerdem ein Kontext, der das Schreiben begünstigt. Das war hier der Fall. Die Briefe stellen keine gewöhnliche Korrespondenz dar. In den meisten Fällen war die Lust zu schreiben dem tieferen Bedürfnis entsprungen, ein Bekenntnis abzulegen, sowie dem Versuch, die bohrenden Fragen des eigenen Lebens auszusprechen (um nicht zu sagen: auszutreiben). Diese Briefe waren nur ein Werkzeug unter anderen, mithilfe derer die gewohnte Selbstreflexivität gepflegt wird, und ähnelten persönlichen Tagebucheintragungen, was auch ihre außerordentliche

Offenheit erklärt, an der überhaupt kein Zweifel besteht. Natürlich waren diese Briefe an jemanden gerichtet, aber an niemand Bestimmtes. Genau dies verlieh dem Schreiben dieser Briefe aber zusätzliches Gewicht, ohne ihnen ihren persönlichen Charakter und ihre Offenheit zu nehmen. »Ich musste diesen Brief einfach schreiben, einfach an eine anonyme Gruppe von Adressaten, auch wenn ihn vielleicht niemand lesen wird. Ich musste das einfach tun, damit sich alles in Luft auflösen und aus mir herausfließen konnte« (Salomé).

Während die Briefe vom Schriftbild her oft sehr schlampig geschrieben sind (was zweifellos daran liegt, dass viele davon im Bett geschrieben wurden – in ungefähr dreißig Briefen wird das sogar explizit geäußert), sind sie inhaltlich höchst ausgefeilt und waren mit Sicherheit ziemlich aufwendig: kaum Belangloses oder leere Phrasen; Entschuldigungen, wenn eine Passage im Nachhinein betrachtet vielleicht etwas zu lang geraten ist (meistens dann, wenn eine Liebesgeschichte erzählt wurde). Die Absicht ist eindeutig: mit wenigen Worten möglichst viel zu sagen und es richtig zu sagen. Wenige Worte heißt nicht etwa, dass die Briefe kurz wären (im Gegenteil, manchmal handelt es sich um richtige Lebensgeschichten mit bis zu 10 oder gar 15 Seiten), sondern dass es viel zu sagen gibt. Daraus ist ein außerordentlich dichtes, konzentriertes Material entstanden. Im Unterschied zu auf Tonband aufgezeichnetem Material lässt es dem Forscher kaum Zeit zum Luftholen, und die Reduktionsarbeit, die notwendig ist, um den Gegenstand zu konstruieren (Kaufmann, 1999a), gestaltet sich als ganz besonders schwierig: Eigentlich könnte man alles oder fast alles verwenden.

Die Schreibstile variieren je nach Thema stark. In einer früheren Forschung, in der ebenfalls Briefe verwendet wurden (über das Bügeln), hatte ich einen sehr bedächtigen, schulmäßigen oder gar gestelzten Stil bemerkt, der sich stark von den eher spontanen mündlichen Äußerungen unterschied, die wir im Rahmen derselben Untersuchung gesammelt hatten (Kaufmann, 1999). Ich hatte damals betont, dass man sich von dieser wenig engagierten Ausdrucksweise nicht irritieren lassen sollte, weil sie nichts anderes war als die Manifestation einer selbstanalytischen Haltung und des Versuchs, sich systematisch auszudrücken: Es fand hier eine Arbeit an sich selbst statt, um möglichst viel auf möglichst geordnete und argumentativ überzeugende Weise zu sagen. Auch diesmal waren viele Briefe in diesem Stil geschrieben, aber auf weniger steife Art und Weise als in den Briefen über das Bügeln, das sich durch seinen objektivierbaren und technischen Aspekt für diesen Schreibstil geradezu anbot. Die Briefe hatten diesmal weniger schulmäßigen Charakter, sondern waren teilweise beinahe schon literarisch oder poetisch. Diese Schreibweise bot die Möglichkeit, in kleinen Dosen das anklingen zu lassen und zu verstehen zu geben, was in allzu klaren Worten so schwer auszudrücken ist. Aber es gibt noch einen weiteren Grund: Das Single-Dasein regt zum Schreiben und zu schöpferischer Arbeit an; einen schönen Brief zu schreiben, kam diesem Bedürfnis entgegen.

Doch viele andere Briefe (manchmal auch die gleichen an anderer Stelle) waren auch in einem völlig anderen, für schriftliche Dokumente ungewohnten Stil geschrieben: fast in gesprochener Sprache und damit den in Interviews gesammelten Äußerungen sehr ähnlich, mit unvollständigen Sätzen und umgangssprachlichen Ausdrücken und Redensarten, die typisch für die gesprochene Sprache sind. Der Grund dafür dürfte auf der Hand liegen: Mit der Feder in der Hand brachten diese Frauen Wort für Wort und ganz spontan das zum Ausdruck, was sie sich in diesem Augenblick selbst sagten. Und mit sich selbst redet man nun mal nicht in druckreifen Sätzen (genauso wenig wie mit anderen).

Diese Redensarten wurden respektiert und wörtlich zitiert – nur die Orthografie wurde korrigiert. Einige (wenige) allzu präzise Details in der Beschreibung von Personen wurden durch analoge Elemente ersetzt, um die Anonymität zu wahren.

Um meinen Text flüssiger zu machen, habe ich nicht systematisch auf alle Quellen verwiesen. Die Daten, auf die ich mich stütze, um diese oder jene Schlussfolgerung herauszuarbeiten, sind unterschiedlichen Ursprungs (Zusammenfassungen bereits bestehender Arbeiten, verschiedene Statistiken – u.a. die genannte Untersuchung zu Haushaltsbudgets, die Analyse der Briefe) und sind von unterschiedlicher Bedeutung und Genauigkeit. Immer dann, wenn ich über solide Daten verfügte, sind meine Verallgemeinerungen sehr bestimmt formuliert; wenn die Daten schwächer waren, sind auch meine Aussagen vorsichtiger. Ich möchte jedoch darauf hinweisen, dass ich immer zumindest einige Indizien hatte, selbst wenn die Interpretation dann eher intuitiv ausfiel. Ich möchte das an einem Beispiel illustrieren. Im Kapitel 2 des ersten Teiles sage ich, dass es unter Freundinnen selten zu Klagen und Tränen kommt: »Auf der Schattenseite findet man nicht etwa Jammern und Weinen, die eher selten sind (und für sich behalten werden), sondern die Suche nach Verständnis und Trost: Wärme, Unterstützung, aufmerksames Zuhören, gemeinsames Abwägen.« Die erste Zeile ist eine Interpretation, die sich auf relativ schwache Indizien stützt. Denn dieses Ausbleiben von Weinen und Jammern wurde mir nicht explizit geschildert. Aber viele Briefe reden in aller Ausführlichkeit von den Inhalten der Gespräche unter Freundinnen, ohne jemals vom Jammern und Weinen zu reden, woraus ich glaube schlussfolgern zu können, dass dies auch selten (ich sage nicht nie) vorkommt. Der zweite Teil des Satzes hingegen ist bestens von meinem Material untermauert: Die Briefe beschreiben seitenlang die Wärme und Unterstützung, das aufmerksame Zuhören und gemeinsame Abwägen, das im Kreis der Freundinnen stattfindet. Diese genaue Kenntnis erlaubt es mir nun wiederum, mich auf den ersten Teil des Satzes rückzubeziehen und ihn rückwirkend mit ziemlicher Wahrscheinlichkeit zu bestätigen.

Die Konstruktion der Hypothesen

Normalerweise gehe ich so vor, dass ich nach einer ersten Eingrenzung und Formulierung einiger weniger Ausgangshypothesen Schritt für Schritt und in der Konfrontation mit dem empirischen Material ein theoretisches Interpretationsmodell erarbeite (Kaufmann, 1999a). Im vorliegenden Fall jedoch beschränkte sich die erste Phase (Überblick über die bestehenden Arbeiten) nicht auf eine einfache Vorbereitung der empirischen Untersuchung, sondern dauerte länger und mündete in die Herausarbeitung einer schon sehr weit gediehenen (wenn auch immer noch diffusen und inkohärenten) Skizze für ein Interpretationsmodell. Die Briefe, die der Auslöser und wertvolle Leitfaden für das Schreiben dieses Buches waren, hatten für die Hypothesenbildung nicht die gleiche zentrale Rolle: Sie veränderten eher deren Einordnung, als dass sie Anlass für einen theoretischen Sprung gewesen wären. Sie ermöglichten es, Hypothesen auszuwählen und zu hierarchisieren, die anfängliche Skizze für ein theoretisches Modell auf das Wesentliche zu reduzieren und neu anzuordnen. Und schließlich wurden sie dafür verwendet, zu untermauern, zu präzisieren, zu illustrieren, Leben einzuhauchen, eine Innenansicht zu liefern. Für diese Verwendungsweise war das Material übrigens perfekt geeignet. Seine Dichte und Prägnanz hätte eine so langwierige und problematisierende Auseinandersetzung, wie sie zwischen dem Forscher und seinen Tonbandaufnahmen in Gang kommt, gar nicht erlaubt. Dennoch erfuhr das Modell durch sie einige beträchtliche Verschiebungen. Besonders, was die zunächst nicht vorgesehene Machtergreifung des Märchenprinzen betrifft. Das Material müsste hier mit Sicherheit noch einmal unter einer neuen Perspektive durchgearbeitet werden, mit Fokus auf der Frage nach dem Warten auf eine Liebesbeziehung. Doch die Figur des Prinzen brachte mich dazu, in dieser Richtung sehr weit zu gehen und in die Geschichte der Liebe hinabzutauchen, das komplexe Ineinanderfließen von Phantasie und Wirklichkeit zu beschreiben zu versuchen etc. Das ging sogar so weit, dass ich das Buch um zwei mögliche Lektüreoptionen herum aufgebaut habe, zwischen denen es ständig zu Überschneidungen kommt: auf der einen Seite die Analyse des weiblichen Single-Daseins, auf der anderen Seite die Geschichte von der alleinstehenden Frau und dem Märchenprinzen.

Einige Daten zu den schriftlichen Zeugnissen

Die Briefe, die wir erhalten haben, entsprechen keiner nach akademischen Regeln gebildeten Stichprobe. Sie wurden spontan und als Antwort auf eine Aufforderung eingesandt, die keine besonderen persönlichen Angaben erbeten hatte. Die (unterschiedlich ausführlichen) Informationen, die aus den Briefen gewonnen werden konnten und im folgenden aufgeführt sind, entsprechen dem, was jede einzelne Briefeschreiberin als Anhaltspunkte liefern wollte, weil sie sie für bedeutungsvoll hielt. Die Kategorien von Informationen, die geliefert wurden, sind somit als solche schon aussagekräftig und können für sich genommen als eine Information betrachtet werden. Ziemlich oft wird der Beruf angegeben, noch häufiger die Familiensituation (was bei einem solchen Thema nicht weiter erstaunlich ist). Doch die Information, die am allerhäufigsten gegeben wurde, obwohl sie nirgendwo verlangt worden war, ist das Alter. Und es spielt tatsächlich auch eine entscheidende Rolle in den verschiedenen Prozessen, die das Single-Dasein bewegen.

Die echten Vornamen wurden durch Pseudonyme ersetzt.

Adeline, 28 Jahre, ledig, leitende Angestellte.

Adrienne, 42 Jahre, geschieden, leitende kaufmännische
Angestellte.

Agathe, 18 Jahre, ledig, Gymnasiastin.

Agnés, 45 Jahre, geschieden, Kauffrau.

Albertine, 42 Jahre, Witwe.

Alexandrea, 30 Jahre, ledig.

Alice, geschieden.

Alisson, 20 Jahre, ledig, Studentin.

Amélie, 29 jahre, ledig, Pflegerin.

Angéla, 22 Jahre, ledig.

Annabelle, 25 Jahre, ledig, Studentin.

Anne-Laure, 38 Jahre, ledig, ein Kind.

Annick, 49 Jahre.

Annie, 36 Jahre, ledig.

Astrid, 34 Jahre, ledig, Krankenschwester.

Aurore, 35 Jahre, geschieden, Krankenschwester.

Babette, 35 Jahre, geschieden.

Bénédicte, 34 Jahre, geschieden, leitende Angestellte.

Bérangère, 25 Jahre, ledig, leitende Angestellte.

Betty, 36 Jahre, ledig.

Brigitte, 39 Jahre, geschieden, Arbeiterin.

Carine, 30 Jahre.

Carmen, geschieden.

Caroline, 32 Jahre, geschieden.

Cécile, 38 Jahre, ledig.

Chantal, verheiratet, zwei Kinder.

Charlène, 23 Jahre, ledig.

Chloé, 20 Jahre, ledig, Kassiererin.

Claire, 30 Jahre, ledig, leitende kaufmännische Angestellte.

Claudia, 38 Jahre,

Corinne, 25 Jahre, ledig, Sekretärin der Geschäftsführung.

Danièle, 32 Jahre, geschieden, Kauffrau.

Delphine, 28 Jahre, ledig, Studentin.

Diane, 20 Jahre, ledig, Studentin.

Donatienne, 44 Jahre.

Dorothée, 25 Jahre, ledig, arbeitslose Angestellte.

Edwige, 33 Jahre, ledig, freiberuflich.

Élisa, 26 Jahre, ledig.

Élodie, 31 Jahre, ledig, arbeitslos.

Émilienne, 25 Jahre, ledig, leitende Angestellte.

Ernestine, 52 Jahre, geschieden.

Évelyne, 37 Jahre.

Fabienne, 50 Jahre, Witwe.

Flora, 31 Jahre, arbeitslos.

Françoise, 38 Jahre.

Frédérique, getrennt.

Gabrielle, geschieden, Lehrerin.

Gaétane.

Geneviève, geschieden.

Géraldine, 29 Jahre, leitende kaufmännische Angestellte.

Georgina, 39 Jahre.

Gisèle, 45 Jahre, geschieden, Haushaltshilfe.

Gladys, 33 Jahre, zwei Kinder.

Gwenaëlle.

Hélène.

Henriette, 44 Jahre.

Hortense, 49 Jahre, geschieden.

Ida, 29 Jahre, ledig.

Ingrid, 25 Jahre, arbeitslos.

Isabelle, 37 Jahre, arbeitslos.

Jacqueline, 47 Jahre, geschieden.

Jeanine, geschieden.

Jeanne, getrennt lebend, zwei Kinder.

Jenna, ledig.

Joanna, 31 Jahre, geschieden.

Joëlle, 41 Jahre.

Judith, 42 Jahre.

Julia, ledig.

Juliette, 31 Jahre.

Justine, 28 Jahre, ledig, Lehrerin.

Karen, 32 Jahre.

Katia, 40 Jahre.

Laura, 40 Jahre, ledigt, Lehrerin.

Laurence, 35 Jahre.

Léa.

Leila, 34 Jahre, geschieden, drei Kinder.

Liliane, geschieden, arbeitslos.

Linda, 26 Jahre, ledig, Erzieherin.

Lise, 37 Jahre, ledig, Lehrerin.

Loriance, 24 Jahre.

Lucie, 26 Jahre, Kauffrau.

Lydia, 27 Jahre, ledig.

Madeleine, 45 Jahre, geschieden.

Maïté, 42 Jahre, verheiratet.

Maggy, 25 Jahre, ledig, Sekretärin.

Malorie.

Manon, 37 Jahre, geschieden.

Marcelline, 50 Jahre, geschieden.

Maria, 52 Jahre, geschieden.

Marie-Andrée, geschieden.

Marie-Christine, 38 Jahre.

Marie-Laure, 33 Jahre, leitende Angestellte.

Marie-Line, 29 Jahre, geschieden, zwei Kinder.

Marie-Pierre, 50 Jahre, städtische Angestellte.

Marina, 23 Jahre, ledig.

Marjorie, 31 Jahre, ledig.

Marlène, 36 Jahre, geschieden, zwei Kinder,
    leitende Angestellte.
Martine, verheiratet.
Mathilde, 20 Jahre, ledig.
Maud, 24 jahre, ledig, Dekorateurin.
Michèle, verheiratet, zwei Kinder.
Monique, geschieden, ein Kind.
Nadège, 32 Jahre, ledig.
Nathalie, 37 Jahre.
Nelly, 32 Jahre, geschieden, ein Kind.
Odile, 35 Jahre, geschieden.
Olivia, 27 Jahre, ledig.
Ophélie, 24 Jahre, ledig.
Pascale, 48 Jahre, Witwe, zwei Kinder, Kauffrau.
Pierrine, 21 Jahre, ledig, Studentin.
Raphaëlle, 27 Jahre.
Régine, geschieden, ein Kind.
Roseline, 31 Jahre, ledig.
Sabine, 34 Jahre.
Salomé, 21 Jahre, ledig.
Sylvie, 38 Jahre, ledig.
Tania, 36 Jahre, Angestellte.
Vanessa, 26 Jahre, ledig, Arbeiterin.
Véronique, 42 Jahre.
Violaine, 26 Jahre.
Virginia, 27 Jahre, ledig.
Viviane, 41 Jahre, geschieden.
Yasmine, 32 Jahre, ledig.
Yvonne, 53 Jahre, geschieden.

Anhang

Die Zunahme der Zahl Alleinlebender

Die Zahl der Einpersonen-Haushalte im alten Europa steigt kontinuierlich. Tabelle 1 und Grafik 1 verdeutlichen das. Seit Erhebung der Daten ist diese Tendenz unverändert zu beobachten.

Tabelle 1 wurde auf der Grundlage unterschiedlicher Quellen erstellt: Roussel, 1983; Höpflinger, 1991; EUROSTAT 1994; Haushaltspanel der Europäischen Gemeinschaft, EUROSTAT, 1996. Diese Quellen beruhen auf national unterschiedlichen Berechnungsweisen; eine Ausnahme bilden die Spalte 1990/91, die auf dem EU-Volkszählungsprogramm von 1990/1991 beruht, und die Spalte 1993/94, die aus dem Haushaltspanel der Europäischen Gemeinschaft hervorgegangen ist. Einzelne Zahlen können deshalb nur mit äußerster Vorsicht verglichen werden. So ist etwa der offensichtliche Sprung von 34 auf 45%, den Dänemark anscheinend in den letzten Jahren vollzogen hat, auf eine unterschiedliche Zählweise in den verschiedenen Untersuchungsprotokollen zurückzuführen. Die Gesamttendenz, die aus der Tabelle hervorgeht, ist jedoch eindeutig: eine kontinuierliche Zunahme der Einpersonenhaushalte seit 50 Jahren, die sich von Norden nach Süden ausbreitet.

Für einige Länder, die nicht in die Tabelle aufgenommen wurden, sollen hier noch die Zahlen aus der Zählung von 1990/91 nachgeliefert werden: Österreich: 30%; Finnland: 32%; Schweiz: 32%; Norwegen: 34%; Schweden: 40%.

Im Gesamteuropa der Zwölf machten die Einpersonenhaushalte (in der Volkszählung von 1990/91) 26% der Haushalte

Tabelle 1:
Prozentualer Anteil der Einpersonenhaushalte
an der Gesamtheit der Haushalte

	um 1950	um 1960	um 1970	um 1980	1990 /91	1993 /94
Belgien	16%	17%	19%	23%	28%	28%
Bundesrep.Dtl.	12/19%	21%	25%	31%	34%	34%
Dänemark	14%	20%	21%	29%	34%	45%
Frankreich	19%	20%	22%	24%	27%	28%
Griechenland	9%	10%	11%	15%	16%	19%
Großbritannien	11%	15%	18%	22%	26%	28%
Irland	10%	13%	14%	17%	20%	22%
Italien	10%	11%	13%	18%	21%	22%
Luxemburg	9%	12%	16%	21%	26%	26%
Niederlande	9%	12%	17%	22%	30%	32%
Portugal	8%	11%	10%	13%	14%	14%
Spanien			8%	10%	13%	13%

aus. Das ist mehr als ein Viertel. Was natürlich nicht heißt, dass ein Viertel aller Personen davon betroffen ist, weil naturgemäß in den anderen Haushalten mehr Personen leben. Diesen Fehler konnte man oft in der Presse finden: In Paris wird jede zweite Wohnung von einer alleinlebenden Person bewohnt und *nicht*: Jede zweite Person lebt allein in ihrer Wohnung. Im Europa der Zwölf (in den drei neuen Mitgliedsländern liegt der Prozentsatz über diesem Durchschnitt) bilden alleinlebende Personen 9% der Gesamtbevölkerung, das sind 34 Millionen, 6 Millionen in Frankreich.

Welche Zahl soll man denn nun im Kopf behalten? 9% oder

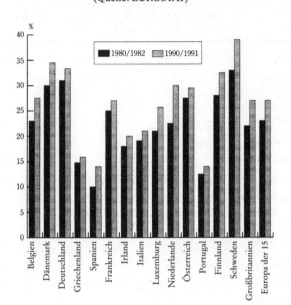

Grafik 1:
Prozentualer Anteil der Einpersonenhaushalte an der Gesamtheit der Haushalte
(Quelle: EUROSTAT)

26%? Die erste Zahl neigt dazu, das Phänomen herunterzuspielen, insbesondere weil bei der Gesamtbevölkerung die Kinder mitgezählt sind. Die zweite Zahl hingegen könnte einen überzogenen Eindruck vermitteln (wenn man außer Acht lässt, dass es unter den übrigen 74% auch kinderreiche Familien gibt). Diese Gefahr der Überschätzung des Phänomens wird jedoch durch die Tatsache ausgeglichen, dass verschiedene Personenkategorien, die nicht in einer Paarbeziehung leben, trotzdem nicht in der Kategorie »Einpersonenhaushalte« mitgezählt werden (allerdings werden umgekehrt auch Personen mitgezählt, die in einer Beziehung leben, aber die Wohnung nicht mit ihrem Partner teilen). Man müsste also hinzuzählen (in Prozenten auf europäischer Ebene):

- Einelternfamilien, insbesondere alleinerziehende Mütter mit einem oder mehreren Kindern: 8% aller Haushalte.
- Personen, die eine Wohnung teilen, ohne verwandt zu sein: 3% aller Haushalte.
- Erwachsene Personen, die in privaten Haushalten untergebracht sind: 3% der Haushalte.
- Jugendliche, die noch bei ihren Eltern leben, weil sie keinen Partner haben, und bei den Familien mitgezählt werden.
- Alleinlebende Menschen, die in Heimen untergebracht sind.
- Alleinlebende Wohnungslose.

Die Zahl der Einpersonenhaushalte erweist sich somit als ein sehr unvollständiger Indikator für die Zahl der Personen, die nicht in einer Paarbeziehung leben. Dennoch muss man sich nach wie vor seiner bedienen, weil er (bis jetzt noch) als einziger eine historische Gesamtschau und verlässliche internationale Vergleiche erlaubt. Doch er hat einen Makel: Er hat nur einen Teil der Personen im Blick, die nicht in einer Paarbeziehung leben.

Um einen exakteren Eindruck von der Zahl der solo Lebenden zu gewinnen, muss man sich eines anderen Werkzeugs bedienen: Man darf nicht mehr die Personen zählen, die im selben Haushalt wohnen, sondern muss die Leute direkt zu ihrer partnerschaftlichen Situation befragen. Dies wurde in einer Untersuchung des INED[1] (in Zusammenarbeit mit dem INSEE[2]) gemacht, die den Titel »Partnerschaftssituation und –geschichte der 20 bis 49 Jährigen« trug (also ungefähr dieselbe Altergruppe wie die unserer Informantinnen) und mit 5.000

1 Nationales demografisches Institut Frankreichs
2 Nationales statistisches Amt Frankreichs

Personen durchgeführt wurde. 29,4% der Männer und 26,7% der Frauen erklärten zum Zeitpunkt der Untersuchung, nicht in einer Paarbeziehung zu leben. Eine andere Untersuchung (Toulemon, 1996, S. 683) gibt die folgenden Prozentsätze an: 32,3% der Männer und 28,6% der Frauen zwischen 20 und 49 Jahren leben nicht in einer Beziehung. Das ist weit mehr als ein Viertel. Jenseits der Altersgrenze von 50 Jahren steigt der Anteil der Singles dann noch weiter an, besonders bei den Frauen (INSEE, Beschäftigungsumfrage 1994): In Bezug auf die Gesamtbevölkerung scheint (insbesondere dann, wenn man nur die Volljährigen dazuzählt) eine grobe Schätzung von einem Drittel, die nicht in einer Beziehung leben, keineswegs übertrieben. Doch an den beiden Enden des erwachsenen Lebenszyklus (bei den Jugendlichen, die noch in der Ausbildung sind, und bei alten Menschen, die ihren Partner durch den Tod verloren haben) scheint es eher die Ausnahme zu sein, einen Partner zu haben. Will man die Wirklichkeit zahlenmäßig möglichst realistisch abbilden, so eignet sich deshalb wohl die Prozentzahl am besten, die sich auf diejenigen Altergruppen bezieht, in der ein Leben als Paar wirklich zur Disposition steht. Rechnet man also die beiden extremen Altergruppen heraus, so ergibt sich eine Zahl von ungefähr einem Viertel: Eine von vier Personen lebt heute solo (diese Schätzung mag etwas grob erscheinen, aber beim derzeitigen Stand der Messinstrumente und aufgrund der Dehnbarkeit der Definition des Solo-Lebens ist es nicht möglich, zu genaueren Zahlen zu gelangen).

Die Untersuchung des INED ermöglicht es außerdem, die Entwicklung zwischen 1986 und 1994 in den Blick zu nehmen (für die Altersgruppe der 21 bis 44 Jährigen): Auch hier wird die Tendenz zur Zunahme bestätigt, die schon der Blick auf die Entwicklung der Einpersonenhaushalte ergeben hat.

Tabelle 2:
Entwicklung des Anteils der Personen (21 bis 44 Jahre),
die nicht in einer Paarbeziehung leben, 1986 bis 1994:
Männer

Jahr	Stabile Liebesbeziehung	Keine Beziehung	Insgesamt
1986	6,8%	20,6%	27,4%
1994	8,6%	22,8%	31,4%

Tabelle 3:
Entwicklung des Anteils der Personen (21 bis 44 Jahre),
die nicht in einer Paarbeziehung leben, 1986 bis 1994:
Frauen

Jahr	Stabile Liebesbeziehung	Keine Beziehung	Insgesamt
1986	7,1%	14,4%	21,5%
1994	7,8%	18,2%	31,4%

(Quelle: De Guibert, Léridon, Toulemon, Villeneuve-Gokalp, »La cohabitation adulte«, *Population et Sociétés*, September 1994. In dieser Untersuchung ordneten die Befragten selbst ihre Situation den einzelnen Kategorien zu. So haben dann auch einige, die von sich sagten, sie lebten nicht als Paar, dennoch erklärt, eine »stabile Liebesbeziehung« zu unterhalten. Diese Liebesbeziehungen, bei denen man dennoch kein Paar ist, sind besonders häufig im Jugendalter zu finden)

Jung und Alt

Diese enorme Zunahme in einem Zeitraum von acht Jahren resultiert daraus, dass die Zahl junger Singles (zwischen 20 und 35 Jahren) in die Höhe geschnellt ist. Wie bereits erwähnt, spielte sich die Zunahme der Einpersonenhaushalte vor einem halben Jahrhundert zunächst bei den alten Menschen ab (vor allem Witwen, die allein blieben). Aus diesem Grund bilden die über 60 Jährigen heute noch die größte Gruppe in der Kategorie der Einpersonenhaushalte und Frauen sind darunter bei weitem zahlreicher (aufgrund der unterschiedlichen Sterblichkeit der Geschlechter). Doch heute nimmt diese Population nur noch in der allerhöchsten Alterkategorie der über 75 Jährigen zu (INSEE, 1995, S. 61), und deren Anteil hat weniger Einfluss auf die Gesamtzahl.

Hauptsächlich spielt sich die Zunahme des Solo-Seins heute in der Jugend ab. Sie ist das Ergebnis eines Prozesses, im Rahmen dessen die Familiengründung immer länger hinausgeschoben wird. Erste partnerschaftliche Versuche beginnen schon sehr früh, aber ein wirkliches Sicheinrichten als Paar findet immer später im Lebenszyklus statt. Die Paarbildung ist zu etwas geworden, was in Etappen stattfindet und zunächst mit unverbindlichen Formen beginnt: In den dreißig Jahren zwischen 1965 und 1995 hat sich das Zusammenleben ohne Trauschein zu *dem* Modell für den Einstieg in die Zweisamkeit gemausert, und in Frankreich ist der Anteil der Paare, die sich dafür entscheiden, von 10 auf 90% gestiegen (Toulemon, 1996). Zwischen den Auszug aus dem Elternhaus und diesen vorsichtigen und zögerlichen Einstieg in die Partnerschaft schiebt sich außerdem immer häufiger eine neue Zwischenphase, die ebenfalls zu einem allgemeinen Modell des Einstiegs ins Erwachsenendasein zu werden scheint: selbständiges Wohnen.

Und das, obwohl die finanziellen Voraussetzungen für selbständiges Wohnen für die Jugendlichen nicht gerade vorteilhaft sind. Dies erklärt die Zunahme (besonders in den USA und in Kanada) von Praktiken wie Wohngemeinschaften, die es – jenseits des rein finanziellen Aspektes – erlauben, auch ohne einen festen Partner im Alltag dennoch nicht allein leben zu müssen. Eine qualitative Analyse (Pastinelli, 1998) zeigt im übrigen, dass diese besondere Form häuslicher Einbindung es ermöglicht, das Warten auf den »wahren« Partner noch länger andauern zu lassen. Die Wartesituation kann so weit gehen, dass sich freundschaftliche und emotional intensive Quasi-Paare ohne sexuelle Beziehung herausbilden, die schließlich zu Konkurrenten für die ersehnte Idealbeziehung werden.

Stadt und Land

Gemessen an der Zahl der Einpersonenhaushalte zeigt sich in großen Städten eine sehr viel schnellere Zunahme des Solo-Daseins als auf dem Land.

Tabelle 4:
Anteil der Einpersonenhaushalte
nach Größe der Kommunen

	Kommunen mit weniger als 10.000 Einwohnern	Kommunen mit mehr als 100.000 Einwohnern
Deutschland (West)	22%	40,2%
Frankreich	18,2%	25,1%
Niederlande	6,6%	43,4%
Spanien	8,3%	10,3%

(Quelle: EUROSTAT 1990, Budget familiaux. Tableaux comparatifs. In Spanien sind in Kommunen mit weniger als 10.000 Einwohnern 8,3% aller Haushalte Einpersonenhaushalte. Für Deutschland berücksichtigt die linke Spalte alle Kommunen mit weniger als 20.000 Einwohnern. Für Frankreich wurde in der rechten Spalte Paris mit seinen 47,4% Einpersonenhaushalten nicht mitgerechnet).

Der Stadt-Land-Unterschied ist umso größer als der Autonomisierungsprozess bereits weiter fortgeschritten ist: So ist das Alleinleben in südeuropäischen Ländern bei weitem nicht so urban geprägt. Das städtische Singledasein ist vor allem eine Sache der Jungen, besonders der jungen Frauen, während vom Alleinleben auf dem Land eher alte Menschen, vor allem alte Männer, betroffen sind (Lavertu, 1996).

Die Phasen

Die Anteile der Einpersonenhaushalte (und aller Wahrscheinlichkeit nach auch diejenigen der solo lebenden Menschen) dürfen auf keinen Fall als feste, stabile Kategorien betrachtet werden, die völlig jenseits der Familienhaushalte existieren würden. Diese Zahlen sind das Ergebnis einer Querschnittserhebung zu einem ganz bestimmten Zeitpunkt. In biografischer Perspektive nimmt das Alleinleben hingegen die Gestalt von (mehr oder weniger langen und wichtigen) Phasen an, von denen mittlerweile eine überwältigende Mehrheit der Bevölkerung irgendwann betroffen ist (wenn auch in unterschiedlichem Maße).

Besonders der Einstieg ins Erwachsensein ist mehr und mehr von einer Phase des selbständigen Wohnens begleitet. Doch selbst wenn es zu diesem Alleinwohnen nicht kommt, erlebt mittlerweile fast die Gesamtheit aller Jugendlichen eine mehr oder weniger markante Phase des Single-Daseins im weiteren Sinne (sich selbst gegenüber seinen Eltern als selbständig betrachten, ohne sich jedoch bereits auf eine feste Partnerschaft eingelassen zu haben).

Nach dieser Zwischenphase der Autonomie gelingt der schrittweise Einstieg in die Paarbeziehung nur selten (und immer seltener) gleich beim ersten Versuch. Der Prozess gestaltet sich vielmehr eher als ein Sich-Vorwärtstasten: Dem Versuch, eine Beziehung einzugehen, folgt eine Trennung, dann die Rückkehr zu den Eltern oder eine Phase des Alleinwohnens, ein neuer Beziehungsversuch etc. Die (in der Jugend äußerst hohe) Häufigkeit der Umzüge ist somit zu einem Markenzeichen des

Hinauszögerns eines vollständigen Einstiegs ins Erwachsensein geworden (Desjeux, Monjaret, Taponier, 1998). Ab einem bestimmten Stadium kommt dann zu dem eigenen Zurückschrecken vor einer festen Bindung auch noch der allgemeine Prozess der Fragilisierung partnerschaftlicher Strukturen. Trennungen werden immer häufiger und finden nach immer kürzeren Phasen des Lebens zu zweit statt. Zwar steigen die Scheidungsraten nicht oder kaum mehr an, aber die nicht durch Heirat abgesicherten Beziehungen werden ihrerseits immer zerbrechlicher. In einem Zeitraum von zehn Jahren ist der Anteil der Paare, die sich getrennt haben, bevor sie ihr zehntes Jubliäum feiern konnten, von 14 auf 22% gestiegen (Toulemon, 1996). Die Voraussage für Paare, die im Jahre 1990 zusammengefunden haben, liegt bei 30% (Toulemon in Théry, 1998, S. 262). Nach jeder Trennung kommt es zu einer Single-Phase, und je älter man ist, desto wahrscheinlicher wird es, dass sich dies in Gestalt einer Phase des Alleinwohnens abspielt. Und desto länger wird diese Phase für die Frauen, die ab einem Alter von 50 bis 55 Jahren Schwierigkeiten haben, einen neuen Partner zu finden. Während die Phasen des Alleinlebens in der Jugend oft sehr kurz sind, tendieren sie im Alter dazu, endgültig zu werden.

Die Formen des Alleinlebens sind also an den beiden altersmäßigen Polen des Lebenszyklus höchst unterschiedlich: In der Jugend sind sie kurz, aber treten oft mehrfach hintereinander und mit einer Häufigkeit auf, die von einer Generation zur nächsten zunimmt. Hat man die 50 erst einmal überschritten, werden die Phasen des Alleinlebens besonders für Frauen immer länger. Und dennoch nimmt für beide Gruppen die solo gelebte Zeit durchschnittlich zu. Aus der Innenperspektive wird eine *Phase* von der Person, die sie erlebt, oft nicht als solche wahrgenommen. Und tatsächlich kann die Autonomie eine biografische Dynamik entwickeln, die schrittweise (willentlich oder auch nicht) zu einem festen Rahmen oder gar Lebensprojekt wird. In Wirklichkeit stehen der Phasencharakter und die biografische Dynamik des Alleinlebens in einem Wettstreit, der dazu führt, dass sich die einzelnen Phasen immer mehr in die Länge ziehen. Der Phasencharakter ist ein wichtiges Merkmal des heutigen Alleinlebens und umschreibt sehr gut, welche Wirklichkeit heute damit einhergeht (nämlich dass es sich nicht um eine bestimmte Gruppe handelt, sondern um einen bestimmten Augenblick, der auf die eine oder andere Weise von fast jedem irgendwann erlebt wird). Doch die biografische Dynamik der Flugbahn ist der Antriebsmotor, Teil gesellschaftlicher Entwicklungen. In einer ersten historischen Phase wandte sich diese Dynamik gegen die eheliche Stabilität und brachte immer mehr Phasen des Alleinlebens hervor. Heute, da Phasen des Alleinlebens weit verbreitet und zahlreich sind, schafft diese Dynamik die Voraussetzungen für biografische Flugbahnen, in denen die Autonomie die Oberhand hat und nur noch von kurzen Phasen des Lebens zu zweit unterbrochen wird, die eher die Ausnahme als die Regel bilden (Flahault, 1996). Für Frauen wird die Zeit, in der es relativ unproblematisch ist, eine Partnerschaft einzugehen, immer kürzer – sie bewegt sich zwischen den beiden Polen, die vom Alleinleben gekennzeichnet sind: Während man sich immer später im Erwachsenenalter fest bindet, nimmt zugleich die Schwierigkeit zu, jenseits einer bestimmten Altersgrenze noch einen Partner zu finden. Die Logik der Autonomie kann dann zur dauerhaften Flugbahn werden.

Mann und Frau

Abgesehen von der Frage des geschlechtsspezifischen Unterschieds hinsichtlich der sozialen Folgen eines Lebens als Single (wenn sich Frauen auf die Flugbahn der Autonomie begeben, zieht das aufgrund ihrer traditionellen Position in der Familie wesentlich größere Umwälzungen nach sich), nehmen auch die Flugbahnen von Männern und Frauen einen unterschiedlichen Lauf.

Männliche Flugbahnen sind stabil und kohärent. Die Folgen der Familiengründung sind für sie weit weniger einschneidend als für Frauen, und sie haben weit weniger Schwierigkeiten, auch nach ihrem 50. Geburtstag noch eine Partnerin zu finden. Das männliche Single-Dasein findet sich folglich in hohem Maße bei einer ganz bestimmten Gruppe von Männern, die davor zurückschrecken, eine feste Beziehung einzugehen. Dass die Folgen der Familiengründung für Männer weniger einschneidend sind, liegt daran, dass sie sich weniger als Frauen für das häusliche Leben engagieren. Schon bei den ersten amourösen Kontakten erleben Jungs die Sexualität eher als von jeglichem Beziehungsrahmen losgelöstes Experiment, während es im sexuellen Leben von Mädchen von Anfang an um den Beginn dauerhafter Beziehungen geht (Bozon, 1998). Später, wenn sie eine Familie gegründet haben, nimmt der Unterschied hinsichtlich ihres Engagements andere Formen an (ungleiche Aufteilung der Familienaufgaben), bleibt aber mindestens genauso groß. Männer engagieren sich weniger rückhaltlos für Beziehung und Familie; die Identität, die sie innerhalb von Flugbahnen des Alleinlebens entwickeln, unterscheidet sich deshalb weit weniger als bei Frauen von dem, was sie innerhalb eines Familienlebens wäre: Sie bleiben eher sie selbst, wenn sie von einer Phase in eine andere überwechseln. Weibliche Flugbahnen hingegen sind von starken Brüchen zwischen den verschiedenen Phasen gekennzeichnet: Während einer Phase des Familienlebens ist das Engagement für die Familie rückhaltlos, und je rückhaltloser es ist, umso länger hält die darauf folgende Phase des Alleinlebens an (Villeneuve-Gokalp, 1991). Auch Single-Männer können sich sehr einsam fühlen und von einem Leben zu zweit träumen, aber sie werden nicht im selben Maße wie Frauen von einer Identitätsalternative umgetrieben.

Auch die Kurve für den Verlauf des Single-Daseins nach Altergruppen sieht bei Männern anders aus. Männer ziehen später aus dem Elternhaus aus. Solange sie noch sehr jung sind, leben also eher Frauen allein in ihrer eigenen Wohnung. Aber sie sind auch früher dran, wenn es darum geht, eine feste Bindung einzugehen. Geht man nach den eigenen Erklärungen der Menschen hinsichtlich ihres beziehungsmäßigen Status, tritt dieser letzte Aspekt besonders deutlich hervor: So lange sie jung sind, erklären Männer deutlich häufiger, Singles zu sein, als Frauen. In der Folge dreht sich das schrittweise langsam um: Je älter die Frauen werden, umso mehr nimmt ihre Autonomie/Einsamkeit zu, während die der Männer bis zum Alter von 50 Jahren immer mehr abnimmt. In Tabelle 5 lässt sich diese gegenläufige Entwicklung verfolgen. Ab 50 nimmt auch die Autonomie/Einsamkeit der Männer wieder zu, aber wesentlich langsamer als bei den Frauen, bei denen sie zwischen 80 und 84 Jahren

Tabelle 5
Männer und Frauen, die nicht in einer festen Beziehung leben,
nach Altersgruppen

	Männer	Frauen
20-24 Jahre	76,3%	59,4%
25-29 Jahre	37%	22,9%
30-34 Jahre	19,9%	18,9%
35-39 Jahre	15,2%	18,1%
40-44 Jahre	15,1%	18,3%
45-49 Jahre	12,7%	23,3%

(Quelle: De Guibert, Léridon, Toulemon, Villeneuve-Gokalp, »La cohabitation adulte«, Population et Sociétés, September 1994.)

75,5% erreicht, gegenüber 27,9% bei den Männern (INSEE, Beschäftigungsumfrage 1994).

Reich und Arm

Die Menschen, die nicht in einer Paarbeziehung leben, verteilen sich nicht gleichmäßig auf der gesellschaftlichen Leiter: Sie finden sich vor allem an den beiden Extrempolen, also bei den besonders Reichen und bei den besonders Armen.

Über die Einpersonenhaushalte lässt sich leider nur die besser gestellte Kategorie aufspüren, denn eine eigene Wohnung zu haben, stellt bereits einen Indikator sozialer Integration dar. Situationen gesellschaftlich viel schwerer wiegender Einsamkeit sind hingegen mit ganz anderen Wohnsituationen verknüpft. »Je prekärer die berufliche Situation ist, umso größer ist die Zahl derer, die untergebracht sind« (Paugam, Zoyem, Charbonnel, 1993, S. 27). Untergebracht bei Verwandten, bei Freunden, in Heimen. Und nicht zu vergessen die Wohnungslosen. Die Ärmsten unter den Armen haben kein Zuhause. Nach dem ersten Schock durch den Verlust des Arbeitsplatzes und das niedrigere Einkommen hängen die weiteren Etappen des Exklusionsprozesses in hohem Maße mit Fragen des Wohnens und der Familie zusammen: Zerbrechen der Beziehung, die Unmöglichkeit, eine eigene Wohnung zu bekommen, und dann, am unteren Ende der Leiter, der Verlust auch der letzten Familienbindungen. Die (negative) Flugbahn der Autonomie ist somit von einer Einsamkeit gekennzeichnet, die immer schlimmer wird, während sie zugleich in die Armut führt.

Oben auf der gesellschaftlichen Leiter ist das Single-Dasein etwas völlig anderes und wird eher zu einem Faktor, der die Zahl der sozialen Beziehungen steigen lässt und den beruflichen Erfolg steigert (vor allem im Fall von Frauen). Je nach gesellschaftlichem Kontext, in dem sie sich abspielt, kann also dieselbe Wirklichkeit (nicht in einer Partnerschaft zu leben) völlig gegensätzliche Folgen hervorbringen. Die Kennzeichnung der Armut durch Einsamkeit ist öfter männlich, während die Kennzeichnung des gesellschaftlichen Erfolgs durch Autonomie häufiger weiblich ist. Alleinlebende Männer findet man häufiger unten auf der gesellschaftlichen Leiter, alleinlebende Frauen häufiger oben. Diese gegenläufige Entwicklung wird an Tabelle 6 ziemlich deutlich, die die Personen nach ihren Berufen aufschlüsselt. Da die Tabelle jedoch auf der Zahl der Einpersonenhaushalten beruht, berücksichtigt sie die am stärksten benachteiligten Gruppen so gut wie nicht (Sozialhilfeempfänger und Wohnungslose). Gerade in diesen Gruppen findet man besonders viele Männer.

Tabelle 6
Anteil der Einpersonenhaushalte nach Berufen
(Männer und Frauen im Vergleich)

	Männer	Frauen
Leitende Angestellte, gehobene intellektuelle Berufe	11,8%	19,2%
Mittlere Angestellte	10,8%	14,2%
Angestellte	12,7%	9,2%
Arbeiter	8,1%	6,4%
Arbeitslose	11,5%	5,6%

(Quelle: INSEE, 1995. Gesamtheit der Bevölkerung der 15 bis 54 Jährigen. 19,2% der Frauen in Leitungsfunktionen oder gehobenen intellektuellen Berufen leben allein in ihrer Wohnung. Die Spalte »Männer« zeigt in Abhängigkeit vom beruflichen Niveau relativ geringe Variationen. Hinzuzufügen wären diejenigen Gruppen in prekären Lebenslagen, die in der Zahl der Einpersonenhaushalten nicht enthalten sind und in denen alleinstehende Männer besonders häufig vertreten sind. Das würde die Polarisierung nach unten noch stärker hervortreten lassen. In der Spalte »Frauen« hingegen ist die gleichmäßige Zunahme nach oben hin offensichtlich).

Soziale Beziehungen: Die Karten werden neu gemischt

Ein Leben jenseits einer festen Partnerschaft ist also besonders häufig an den beiden äußeren Enden der gesellschaftlichen Leiter anzutreffen (aus speziellen Gründen und in ganz bestimmten Kontexten). Ein Leben ohne Paarbeziehung bedeutet nicht unbedingt Isolation. Im Durchschnitt haben Singles sogar mehr Kontakte. Doch je nach gesellschaftlicher Position kann die soziale Einbindung unterschiedlich groß sein. Um das richtig zu verstehen, ist es nötig, die neue Landschaft der sozialen Beziehungen kurz zu skizzieren.

Aus historischer Perspektive ist das Verhältnis zwischen sozialen Beziehungen und Identitätskonstruktion derzeit dabei, sich umzukehren. Traditionell (in der ländlichen Gesellschaft des 19. Jahrhundert ist das noch mehrheitlich der Fall) ist das Individuum durch die von ihm besetzte gesellschaftliche Position bestimmt (Abstammung, Beruf, lokale Verwurzelung), mit der bestimmte soziale Beziehungssysteme verknüpft sind, die eine zentrale Regulierungsfunktion innehaben: Sie kontrollieren die Person und lassen ihr nur einen begrenzten Handlungsspielraum. Diese Beziehungen haben eine typische Form: Sie sind nah, ortsgebunden, häufig starr und gleichförmig, einengend und zugleich beschützend.

Der Prozess der Individuierung des Gesellschaftlichen weist den sozialen Beziehungen eine völlig neue Rolle zu. Sie werden zum Werkzeug im Dienste des Individuums bei seinem Versuch, sich selbst seine Identität zu konstruieren. Hierfür bedarf es zweier Elemente. Erstens einer Autonomie als Grundlage, die nur durch die Vertiefung der inneren Welt (Elias, 1991a) und durch die Lösung aus der lokalen Umklammerung erlangt werden kann. Und zweitens einer neuen Form von sozialen Beziehungen, die sich, um ihre Funktion für das Individuum optimal zu erfüllen, idealerweise in Gestalt eines Beziehungsnetzes knüpfen, das nicht an einen konkreten Ort gebunden, sondern segmentiert, dehnbar, offen und groß ist, zusammengesetzt aus punktuellen und mediatisierten Beziehungen. Marc Granovetter (1973) hat auf das Paradox der »Kraft der schwachen Bindungen« hingewiesen: dieser Beziehungstyp auf Distanz ist effizienter und gesellschaftlich lohnender (ein kurzer Anruf beim Freund eines Freundes, der ein bestimmtes Problem lösen kann, ist viel wirkungsvoller als die Mobilisierung einer kleinen Gruppe von besonders Nahestehenden). Damit dieser Beziehungstyp umgesetzt werden kann, ist jedoch Arbeit (man muss ein Beziehungsnetz aufbauen) und Kompetenz (man muss wissen, wie man das macht) vonnöten. Eine Kompetenz, die nicht allen gegeben ist: Sie korreliert in hohem Maße mit dem kulturellen Kapital. Je höher man in der gesellschaftlichen und vor allem kulturellen Hierarchie (die vom Bildungsniveau gekennzeichnet ist) hinaufsteigt, umso offener, mediatisierter und auch größer wird das jeweilige Beziehungsnetz, kontrolliert von einem Individuum, das im Zentrum steht. So findet man in der intellektuellen Fraktion der oberen Klassen (Professoren, Künstler, hohe Beamte, Freiberufler) das größte und vielseitigste Beziehungsnetz. Ein Zehntel der Bevölkerung konzentriert ein Drittel der Gespräche unter Freunden und Kollegen auf sich (Héran, 1988).

Historisch gesehen beginnt diese Umkehrung des Verhältnisses zwischen Identität und sozialen Beziehungen oben auf der gesellschaftlichen Leiter, bei den Gruppen, die über ein großes kulturelles Kapital verfügen. Die neue, netzartige Struktur von Beziehungen kommt besonders aktiven Singles aufgrund ihrer häuslichen Ungebundenheit, ihrer Reflexivität und ihrer Offenheit nach außen hin eigentlich sehr entgegen. Aber nur, wenn sie sich oben in der gesellschaftlichen Hierarchie befinden. Denn je weiter man hinabsteigt, umso mehr nimmt das Eingebundensein in Beziehungen eine Form an, die dem Single-Dasein eigentlich komplett zuwiderläuft: eng, nach außen hin abgeschlossen und auf die Familie zentriert.

Von oben nach unten auf der gesellschaftlichen Leiter (gemessen nach Bildungsabschluss) nimmt die Anzahl sozialer Kontakte (mit unterschiedlichen Personen) immer mehr ab. Die Sozialisation nimmt eine stärker ortsgebundene, eng begrenzte und sich im wesentlichen auf die Familie und ihr Umfeld beschränkende Form an (Héran, 1988). Man hat weniger Beziehungen, aber diese wenigen sind sehr fest, ausschließlich, gleichförmig und unmittelbar, zugleich beschützend und einengend. Die gesellschaftliche Marginalisierung vollzieht sich meist über den Verlust dieser festen Bindungen, über die »Entkoppelung« (Castel, 2000). Der Schutz, den sie bieten, wird mit Abhängigkeit bezahlt, die in dem Augenblick problematisch wird, wo es zu Krisen und Trennungen kommt. Der geschlossene, starre und exklusive Charakter dieser engen Bindungen in einfachen Milieus bildet die Grundlage eines »Einsamkeitsrisikos« (Martin, 1997). Es ist, als würden die Menschen in besonders benachteiligten Milieus dazu gebracht, sich zu ihrem Schutz in Beziehungsformen zu begeben, die längst überholt sind. Eine Art archaischer Inseln in einer Welt, die zu anderen Ufern aufgebrochen ist. Ein Schutz, der so lange funktioniert, wie es der Familie gelingt, ihre Sozialisationsfunktion ausreichend und kontinuierlich zu erfüllen. Doch wenn sie in Zeiten des Drunter und Drübers ihre Leistungsfähigkeit einbüßt, wird deutlich, wie weit sie von der Welt um sie herum, die in Bewegung ist, entfernt ist.

Die solo Lebenden am unteren Ende der gesellschaftlichen Leiter befinden sich in einer doppelten Falle. Die Tatsache, dass sie nur über geringe Ressourcen verfügen, lenkt sie bereits in Richtung des negativen Pols der Flugbahn der Autonomie. Darüberhinaus besteht dort, wo sie sich befinden, der Königsweg des Eintritts in die normale Gesellschaft genau in oben beschriebenem Typus von Familien-Schutz. Aus diesem Grund rät man ihnen entschieden zum »Warten« und dazu, ihr Leben nur als Notlösung zu leben statt selbstsicher mit ihrer Autonomie umzugehen. Das Warten verstärkt nun aber die soziale Isolation nur noch mehr und kann sogar dazu führen, dass man in die finstersten Tiefen der Einsamkeit hinabstürzt.

Ganz oben auf der gesellschaftlichen Leiter fühlen sich die solo Lebenden (auch wenn sie natürlich auch manchmal unter Einsamkeit leiden) in dem neuen Netz sozialer Beziehungen wie ein Fisch im Wasser; ganz unten sind sie in einer doppelten Falle gefangen.

Glossar

Einige Begriffe, die speziell für diese Forschung gebildet oder neu definiert wurden, benötigen eine besondere Erläuterung. Es schien mir sinnvoll, sie hier in diesem kleinen Glossar zusammenzufassen. Das gilt vor allem für all jene Begriffe, die dafür verwendet wurden, die Hauptdarstellerinnen dieses Buches – Frauen, die nicht in einer Paarbeziehung leben – zu bezeichnen, was besonders schwierig war.

Diese Schwierigkeit resultiert aus der folgenden Tatsache: Es gibt einfach kein Wort, das ausreichend klar und zugleich passend wäre. Die meisten Begriffe, die derzeit verwendet werden, führen zu analytischen Fehlern oder führen vorbelastete Repräsentationen mit sich. Deshalb schlage ich den Begriff »solo« vor. Da ich aber weder imstande noch gewillt bin, diesen Begriff auf autoritäre Weise durchzusetzen, wurden hier auch einige klassische Begrifflichkeiten beibehalten, jedoch mit der nötigen Vorsicht. [A.d.Ü. Dieselbe Problematik gilt für das entsprechende deutsche Vokabular, allerdings verlaufen die Grenzen zwischen den verschiedenen Begriffen und Konnotationen nicht immer gleich wie im Französischen. Es bedarf also an verschiedenen Stellen einer Anmerkung der Übersetzerin]

Ledige: Ein oft angewandter Begriff zur Bezeichnung von Singles. Doch der eigentlichen Bedeutung dieses Wortes nach ist ein Lediger nicht eine Person, die allein lebt, sondern eine Person, die nicht verheiratet ist (selbst wenn sie in einer Beziehung lebt). Das führt zu einer Menge Missverständnissen, besonders, seit die Zahl der unverheiratet zusammenlebenden Paare immer mehr zunimmt.

Der Begriff wurde deshalb in diesem Buch nur im engeren Sinne eines Zivilstands verwendet und nicht, um die solo Lebenden zu bezeichnen.

Alleinstehende Frauen: Ein sehr weit verbreiteter Begriff zur Bezeichnung von Frauen, die nicht in einer Paarbeziehung leben, der jedoch den Nachteil hat, negativ konnotiert zu sein und auf eine ganz bestimmte Repräsentation des Solodaseins zu verweisen, die durch ein schwaches Netz sozialer Beziehungen, das Gefühl von Einsamkeit und dadurch gekennzeichnet ist, dass die Betreffenden unter ihrer Situation leiden. Doch diese negative Seite ist nur die halbe Wahrheit.

Dennoch wurde dieser Begriff hier verwendet. Und zwar in zwei verschiedenen Zusammenhängen. Zum einen um genau jene Situationen zu bezeichnen, in denen das Sololeben als negativ erlebt wird. Und zum anderen, mangels einer besseren Alternative, auch als Oberbegriff. Es schien mir nicht möglich, immer nur von »Solo-Frauen« zu sprechen, da dieser Begriff nicht sehr verbreitet ist und (im Moment noch) jeglicher Legitimität entbehrt. [A.d.Ü. Aus denselben Gründen wurde der Begriff »alleinstehende Frau« auch in der deutschen Übersetzung immer wieder verwendet – auch als Oberbegriff]

Autonome Frauen: Ein neuer Begriff, der das Gegenstück zu »alleinstehende Frauen« bildet und die positive Seite des Single-Daseins beinhaltet. In diesem Sinne habe ich ihn in meinem letzten Kapitel verwendet, um Situationen zu bezeichnen, die in besonders hohem Maße als frei gewählt empfunden werden.

Einpersonenhaushalte: Der wissenschaftlich korrekte Begriff (im Unterschied zu »Ledige« oder »alleinstehende Frauen«), den ich selbst in einigen Artikeln verwendet habe und der die Tatsache bezeichnet, allein in einer Wohnung zu wohnen. Für dieses Buch erschien er mir allerdings zu schwer verdaulich.

Solo Lebende, Solo-Frauen: Ein seit einigen Jahren in Frankreich vor allem von Journalisten verwendeter Begriff, der den enormen Vorteil hat, neutral zu bleiben und zur Bezeichnung dieser pausenlos zwischen Positiv und Negativ oszillierenden Position sehr geeignet zu sein. Kann ein Wissenschaftler einen journalistischen Terminus übernehmen, wenn er passend ist und einen terminologischen Fortschritt bedeutet? Ich denke ja.

Der Begriff wurde jedoch bisher – auch in diesem Buch – nicht systematisch verwendet, weil er noch nicht klar eingeordnet ist. [A.d.Ü.: Im Deutschen ist der Begriff »solo« noch weniger verbreitet als im Französischen und darüberhinaus grammatikalisch weniger variabel: Man sagt zwar durchaus, »Ich bin solo«, aber die Konstruktionen »Solo-Frau«, »Solos« oder »Solo-Dasein« gehen im Deutschen wesentlich schwerer über die Lippen als im Französischen z.B. »La vie en solo«. Aus diesem Grund wurde in der deutschen Übersetzung häufig auf den »Single«-Begriff ausgewichen:

Singles: Der Begriff »Singles«, der im Französischen nicht verwendet wird, erlebte in Deutschland in den 80er Jahren einen rasanten Aufstieg und wurde stark affirmativ benutzt und positiv bewertet – auch und gerade von den Betroffenen. Als allgemeine Bezeichnung für ein Leben jenseits einer Paarbeziehung mit all seinen positiven und negativen Aspekten scheint er somit nur bedingt geeignet. Da sich der Single-Begriff jedoch seit seiner Aufnahme in das deutsche Vokabular immer mehr zu einem Oberbegriff für Situationen des Alleinlebens weiterentwickelt hat und der von Kaufmann eingeführte »solo«-Begriff im Deutschen aus grammatikalischen Gründen an Grenzen der

Verwendbarkeit stößt, wurde in der Übersetzung überwiegend mit dem Single-Begriff gearbeitet.

Flugbahn: Der Begriff der Flugbahn wird in der Soziologie auf unterschiedliche Weise definiert. Entweder wird eher die objektive Seite betont (eine Aneinanderreihung von sozialen Positionen, die das Individuum durchläuft, oder eher die subjektive Seite (individuelle Erzählungen). Ich habe hier versucht, beide Seiten zusammenzubringen, indem ich diese Dynamik als Teil historischer Prozesse verstanden habe.

Zwiegespaltenes/zwiespältiges Leben: Im Single-Dasein (hin- und hergerissen zwischen einer Flugbahn der Autonomie, die einen unausweichlich vorantreibt, und einem herrschenden Modell für das Privatleben, das in die genau entgegengesetzte Bewegung zieht) mischt sich auf strukturelle Weise Positives und Negatives. Und das ist kein Zufall: Fast immer ist beides gleichzeitig präsent. Daraus entstehen eine ganz spezielle Lebensweise und ein ganz besonderes Denken, die durch eine Identitätsspaltung und den inneren Kampf zwischen den beiden Teilen des Ich gekennzeichnet sind.

Bibliographie

Alberoni F. (1995), «Énamoration et amour dans le couple», dans Moulin M., Eraly A., *Sociologie de l'amour. Variations sur le sentiment amoureux*, Bruxelles, Éditions de l'Université de Bruxelles.

Ariès P. (1960), *Geschichte der Kindheit*, München, Taschenbuch Verlag.

Arve-Pares B. (1996), «Le cas de la Suède», dans Arve-Pares B. (dir.), *Concilier travail et vie familiale*, Stockholm, Comité suédois pour l'Année internationale de la famille.

Bachelard G. (1983), *La Poétique de l'espace*, Paris, PUF. (première édition 1957).

Bart J. (1990), «La famille bourgeoise, héritière de la Révolution?», dans Lévy M.-E., *L'Enfant, la famille et la Révolution française*, Paris, Olivier Orban.

Becker H. (1985), *Außenseiter: zur Soziologie abweichenden Verhaltens*, Frankfurt a. Main, Fischer.

Berger P., Luckmann T. (1980), *Die gesellschaftliche Konstruktion der Wirklichkeit. Eine Theorie der Wissenssoziologie*, Frankfurt a. Main, Fischer.

Bidart C. (1997), *L'Amitié, un lien social*, Paris, La Découverte.

Bihr A., Pfefferkorn R. (1996), *Hommes/femmes, l'introuvable égalité; école, travail, couple, espace public*, Paris, Les éditions de l'Atelier.

Bologne J.-C (1998), *Histoire du mariage en Occident*, Paris, Hachette-Pluriel.

Bonvalet C., Gotman A., Grafmeyer Y. (éds.), avec la collaboration de Bertaux-Wiame I., Maison D., Ortalda L. (1997), «Proches et parents: l'aménagement des territoires», *Dossiers et Recherches*, n° 64, INED.

Bourdelais P. (1984), «Femmes isolées en France. XVIIe-XIXe siècles», dans Farge A., Klapisch-Zuber C., *Madame ou mademoiselle? Itinéraires de la solitude féminine. 18e-20e siècle*, Paris, Montalba.

Bourdieu P. (1988), *Die feinen Unterschiede*, Frankfurt a. Main, Suhrkamp Verlag.

Bozon M. (1990), «Les femmes et l'écart d'âge entre conjoints. Une domination consentie», *Population*, n° 2 et n° 3.

Bozon M. (1993), «L'entrée dans la sexualité adulte: le premier rapport et ses suites», *Population*, n° 5.

Bozon M. (1998), «Désenchantement et assagissement: les deux voies de la maturation amoureuse», *Le Journal des psychologues*, n° 159.

Bozon M., Héran F. (1987), «La découverte du conjoint», Population, n° 6. Bozon M., Léridon H. (1993), «Les constructions sociales de la sexualité», *Population*, n° 5.

Bozon M, Villeneuve-Gokalp C. (1994), «Les enjeux des relations entre générations à la fin de l'adolescence», *Population*, n° 6.

Brown E., Fougeyrolias-Schwebel D., Jaspard M. (1991), *Le Petit-déjeuner : une pratique à la frontière du familial et du travail*, GDR «Modes de vie»-IRESCO. Burguière A. (1972), «De Malthus à Max Weber: le mariage tardif et l'esprit d'entreprise», Annales ; Economies, Sociétés, Civilisations, n° 4-5.

Burt R.S. (1992), *Structural Holes : the social structure of competition*, Cambridge, Harvard University Press.

Cacouault M. (1984), «Diplôme et célibat: les femmes professeurs de lycée entre les deux guerres», dans Farge A., Klapisch-Zuber C., *Madame ou mademoiselle ? Itinéraires de la solitude féminine.* 18e-20e siècle, Paris, Montalba.

Caradec V. (1996), *Le Couple à l'heure de la retraite,* Rennes, Presses Universitaires de Rennes.

Caradec V. (1997), «De l'amour à 60 ans», *Mana, Revue de sociologie et d'anthropologie*, n° 3.

Cardia-Voneche L, Bastard B. (1991), *Les Femmes, le divorce et l'argent,* Genève, Labor et Fides.

Castel R. (1990), «Le roman de la désaffiliation. Á propos de Tristan et Iseut», *Le Débat*, n° 61.

Castel R. (1995), *Die Metamorphosen der sozialen Frage*, Konstanz, UVK.

Chaland K. (1994), «Normalité familiale plurielle. Morcellement des biographies et individualisation», *Revue des Sciences sociales de la France de l'Est*, n° 21.

Chaland K. (1996), «Transformation du lien conjugal. Regard sur le couple contemporain», *Revue des Sciences sociales de la France de l'Est*, n° 23.

Chaland K. (1998), «Les discours familialistes chez les réformateurs et pré-sociologues du XIXe siècle», *Regards sociologiques*, n° 15.

Chalvon-Demersay S. (1996), «Une société élective. Scénarios pour un monde de relations choisies», Terrains, n° 27.

Cicchelli-Pugeault C., Cicchelli V. (1998), *Les Théories sociologiques de la famille*, Paris, La Découverte.

Coenen-Huther J., Kellerhals J., von Allmen M. (1994), Les Réseaux de solidarité dans la famille, Lausanne, Réalités sociales.

Commaille J. (1992), *Les Stratégies des femmes. Travail, famille et politique,* Paris, La Découverte.

Commaille J. (1996), *Misères de la famille, question d'État,* Paris, Presses de la Fondation nationale des Sciences Politiques.

Commaille J., Martin C. (1998), *Les Enjeux politiques de la famille*, Paris, Bayard.

Corbin A. (1987), «Coulisses», dans Ariès Ph., Duby G., *Histoire de la vie privée*, Tome 4 « De la Révolution à la Grande Guerre » dirigé par M. Perrot.

Cosson M.-E. (1990), *Représentation et évaluation du mariage des enfants par les mères, maîtrise de sociologie*, Université Rennes 2.

Cott N.F. (1992), «La femme moderne. Le style américain des années vingt», dans Duby G., Perrot M., *Histoire des femmes*, tome 5, le XXe siècle, sous la direction de F. Thébaud.

Damasio A. (1995), *L'Erreur de Descartes. La raison des émotions*, Paris, Odile Jacob.

Dauphin C. (1984), «Un excédent très ordinaire. L'exemple de Châtillon-sur-Seine en 1851», dans Farge A., Klapisch-Zuber C., *Madame ou mademoiselle ? Itinéraires de la solitude féminine. 18e-20e siècle*, Paris, Montalba.

Déchaux J.-H. (1997), *Le Souvenir des morts. Essai sur le lien de filiation*, Paris, PUF.

De Giorgio M. (1992), *Le italiane dall'Unità a oggi*, Roma-Bari, Laterza.

Demazières D., Dubar C. (1997), *Analyser les entretiens biographiques. L'exemple des récits d'insertion*, Paris, Nathan.

Dencik L. (1995), «Children in Day Care and Family Life», dans Arve-Pares (dir.). *Building Family Welfare*, Stockholm, The Network of Nordic Focal Points for the International Year of the Family.

Desjeux D. (1996), «Tiens bon le concept, j'enlève l'échelle... d'observation», *UTINAM*, n° 20.

Desjeux D., Monjaret A., Taponier S. (1998), *Quand les Français déménagent*, Paris, PUF.

Dibie P. (1987), *Ethnologie de la chambre à coucher*, Paris, Grasset.

Donati P. (1998), Monnaie di sociologia délia famiglia, Roma-Bari, Laterza.

Dubar C. (1991), *La Socialisation. Construction des identités sociales et professionnelles*, Paris, Armand Colin.

Dubar C. (1998), «Trajectoires sociales et formes identitaires: clarifications conceptuelles et méthodologiques», *Sociétés contemporaines*, n° 29.

Duby G. (1988), *Ritter, Frau und Priester:* die Ehe im feudalen Frankreich, Frankfurt a. Main, Suhrkamp.

Duby G., Perrot M., (1995), *Geschichte der Frauen*, Frankfurt a. Main/ New York, Campus.

Dumont L. (1983), *Essais sur l'individualisme. Une perspective anthropologique sur l'idéologie moderne*, Paris, Seuil.

Durand G. (1969), *Les Structures anthropologiques de l'imaginaire*, Paris, Bordas. Durkheim É. (1973), Der Selbstmord, Neuwied, Luchterhand.

Ehrenberg a. (1995), L'Individu incertain, Paris, Calmann-Lévy.

Elias N. (1975), *La Dynamique de l'Occident*, Paris, Clamann-Lévy.

Elias N. (1991a), *Die Gesellschaft der Individuen,* Frankfurt a. Main, Suhrkamp.

Elias N. (1991b), *Mozart, zur Soziologie eines Genies,* Frankfurt a. Main, Suhrkamp.

Ephesia (1995), *La Place des femmes. Les enjeux de l'identité et de l'égalité au regard des sciences sociales*, Paris, La Découverte.

Eurostat (1994), *Statistiques rapides. Population et conditions sociales,* Luxembourg.

Fagnani J. (1998), «Lacunes, contradictions et incohérences des mesures de "conciliation" travail/famille: bref bilan critique». dans Théry I., *Couple, filiation et parenté aujourd'hui. Le droit face aux mutations de la famille et de la vie privée,* Paris, Odile Jacob-La Documentation française.

Farge A., Klapisch-Zuber C. (1984), *Madame ou mademoiselle? Itinéraires de la solitude féminine.* 18e-20e siècle, Paris, Montalba.

Ferrand A., Mounier L. (1993), «L'échange de paroles sur la sexualité: une analyse des relations de confidence», *Population*, n° 5.

Festy P. (1990), «Fréquence et durée de la cohabitation. Analyse et collecte des données», dans Prioux F, *La Famille dans les pays développés : permanences et changements,* Paris, ined.

Flahault E. (1996), *Femmes seules, trajectoires et quotidiens. Étude sur la mono-résidentialité féminine,* thèse de doctorat de sociologie, sous la direction de Joëlle Deniot, université de Nantes.

Flandrin J.-L. (1981), *Le Sexe et l'Occident. Évolution des attitudes et des comportements,* Paris, Le Seuil.

Foucault M. (1977), *Der Wille zum Wissen*, Frankfurt a. Main, Suhrkamp.

Foucault M. (1986), *Die Sorge um sich*, Frankfurt a. Main, Suhrkamp.

Fox R. (1972), *Anthropologie de la parenté. Une analyse de la consanguinité et de l'alliance*, Paris, Gallimard.

Fraisse G. (1979), *Femmes toutes mains*. Essai sur le service domestique, Paris, Seuil.

Francescato D. (1992), *Quando l'amore finisce*, Bologne, Il Mulino.

Galland O. (1993), «"Vie solitaire" et "solitude": le cas des jeunes», *L'Année sociologique*, vol. 43.

Gauchet M. (1985), *Le Désencliantement du monde. Une histoire politique de la religion,* Paris, Gallimard.

Geremek B. (1976), *Les Marginaux parisiens aux XIVe et XVe siècles,* Paris, Flammarion.

Giddens A. (1992), *The Transformation of Intimacy: sexuality, love and eroticism in modem societies,* Cambridge, Polity Press.

Goffman E. (1993), Asyle: über die soziale situation psychiatrischer Patienten und anderer Insassen, Frankfurt a. Main, Suhrkamp.

Goffman E. (1996), *Stigma: über Techniken der Bewältigung beschädigter Identität,* Frankfurt a. Main, Suhrkamp.

Granovetter M. (1973). «The Strength of Weak Ties», *American Journal of Sociology,* n° 6, vol. 68.

Grimler G. (1992), «Les rythmes quotidiens en France», *INSEE-Résultats,* n° 167-168.

Guibert de C., Léridon H., Toulemon L., Villeneuve-Gokalp C. (1994), «La cohabitation adulte», *Population et Sociétés,* septembre 1994.

Guillais-Maury J. (1984), «La grisette», dans Farge A., Klapisch-Zuber C., *Madame ou mademoiselle ? Itinéraires de la solitude féminine.* 18e-20e siècle, Paris, Montalba.

Gullestad M. (1992), *The Art of Social Relations,* Oslo, Scandinavian University Press.

Henry M. (1993), *Les Nourritures imaginaires de l'amour. Le roman-photos, une mise en scène de l'amour et de la relation de couple,* mémoire de maîtrise de sociologie, université Rennes 2.

Héran F. (1988), «La sociabilité, une pratique culturelle», Economie et Statistique, n° 216.

Héran F. (1990), «Trouver à qui parler: le sexe et l'âge de nos interlocuteurs», *Données sociales, INSEE.*

Héritière (1996), *Masculin/féminin. La pensée de la différence,* Paris, Odile Jacob.

Höpflinger F. (1991), «Avenir des ménages et des structures familiales en Europe», *Séminaire sur les tendances démographiques actuelles et modes de vie en Europe,* Strasbourg, Conseil de l'Europe.

Houel A. (1997), *Le Roman d'amour et sa lectrice.* Une si longue passion, Paris, L'Harmattan.

Hurtubise R. (1991), «La parenté dans les rapports amoureux: analyse d'un siècle de correspondances amoureuses au Québec (1860-1988)», *Relations inter-générationnelles. Parenté. Transmission. Mémoire,* AISLF, Actes du colloque de Liège, Textes réunis par Bernadette bawin-legros et J. Kellerhals.

INSEE (1995), *Contours et caractères.* Les femmes.

Joubert M., Arene M., Bruneteaux P., Lanzarini C., Perret A., Touzé S. (1997), *Perturbations. Santé mentale et confrontation aux difficultés de la vie quotidienne,* rapport RESSCOM-MIRE.

Kaufmann J.-C. (1995), *Schmutzige Wäsche. Zur ehelichen Konstruktion von Alltag.* Konstanz, UVK.

Kaufmann J.-C. (1993), *Célibat, ménages d'une personne, isolement, solitude. Un état des savoirs,* Bruxelles, Commission des Communautés européennes.

Kaufmann J.-C. (1994a), «Nuptialité ou conjugalité ? Critique d'un indicateur et état des évolutions conjugales en Europe», *Archives européennes de Sociologie,* tome XXXV, n° 1.

Kaufmann J.-C. (1994b), «Vie hors couple, isolement et lien social. Figures de l'inscription relationnelle», *Revue française de Sociologie,* vol. XXXV, n° 4.

Kaufmann J.-C. (1994e), «Trois contextes sociaux de l'isolement». *Revue française des Affaires sociales,* n° 2.

Kaufmann J.-C. (1994d), «Les ménages d'une personne en Europe», *Population,* n° 4-5.

Kaufmann J.-C. (1996), *Frauenkörper – Männerblicke,* Konstanz, UVK.

Kaufmann J.-C. (1995b), «Les cadres sociaux du sentiment de solitude», *Sciences sociales et Santé,* vol. 13, n° 1.

Kaufmann J.-C. (1995e), «Isolement choisi, isolement subi», *Dialogue,* n° 129.

Kaufmann J.-C. (1999a), *Das verstehende Interview,* Konstanz, UVK.

Kaufmann J.-C. (1999b), *Mit Leib und Seele. Theorie der Haushaltstätigkeit,* Konstanz, UVK.

Kellerhals J., Perrin J.-R., Steinauer-Cresson G., Vonèche L, Wirth G. (1982), *Mariages au quotidien. Inégalités sociales, tensions culturelles et organisation familiale,* Lausanne, Pierre-Marcel Favre.

Knibiehler Y. (1984), «Vocation sans voile, les métiers sociaux», dans Farge A., Klapisch-Zuber C., *Madame ou mademoiselle? Itinéraires de la solitude féminine. 18e-20e siècle,* Paris, Montalba.

Knibiehler Y. (1991), «Le célibat. Approche historique», dans De Singly F., *La Famille, l'état des savoirs,* Paris, La Découverte.

Knibiehler Y., Fouquet C. (1977), *Histoire des mères du Moyen Âge à nos jours,* Paris, Montalba.

Lagrange H. (1998), «Le sexe apprivoisé ou l'invention du flirt», *Revue française de sociologie,* n° 1, vol. 39.

Lagrave R.-M (1992), «Une émancipation sous tutelle. Education et travail des femmes au XXe siècle», dans Duby G., Perrot M., *Histoire des femmes,* tome 5, le XXe siècle, sous la direction de F. Thébaud. Lahire B. (1998), *L'Homme pluriel. Les ressorts de l'action,* Paris, Nathan.

Laufer D. (1987), *Seule ce soir ? Le livre des nouvelles célibataires,* Paris, Carrere.

Laurent A. (1993), *Histoire de l'individualisme,* Paris, PUF.

Lavertu J. (1996), «La famille dans l'espace français», *Données sociales, INSEE.*

Lavigne J.-C., Arbet M.-T. (1992), *Les Habiter solitaires,* rapport de recherche pour la Plan Construction et Architecture.

le Breton D. (1991), *Passions du risque,* Paris, Métailié.

Lefaucheur N. (1992), «Maternité, Famille, État», dans Duby G., Perrot M., *Histoire des femmes,* tome 5, le XXe siècle, sous la direction de F. Thébaud.

Lefaucheur N. (1995), «Qui doit nourrir l'enfant de parents non mariés ou "démariés"», dans Lefaucheur N., Martin C. (dir.), *Qui doit nourrir l'enfant dont le père est «absent»,* rapport pour la CNAF.

Lefaucheur N., Martin C. (dir.) (1995), *Qui doit nourrir l'enfant dont le père est «absent»,* rapport pour la CNAF.

Lefaucheur N., Schwartz O. (1995), «Féminin/masculin, privé/public», dans EPHESIA, *La Place des femmes, les enjeux de l'identité et de l'égalité au regard des sciences sociales,* Paris, La Découverte.

Le Gall D. (1992), «Secondes amours : aimer la raison ?», *Revue internationale d'action communautaire,* n° 27/67.

Le Gall D. (1997), «La première fois. L'entrée dans la sexualité adulte d'étudiants de sociologie», Mana, n° 3.

Le Goff J. (1985), «Jeanne d'Arc», *Encyclopœdia Universalis.*

Luhmann N. (1999), *Liebe als Passion: zur Codierung von Intimität,* Frankfurt a Main, Suhrkamp.

Marchand O., Thélot C. (1997), *Le Travail en France (1800-2000),* Paris, Nathan.

Markale J. (1987), *L'Amour courtois, ou le couple infernal,* Paris, Imago.

Marquet J., Huynen P., Ferrand A. (1997), «Modèles de sexualité conjugale : de l'influence normative du réseau social», *Population,* n° 6.

Martin C. (1996), «Solidarités familiales : débat scientifique, enjeu politique», dans Kaufmann J.-C., *Faire ou faire-faire ? Famille et services,* Rennes, Presses Universitaires de Rennes.

Martin C. (1997), *L'Après divorce. Lien familial et vulnérabilité,* Rennes, Presses Universitaires de Rennes.

Mauger G., Fossé C. (1977), *La Vie buissonnière. Marginalité, petite-bourgeoisie et marginalité populaire,* Paris, Maspero.

Mead G.-H. (1965), *Geist, Identität und Gesellschaft aus der Sicht des Sozialbehaviorismus,* Frankfurt a. Main, Suhrkamp.

Montreynaud F. (1992), *Le XXe siècle des femmes,* Paris, Nathan.

Mossuz-Lavau J., de Kervasdoué A. (1997), *Les Femmes ne sont pas des hommes comme les autres,* Paris, Odile Jacob.

Mucchielli L. (1998), «Clochards et sans-abri : actualité de l'œuvre d'Alexandre Vexilard», *Revue française de sociologie,* n° 1, vol. 39.

Parent-Lardeur F. (1984), «La vendeuse de grand magasin», dans farge A., Klapisch-Zuber C., *Madame ou mademoiselle ? Itinéraires de la solitude féminine. 18e-20e siècle,* Paris, Montalba.

Passerun J.-C. (1991), *La Raisonnement sociologique. L'espace non-poppérien du raisonnement naturel,* Paris, Nathan.

Pastrinelli M. (1998), «De l'altérité aux familiarités. La vie quotidienne en colocation dans un quartier populaire de Québec», communication au Congrès de la Fédération canadienne des Sciences Humaines et Sociales, Université d'Ottawa, Mai 1998.

Paugam S., Zoyem J.-R, Charbonnel J.-M. (1993), «Précarité et risque d'exclusion en France», *Documents du CERC*, n° 109, Paris, La Documentation française.

Pequignot B. (1991), *La Relation amoureuse. Analyse sociologique du roman sentimental moderne*, Paris, L'Harmattan.

Perrault C. (1697), «Cendrillon ou la petite pantoufle de verre». dans *Les contes de ma mère l'Oye, ou histoires et contes du temps passé*, Barbin.

Perrot M. (1984), «Postface», dans Farge A., Klapisch-Zuber C., *Madame ou mademoiselle ? Itinéraires de la solitude féminine. 18e-20c siècle*, Paris, Montalba.

Perrot M. (1987a), «Figures et rôles», dans Aries Ph., Duby G., *Histoire de la vie privée*, tome 4 «De la Révolution à la Grande Guerre» dirigé par M. Perrot.

Perrot M. (1987b), «En marge: célibataires et solitaires», dans Aries Ph., Duby G., *Histoire de la vie privée*, tome 4 «De la Révolution à la Grande Guerre» dirigé par M. Perrot.

Perrot M. (1987e), Introduction à Corbin A., «Coulisses», dans Aries Ph., Duby G., *Histoire de la vie privée*, tome 4 « De la Révolution à la Grande Guerre » dirigé par M. Perrot.

Perrot M. (1995), «Identité, égalité, différence. Le regard de l'Histoire», dans EPHESIA, *La Place des femmes, les enjeux de l'identité et de l'égalité au regard des sciences sociales*, Paris, La Découverte.

Pezerat P., Poublan D. (1984), «Femmes sans maris, les employées des postes», dans Farge A., Klapisch-Zuber C., *Madame ou mademoiselle ? Itinéraires de la solitude féminine. 18e-20e siècle*, Paris, Montalba.

Queiroz J.-M. de (1997), *Individualisme, individus et socialisation*, mémoire présenté en vue de l'habilitation à diriger des recherches, Université Paris 5-Sorbonne.

Queiroz J.-M. de, Ziolkovski M. (1994), *L'Interactionnisme symbolique*, Rennes, Presses Universitaires de Rennes.

Raffin Th. (1987), «L'amour romanesque : mythe et réalité d'un mode féminin d'engagement matrimonial», *Dialogue*, n° 96.

Ronsin F. (1990), «Le divorce révolutionnaire», dans Lévy M.-F., *L'Enfant, la famille et la Révolution française*, Paris, Olivier Orban.

Rosenmayr L, Kockeis F. (1965), «Propositions for a Sociological Theory of Aging and the Family», *International Social Science Journal*, n° 3, vol. 15.

Roussel L. (1983), «Les ménages d'une personne: l'évolution récente», *Population*. n° 6.

Roussel L. (1989), *La Famille incertaine*, Paris, Odile Jacob.

Roussel L, Bourguignon O. (1979), *Générations nouvelles et mariage traditionnel*, Travaux et documents, Paris, PUF-INED.

Saint-Laurent L. (1993), «La dynamique de la solitude des néo-célibataires : vers la constitution de nouveaux réseaux de solidarité», *Revue internationale d'action communautaire*, n° 29/69.

Schérer R. (1996), «Au gré des utopies», *Panoramiques*, n° 25, «La famille malgré tout», dirigé par G. Neyrand).

Schultheis (1991), «La famille, le marché et l'Etat-providence», dans Singly F. de; Schultheis F., Affaires de famille, *Affaires d'État*, Jarville-La-Malgrange, Editions de l'Est.

Schurmans M.-N., Dominicé L. (1997), *Le Coup de foudre amoureux. Essai de sociologie compréhensive*, Paris, PUF.

Schwartz O. (1990), *Le Monde privé des ouvriers. Hommes et femmes du Nord*, Paris, PUF

Scott J.W. (1990), «"L'ouvrière, mot impie, sordide..." Le discours de l'économie politique française sur les ouvrières (1840-1860)», *Actes de la recherche en sciences sociales*, n° 83.

Segalen M. (1993), *Sociologie de la famille*, Paris, Armand Colin.

Shorter E. (1977), *Die Geburt der modernen Familie*, Reinbek bei Hamburg, Rowohlt.

Shorter E. (1984). *Der weibliche Körper als Schicksal: zur Sozialgeschichte der Frau*, München, Piper.

Singly F. de (1989), *Lire à 12 ans. Une enquête sur les lectures des adolescents*, Paris, Nathan.

Singly F. de (1990). «L'homme dual. Raison utilitaire, raison humanitaire», *Le Débat*, n° 61.

Singly V. de (1991), «Le célibat contemporain», dans Hibert T., Roussel L., *La Nuptialité : évolution récente en France et dans les pays développés.* Congrès et colloques n° 7, INED-PUF.

Singly F. de (1996), *Le Soi, le couple et la famille*, Paris, Nathan.

Singly F. de (1998), «Là question politique des jeunes adultes», dans Théry I., *Couple, filiation et parenté aujourd'hui. Le droit face aux mutations de la famille et de la vie privée*, Paris, Odile Jacob/La Documentation française.

Sjögren A. (1986), «Le repas comme architecte de la vie familiale», *Dialogue*, n° 93.

Sohn A.-M. (1992). «Entre deux guerres. Les rôles féminins en France et en Angleterre», dans Duby G., Perrot M., *Histoire des femmes*, tome 5, le XXe siècle, sous la direction de F. Thébaud.

Strauss A. (1978), *Negotiations: varieties, contexts, processes, and social order*, San Francisco, Jossey-Bass.

Storr a. (1988), *Solitude: a return to the self*, New York, Free Press.

Terrail J.-P (1995), *La dynamique des générations. Activité individuelle et changement social (1968/1993)*, Paris, L'Harmattan.

Terrail J.-P. (dir.) (1997), *La Scolarisation de la France. Critique de l'état des lieux*, Paris, La Dispute.

Thébaud F. (1992), «La Grande Guerre. Le triomphe de la division sexuelle», dans Duby G., Perrot M., *Histoire des femmes*, tome 5, le XXe siècle, sous la direction de F. Thébaud.

Théry I. (1993), *Le Démariage. Justice et vie privée*, Paris, Odile Jacob.

Thery I. (1996), «Famille : une crise de l'institution», *Notes de la fondation Saint-Simon*, n° 83.

Théry I. (1998), *Couple, filiation et parenté aujourd'hui. Le droit face aux mutations de la vie privée*, Paris, Odile Jacob/La Documentation française.

Thomas W.L., Znaniecki F. (1959), *The Poish peasant in Europe and America*, New York, Dover Publications.

Tisseron S. (1996), *Le Bonheur dans l'image*, Le Plessis-Robinson, Les empêcheurs de penser en rond.

Tocqueville A. de (1986), *L'Ancien Régime et la Révolution*, Paris, Robert Laffont. toulemon L. (1996), «La cohabitation hors mariage s'installe dans la durée», *Population*, n° 3.

Tripier P. (1998), «Une sociologie pragmatique», préface à Thomas W.I, Znaniecki F. (1998), *Le Paysan polonais en Europe et en Amérique. Récit de vie d'un migrant*, Paris, Nathan.

Villeneuve-Gokalp C. (1991), «Du premier au deuxième couple : les différences de comportement conjugal entre hommes et femmes», dans Hibert T., Roussel L., *La Nuptialité : évolution récente en France et dans les pays développés*, Congrès et colloques n° 7, INED-PUF.

Weinberger-Thomas C. (1996), *Cendres d'immortalité. La crémation des veuves en Inde*, Paris, Seuil.

MEHR VON JEAN-CLAUDE KAUFMANN

Kaufmann ist Experte des Alltäglichen, dem er sich in anspruchsvollen Betrachtungen und mit Liebe zum Detail widmet.

Mit Leib und Seele
Theorie der Haushaltstätigkeit
1999, 315 Seiten, broschiert
ISBN 3-89669-886-9

Schmutzige Wäsche
Ein ungewöhnlicher Blick auf
gewöhnliche Paarbeziehungen
2005, 326 Seiten, broschiert
ISBN 3-89669-523-1

Frauenkörper – Männerblicke
2006, 334 Seiten, broschiert
ISBN 3-89669-556-8

Die Erfindung des Ich
Eine Theorie der Identität
2005, 334 Seiten, broschiert
ISBN 3-89669-533-9

Das verstehende Interview
Theorie und Praxis
1999, 150 Seiten, broschiert
ISBN 3-89669-885-0

*Jean-Claude Kaufmann erläutert seine Methode
des Fragens und der Theoriebildung.*

www.uvk.de

GOLDMANN

*Das Gesamtverzeichnis aller lieferbaren Titel erhalten Sie
im Buchhandel oder direkt beim Verlag.
Nähere Informationen über unser Programm erhalten Sie auch im Internet unter:*
www.goldmann-verlag.de

★

Taschenbuch-Bestseller zu Taschenbuchpreisen
– Monat für Monat interessante und fesselnde Titel –

★

Literatur deutschsprachiger und internationaler Autoren

★

Unterhaltung, Kriminalromane, Thriller
und Historische Romane

★

Aktuelle Sachbücher, Ratgeber, Handbücher und
Nachschlagewerke

★

Bücher zu Politik, Gesellschaft, Naturwissenschaft und Umwelt

★

Das Neueste aus den Bereichen
Esoterik, Persönliches Wachstum und Ganzheitliches Heilen

★

Klassiker mit Anmerkungen, Anthologien und Lesebücher

★

Kalender und Popbiographien

★

Die ganze Welt des Taschenbuchs

★

Goldmann Verlag • Neumarkter Str. 28 • 81673 München

Bitte senden Sie mir das neue kostenlose Gesamtverzeichnis

Name: _____

Straße: _____

PLZ / Ort: _____